Barbara Heinecke

Couscous und Ramadan

1000 und eine Hochschulgeschichte

KRÄMER

Die deutsche Bibliothek - CIP-Einheitsaufnahme

Heinecke, Barbara
Couscous und Ramadan: 1000 und eine Hochschulgeschichte
Barbara Heinecke - Hamburg : Krämer 2003
ISBN 3-89622-059-4

© Reinhold Krämer Verlag, Hamburg 2003
www.kraemer-verlag.de
Alle Rechte vorbehalten.
Umschlaggestaltung: Reinhold Krämer Verlag unter Verwendung
eines Bildes von Uta Heinecke:
Malerei auf Papier, 150 x 150 cm, 1998.
Printed in Germany
ISBN 3-89622-059-4

INHALTSVERZEICHNIS

I. MEIN FELD IST DIE WELT 9
Auswandererhafen Hamburg 9
Studenten aus "aller Herren Länder" 13
Islamische Studenten 16
Als sich die Welt veränderte 18

II. STUDENTEN AUS ALLER WELT 23

Die Gestrandeten 23
Der Student aus Afghanistan 23
Chatami – ein gebürtiger Afghane aus dem Iran 29
Der Student aus Pakistan 33
Die Zedern des Libanon 35

Studenten aus Palästina 37
Mohammad aus dem Gazastreifen 37
Sharif zu Besuch 38
Abdallah 39
Anruf aus dem Praktikum 45
Khaled geht nach den USA 45
Karfreitag 2002 47
Die "Palästinenserfrage" 51
Anruf aus Gaza 54

Marokkanische Studenten 56
Magda aus Marokko 56
Younes 61
Abdul und die Bärte 62
Yassir 63
Interview mit Yassir 66
Das marokkanische Couscous-Rezept 69
Samir, Oktober 2002 69

Cheikh Abdel aus Mauretanien: Die Landkarte hat sich verändert ... 76

Türkische Studentinnen **81**
    Türkin der zweiten Generation 81
    Die Studentin Nasal aus Istanbul 82

Hochzeit auf kurdisch, Scheidung auf persisch **87**
    Der Student aus „Kurdistan" 87
    Mustafa und die Scheidung auf persisch 112
    Reza aus dem Iran 116

Anna und die Großmutter aus Kasachstan **117**
    Anna aus Kasachstan 117
    Lilia und Gregor - russische Juden aus Kiew 131
    Die schönsten Sozialwohnungen Europas 138
    Eine polnische Studentin berichtet 143
    Die bulgarische Studentin Aneta 145
    Die russische Studentin Jelena 146

Jean-Claude und die „Küste der guten Menschen" **147**
    Anabella von den Kapverdischen Inseln 147
    Der Student aus Äthiopien 147
    Jean-Claude von der Elfenbeinküste 148

„Ewige" Studenten und „ewige" Studentinnen **169**
    Der Taxiunternehmer 169
    Ewige Studentin: Anna-Maria aus Siebenbürgen 171

Junge Unternehmer in Deutschland **174**
    Junger Unternehmer in Hamburg 175
    Junger Bauunternehmer 179

III. HOCHSCHULWELT **188**

Hochschule im Wandel **188**

Professor an der Hochschule **191**
    Elbchaussee 191
    Der Mann aus Husum 192
    Wir sind hier nicht auf dem Basar 195

Extremfälle **198**
  Völker stört die Signale - der Herrscher von Laputa 198
  Eine amerikanische "Karriere" 202
  Der Universitätsprofessor aus Ungarn 208

Europas Hochschulen wachsen zusammen **214**
  Der erste russische Gastprofessor in Hamburg 214
  Gastprofessorin aus Polen 219
  Aufbaustudium: Herr Doktor Pelinsky aus St. Petersburg 223
  Der Student aus St. Petersburg 225
  Dienstreisen nach Portsmouth, Turku und St. Petersburg 226

IV. FAZIT **240**

Die Parallelwelt **240**

Gedicht des Kurden Nader Ghazi **249**

I. Mein Feld ist die Welt

Vielleicht ist Hamburg deshalb als eine so besonders tolerante und liberale Stadt, weil die meisten Bürger gar keine Hamburger sind, sie sind Zugereiste, aus allen Teilen Deutschlands und aus aller Herren Länder. Aber auch deshalb, weil die alteingesessenen Hamburg ebenfalls Vielgereiste sind, die sich schon in der Welt umgeschaut haben. Mancher war im diplomatischen Dienst im Ausland, in Afrika, Südamerika, Indien, oder arbeitete als Arzt in Argentinien, besaß Kaffeeplantagen in Kenia, ließ Zuckerrohr in Übersee anbauen, fuhr als Kapitän über die Weltmeere, baute Schiffe, richtete Schiffahrtslinien ein oder trieb Handel mit vielen Kontinenten. Einem Hamburger zu begegnen, bedeutet auch immer, ein fremdes Land kennenzulernen. Als eine Metropole der Medien ist Hamburg ebenfalls mit aller Welt verbunden.

Das Besondere an Hamburg ist nicht nur seine Toleranz Fremden gegenüber oder das sprichwörtliche Understatement seiner Einwohner ("*Mehr sein als scheinen*"), sondern in erster Linie seine Weltoffenheit. Hanseaten sind keine Kleinbürger.

Tatsächlich bietet Hamburg seit langem ein Tor *zur* Welt. Heute ist Hamburg auch ein Tor *für* die Welt geworden, denn Menschen der verschiedensten Kulturen und Länder haben Hamburg zu ihrer vorübergehenden oder dauernden Heimat erkoren.

Auswandererhafen Hamburg

Von Hamburg aus übersiedelten die Verfolgten Osteuropas gemeinsam mit anderen Unterdrückten nach Amerika. Die von der HAPAG dafür eingerichtete Hamburg-Amerika-Linie ermöglichte ihnen den Exodus. In der großen Ankunftshalle, der Einwandererhalle auf der Veddel, stand der die Situation der Auswanderer kennzeichnende Spruch an der Wand: *Mein Feld ist die Welt.*

Hamburg war um 1900 zum bedeutendsten Auswandererhafen in Deutschland geworden. Zwischen 1836 und 1914 verließen etwa fünf Millionen Menschen Europa über den Hamburger Hafen.

Die europäische Auswanderung lief anfangs über Liverpool, LeHavre und Bremen. 1847 wurde die Hamburg-Amerikanische-Paketfahrt-Aktiengesellschaft, kurz HAPAG, gegründet. Hamburg konnte zu diesem Zeitpunkt sowohl auf dem Flußweg als auch per Bahn erreicht werden. Viele Auswanderer kamen auf der Elbe nach Hamburg.

Zwischen 1846 und 1857 wanderten über eine Million Deutsche in die USA aus, es waren vor allem Kleinbauern aus Süddeutschland und Landarbeiter aus Ostdeutschland, die keine Zukunft mehr für sich in Deutschland sahen. Nach der gescheiterten Revolution von 1848 wanderten auch viele Intellektuelle aus Deutschland nach Amerika aus, unter ihnen ist Carl Schulz, der spätere Innenminister in den USA. Eine neue Dimension erhielt die Auswanderung über Hamburg, nachdem sich die Lebensbedingungen der Juden in Osteuropa entscheidend verschlechtert hatten. Sie hatten zum Ende des 19. Jahrhunderts zunehmend unter Pogromen zu leiden. Hamburg wurde zum Zufluchtsort für Juden aus Rußland, Galizien, Rumänien und anderen osteuropäischen Staaten auf ihrem Weg in die neue Welt. Unter ihnen waren zum Beispiel die Vorfahren von Kirk Douglas und Woody Allen. Bis 1914 wanderten über eine Million osteuropäischer Juden über Hamburg nach Amerika aus. Um die Jahrhundertwende stellten sie den Hauptanteil der Auswanderer. Bis etwa 1890 überwogen die deutschen, danach die ausländischen Auswanderer, die sich in Hamburg in die neue Welt einschifften. Im ersten Jahrzehnt des zwanzigsten Jahrhunderts war die Auswandererzahl aus Osteuropa am höchsten, die deutsche Auswandererzahl nahm stetig ab.

Albert Ballin (1847-1918), in Hamburg geehrt mit dem "Ballindamm" an der Innenalster, war der bedeutendste Direktor der HAPAG. Unter seiner Führung wurde die HAPAG zu einer der größten Reedereien der Welt. 1893 wurde sie in Hamburg-Amerika-Linie umbenannt. Ballin verschaffte seiner Reederei Weltgeltung, indem er Hamburg zum größten Auswandererhafen von Deutschland machte. Später sagte er selbst, daß seine Reederei ohne Auswanderer nicht hätte überleben können. Andererseits ermöglichte seine Reederei Millionen von Menschen die Ausreise nach Amerika, die ihre Heimat auf der Flucht vor Verfolgung und auf der Suche nach Freiheit und Frieden und einer neuen Lebensgrundlage verlassen haben.

Die Auswanderer wurden zunächst auf dem Amerika-Kai in Hamburg untergebracht, später wurde eine Auswandererstadt auf der Elbinsel Veddel gebaut, die in ihren hygienischen und organisatorischer Verhältnissen eine große Verbesserung darstellte. Auch wurde auf die Konfessionen der Auswanderer Rücksicht genommen, es entstanden katholische, evangelische Gebetshäuser und Synagogen. Sogar auf koscheres Essen für die jüdischen Auswanderer wurde geachtet. Allerdings wurde ein strenges Regime auf der Veddel geführt, die Ausländer waren quasi kaserniert. Mehrfache strenge medizinische Untersuchungen waren Vorschrift, auf Vorfinanzierung der Unterkunft, der Verpflegung und der Überfahrt wurde geachtet. Die Auswanderer wurden nach ihrer Ankunft in Hamburg zunächst in zweiwöchige Quarantäne genommen. Diese Maßnahmen erleichterten den Auswanderern die Einwanderung in Amerika, da in den USA keine kranken Emigranten aufgenommen wurden und strenge Einreisekontrollen stattfanden.

Die Einwanderer sahen im allgemeinen auch nicht viel von Hamburg, ihrem "Tor zur Welt", da der Aufenthalt im Auswandererlager an der Veddel straff durchorganisiert war. Dies ersparte den Auswanderern andererseits unnötige Ausgaben, zu denen sie in der Stadt verleitet worden wären. Der Aufenthalt auf der Veddel wurde jedoch von manchen Auswanderern als bedrückend und zu bürokratisch empfunden.

Der Hamburger Senat erließ strenge Hygienevorschriften und Vorschriften zum Schutze der Auswanderer. Diese Vorschriften beinhalteten Forderungen für ausreichende Verpflegung für die Auswanderer, für genügend Platz auf den Schiffen pro Person und für ärztliche Versorgung während der Überfahrt. Diese Vorschriften waren notwendig geworden, nachdem es um die Jahrhundertwende vorgekommen war, daß nur etwa ein Fünftel der Passagiere die Überfahrt nach Amerika überlebte. Mit der Durchsetzung der Dampfschiffahrt seit 1870 hatte sich aber die Situation der Auswanderer auf den Schiffen fortlaufend verbessert. Obwohl auf den riesigen Ozeanlinern, die seit 1890 eingesetzt worden waren, die Passagiere erster Klasse von Passagieren auf den Zwischendecks streng getrennt wurden, sind jedoch große Verbesserungen auch für die Zwischendeckpassagiere zu verzeichnen. Allerdings durften nur die Passagiere ersten Klasse die Gesellschaftsräume und die Sonnendecks betreten, Zwischendeckpassagiere durften sich nur zeitlich begrenzt auf Deck aufhalten. Bei der Ankunft in Amerika setzte sich die unterschiedliche Behandlung fort. Die Passagiere erster und zweiter Klasse durften das Schiff in Manhattan verlassen, die Zwischendeckpassagiere wurden auf Long Island stationiert und dort ausführlich kontrolliert. Kranke und Passagiere mit Verdacht auf geistige Behinderungen werden zurückgeschickt.

Der Anblick der Freiheitsstatue bestärkte jedoch jeden Einwanderer in seiner Hoffnung, daß sie in Amerika ein besseres Leben erwartete, daß sie Verfolgung und Not entronnen seien. Die Einwanderer waren gewillt, in der neuen Welt hart zu arbeiten, nicht zuletzt verdankt Amerika seinen Aufschwung und seine Entwicklung diesem Willen der Einwanderer.

Viele Amerikaner können heute ihre Wurzeln über die Auswanderung ihrer Vorfahren über den Hamburger Hafen nachverfolgen. Eine Datenbank steht ihnen per Internet zur Verfügung. Manch einer kommt persönlich nach Hamburg, um nach seinen "roots" zu suchen.

(Literatur: Ausstellung über Auswanderung am Zollmuseum Hamburg und Unterlagen: Auswandererhafen Hamburg, Medien-Verlag Schubert, 2000)

Hafenmarkt

Auch Trödelläden am Hafen zeigen Hamburgs Weltoffenheit. Mit Schiffen aus Übersee kamen afrikanische Masken, geschnitzte Elefanten, Behänge, Buddhas, Gewürze und Trödel aller Art nach Hamburg. In den nicht enden wollenden Kellergängen dieser Läden oder in den Lagerhallen am Hafen sind die Sammlungen aus Jahrzehnten ausgestellt. Kontinente können dort durchschritten werden, Kulturen reihen sich an Kulturen und stehen zum Verkauf.

Der berühmteste Markt am Hafen ist heute der Fischmarkt, obwohl es dort weniger Fische, umso mehr aber andere Waren zu kaufen gibt.

Am Sonntag mischen sich alle Nationen, Besucher, Kulturen auf dem Fischmarkt. Ostdeutsche Kutter (aus Saßnitz zum Beispiel) liefern Frischfisch an und liegen hier mit einheimischen Kuttern am Ponton, die ihren Fang anbieten.

An den Verkaufsständen, die nur mit Mühe zur vorgegebenen Zeit zu schließen beginnen, gibt es die ganze Welt zu kaufen. Obsthändler werfen ihre Waren schreiend in afrikanische Körbe, holländische Keksburgen stehen zum Verkauf. Obstverkäufer wetteifern mit Fischverkäufern in ihren Ständen aller Größen. Die Marktschreie der Aal- und Räucherfischverkäufer sind weltberühmt. Für fünf Euro wird aufgehäuft, was auf das Papier paßt und zu Hause nicht gegessen werden kann. Niemand denkt daran, daß er die Kisten mit Apfelsinen, Weintrauben, Mangos, die er kauft, auch transportieren muß. Fortlaufend stehen alle Besucher unter Kaufzwang und leben im Kaufrausch, der dem Verkaufsrausch der Marktschreier nicht nachsteht. Die Besucher drängen sich - Hände mit Geld ausstreckend - um die riesigen Lastanhänger. Die Topfpflanzen am Fischmarkt, die Palmen, Hibiskusbäume, Kakteen und Kaffesträucher sind die größten der Welt, relativ zu ihrem Preis.

Immer gibt es "noch einen" drauf für den Käufer, egal ob am Fischstand, am Blumen - oder Obststand. Der Fischmarkt ist eine Reise wert.

Pop, Jazz, Rock oder was auch immer, ist in den lautesten Tönen in der umgebauten Fischauktionshalle am Fischmarkt zu hören. Jeverpils und Aal gehören als Frühstück dazu. Unterhalten kann man sich hier nicht, aber umsehen, und zum Beispiel eine Pfanne entdecken mit 1,20 Meter Durchmesser und einem einzigen Spiegelei in der Mitte.

Viele Personen kommen ohne Begleitung hierher. Vielleicht liegt das an den vielen Reisen der Bewohner, entweder man kommt von einer Reise oder man geht auf Reisen. Das Leben reist dahin. Die Leute sind immer unterwegs. Zum richtig Seßhaftwerden bleibt keine Zeit.

Studenten aus "aller Herren Länder"

Heute ist Hamburg kein Auswandererhafen mehr, aber auch noch heute ist es ein Tor *zur* Welt. Mehr und mehr ist es jedoch selbst zum "Feld der Welt" geworden. Auswanderer aus Osteuropa, Verfolgte aus Afrika, Asien und Fernost bleiben gern in Hamburg. Viele Ausländer verbringen aber auch nur einige Jahre in Hamburg, studieren und gehen dann in ihre Heimatländer zurück, um dort ihr Wissen anzuwenden und ihr Heimatland aufzubauen. Sicher werden sie später gute Botschafter Deutschlands und Europas in diesen Ländern sein. Andere Studenten bleiben nach dem Diplom in Deutschland.

Für eine sprudelnde Quelle von Hamburger Bürgern auf Zeit sorgt die Hochschule für Angewandte Wissenschaften (HAW) in Hamburg mit ihren Studenten aus aller Welt.

Die HAW, im folgenden kurz „Hochschule" genannt, besteht aus 13 Fachbereichen, weiteren Studiengängen und einer Weiterbildungseinrichtung. Die Hochschule ist die zweitgrößte in der Region Hamburg. Laut Studienführer kommen rund 18% der mehr als 13.000 Studierenden der Hochschule aus dem Ausland, aus über 100 Ländern der Welt. Am Berliner Tor, einige hundert Meter östlich des Hauptbahnhofs, konzentrieren sich mehrere Fachbereiche, hier steht auch das alte Hochhaus, in dem der Fachbereich für Elektrotechnik und Informatik angesiedelt ist und in dem ich als Professorin für Mathematik und Informatik viele Studenten näher kennenlernte. Das neue Hochhaus am Berliner Tor gibt dem Campus mit seiner blauen Glasverkleidung ein neues Gesicht und, da hier die Präsidialverwaltung neben weiteren Fachbereichen untergebracht ist, auch ein neues Gewicht.

Die Hochschule bietet eine praxisnahe Ausbildung, in der auch die Grundlagenausbildung nicht vernachlässigt wird. Sie stellt deshalb eine attraktive Alternative zu universitären Studiengängen in Hamburg dar. Die Absolventen der Hochschule werden von der Industrie gern eingestellt, da sie sofort nach dem Studium einsetzbar sind. Dies sind Gründe, weshalb die Hochschule auch unter den ausländischen Studenten einen guten Ruf genießt, besonders viele Ausländer studieren im Fachbereich Elektrotechnik und Informatik.

Einige der Studenten der Hochschule kommen aus Afrika, andere aus dem Iran, der Türkei, aus Afghanistan, Marokko, Rußland. Neu ist, daß auch Usbeken hier studieren. An der Hochschule gibt es palästinensische Studenten, Studenten aus dem Libanon, Studenten aus "aller Herren" Länder.

Der kürzeste Weg vom Hauptbahnhof zur Hochschule am Berliner Tor führt über den Steindamm, an dem die kulturelle Vielfalt Hamburgs sichtbar wird. Türkische, afghanische, iranische Händler bieten ihre Waren feil. Moscheen der verschiedenen Glaubensrichtungen säumen den Weg. Es gibt afghanische, griechische, türkische, iranische Gaststätten, Telefonzentralen und Verbindungen in alle Welt, Internetcafés und sogar ein islamisches Beerdigungsinstitut.

Seit Öffnung eines neuen internationalen Studienganges studieren viele chinesische Studenten an der Hochschule in Hamburg. Die meisten kommen aus Schanghai. Es gibt eine kooperative Ausbildung der Hochschule Hamburg und einer Hochschule in Schanghai. Ständig lehren Kollegen des Fachbereiches Elektrotechnik/Informatik oder des Fachbereiches Maschinenbau in Schanghai (in deutscher Sprache). Pläne für den gemeinsamen Unterricht wurden ausgearbeitet.

Die Chinesen, die an der Hochschule in Hamburg studieren, werden in englischer Sprache unterrichtet. Seltsam wirkt es schon, wenn im Fahrstuhl am Berliner Tor eine Gruppe junger Leute chinesisch spricht und im 12. Stock des Elektrotechnik-Hochhauses das chinesische Neujahrsfest gefeiert wird. Die Welt kommt an der Hochschule zusammen.

Im Sommersemester 2002 waren 8,7% der Studenten der Hochschule für Angewandte Wissenschaften in Hamburg Ausländer. Nach Auskunft des Akademischen Auslandsamtes der Hochschule waren im Fachbereich Elektrotechnik und Informatik 27,4% der Studenten Ausländer. An dem Fachbereich studierten im Jahre 2002 400 Ausländer und damit etwa ein Drittel aller Bildungsausländer, die an der HAW studieren.

Als langjährige Professorin an der Hochschule im Fachbereich Elektrotechnik und Informatik habe ich viele dieser Studenten in den Vorlesungen und bei ihren Diplomarbeiten näher kennengelernt, was mich dazu veranlaßte, ihre Geschichten aufzuschreiben. Das Leben dieser Studenten hat mich zum Teil tief bewegt und ließ mich mit ihnen fühlen und leiden. Durch ihre Erzählungen habe ich die Länder kennengelernt, aus denen sie kommen. Jede Begegnung mit einem ausländischen Studenten öffnete ein *Fenster zur Welt*.

Sie waren plötzlich keine Fremden mehr für mich, sondern Menschen, die ich verstehen wollte. Gerade im Zeitalter des Terrorismus ist es wichtig, den anderen zuzuhören und sich ihr Schicksal zu vergegenwärtigen. Einzig allein im Frieden können wir miteinander auskommen. Das ist die Botschaft dieses Buches und gleichzeitig die Schlußfolgerung, die sich aus allen Erzählungen dieses Buches ergibt.

Islamische Studenten

Hamburg bietet als toleranter Bundesstaat mit einer sehr liberalen Gesellschaft vielen Verfolgten dieser Welt Asyl.

Zu Hause fühlen sich in Deutschland auch mehrere Millionen Islam-Anhänger. Ihre Moscheen sind weithin sichtbar. Eine Moschee steht an der Außenalster in Hamburg, der allerbegehrtesten und teuersten Wohnlage, eine sehe ich vom Fenster meines Dienstzimmers an der Hochschule: Zwei schmale Türme und eine Kuppel ragen in den Himmel, zwischen Hauptbahnhof und Berliner Tor. Sie gehört den türkischen Muslimen.

Ganz nahe, am Steindamm, ist die Al Kuds Moschee, in der die arabischen Muslime beten. Unerkannt betete dort - zusammen mit anderen islamischen Studenten - auch der spätere Terrorist Mohammed Atta, Absolvent der Technischen Universität Hamburg-Harburg und späterhin Flugschüler in den USA. Auch andere zum Terror verleitete islamische Studenten, wie der libanesische Student Ziad Jarrah, der an der Hochschule Flugzeugbau studierte, nahmen an den Gebetsrunden teil, wie sich langsam herauskristallisiert hat. Vermutlich wurden die von der Harburger Universität zur Verfügung gestellten Gebetsräume und die Moscheen als Kontaktbörse und zu Absprachen von den Terroristen mißbraucht. Allerdings wohnten mehrere dieser Studenten sowieso gemeinsam in einer Wohnung in Hamburg-Harburg, da war der Weg der Information noch kürzer.

Die islamischen Studenten unserer Hochschule, die ebenfalls in dieser Moschee beten und beteten, erzählen, daß sich diese Studenten völlig unauffällig benahmen. Sie blieben unter sich und lebten als Gruppe. Ein solches Verhalten kann man aber bei vielen Ausländern feststellen.

Die Studenten aus dem Ausland bevorzugen technische Fächer, das Interesse der Deutschen an diesen Fächern hatte stetig abgenommen, was dazu führte, daß Absolventen technischer Fachrichtungen fehlten und die Industrie nach ihnen suchte. Als deutsche Studenten sich in technischen Fächern rar machten, was wohl auch mit einer von der Gesellschaft forcierten Technikfeindlichkeit in Zusammenhang steht, waren die ausländischen Studenten besonders gern gesehene Gäste an den deutschen Universitäten und Hochschulen, denn man wollte die Studentendefizite minimieren und die Aufnahmekapazitäten erhalten.

Unter den Terroranschlägen haben auch die ausländischen Studenten, insbesondere die islamischen, in Hamburg gelitten und leiden noch, denn ihre Chancen, eine Anstellung zu finden, haben sich seit dem 11. September verschlechtert.

Die Welt bestehe nach dem 11. September aus zwei Welten, sagte ein Student aus Kabul zu mir, nämlich aus der Welt, die Angst vor Terroristen hat, und aus der Welt der Terroristen.

Obwohl sie unter uns waren, oder gerade weil sie unter uns waren, die Terroristen, will ich auch von den islamischen Studenten berichten, denen ich tagtäglich begegne: Das sind Studenten, die sich mit ihrem Studium beschäftigen, arbeiten und friedlich leben wollen, auch wenn ihr Heimatland besetzt ist, zerbombt wird, ihr Volk unterdrückt wird, sich Familienmitglieder zur Emigration gezwungen sehen.

Mir scheint es wichtig, von unseren normalen Studenten zu berichten, die nichts mit Terrorismus zu tun haben, sozusagen von unseren Nicht-Terroristen.

Als sich die Welt veränderte

befand ich mich in den USA. Meine Freundin weckte mich und konnte nicht erzählen, was passiert war.

Ich war in Camarillo zu Besuch, eine gute Autostunde von Los Angeles entfernt. Die Nachrichten aus New York berichteten vom Zusammenbruch des World Trade Center. Los Angeles steht einige Stunden später auf als New York. Die Morgennachrichten waren für die Westküste schockierend.

Meine Freundin sagte: Die Welt hat sich verändert. Sie wird nie mehr so werden, wie sie war. Aber niemand konnte die Tragweite der Ereignisse wirklich erfassen.

Die Stille des Himmels wirkte beängstigend. Eigentlich war es die Stille, die sich so beklemmend niederschlug. Kein Flugzeug am Himmel, kein Privatjet, kein Hubschrauber. Sofort nach der Tragödie waren alle Flughäfen gesperrt worden, noch Tage später herrschte auf dem Flughafen LAX von Los Angeles das Chaos. Die Passagiere konnten nicht abreisen, als man erste Flüge zuließ, waren die Zufahrtsstraßen gesperrt, die Leute zerrten ihre Koffer meilenweit hinter sich her. Dienstreisende, die Inlandsflüge gebucht hatten oder in Kanada waren, stiegen auf Mietwagen um. Die Autovermieter gaben ihnen die Wagen zum halben Preis. Nur langsam füllten sich die Autostraßen wieder.

Am 11. September 2001 begab ich mich auf einsame Fahrt. Ich wollte vom Wilshire Boulevard in Los Angeles, wo ich eine Buchlesung hatte, zurück nach Camarillo fahren. Die Stadt wirkte wie gelähmt. Auf der Küstenstraße Richtung Norden begegnete mir kaum ein Auto. Daß niemand außer mir auf der Number One, der schönsten Küstenstraße der Welt, an diesem Abend des 11. September fuhr, wirkte beklemmend. Die Leute saßen hinter den Fernsehgeräten, um das Unfaßbare zu verstehen, was nicht zu verstehen war. Auch ich hätte meine Buchlesung abgesagt, hätte nicht der Buchhändler Anmeldungen für die Lesung erhalten. Das Thema waren am Ende aber auch hier nur die Ereignisse von New York. Es gab nur noch dieses eine unfaßbare Thema: den Terroranschlag von N.Y.

Viele Deutsche telefonierten, fragten nach unserem Befinden. Die ganze Welt war zusammengerückt. Die Deutschen in den USA sehen mit Vorliebe die Deutsche Welle im Fernsehen, die am Morgen eine Stunde sendet. Stolz waren sie, als sie von den Demonstrationen am

Brandenburger Tor hörten, als sie dort 200.000 Menschen sahen, die gegen den Terror demonstrierten. Amerikanische Sender berichteten recht wenig über die deutsche Solidarität, obwohl der deutsche Bundeskanzler wohl einer der ersten war, der Hilfe anbot und kondolierte.

Jeder zog den Kopf ein und dachte an die Folgen. "God bless America", das hörten wir im Fernsehen. Und was ist mit uns?, fragte ich mich.

Die Wohnsiedlung in Camarillo ist ein "Paradies", in der Wüste erbaut, was sich an abendlich kühlen und nächtlich kalten Temperaturen erkennen ließ, nicht aber an den Bäumen und Blüten im Park. Wenn man, von Deutschland kommend, über Kanada nach Kalifornien einfliegt, so sieht man die Weiten der Wüste, dieses riesige Land mit seinen Vulkankratern und Bergen, in denen die Sequoia-Bäume stehen, die bis zu 3000 Jahre alt werden. Am verblüffendsten ist aber die Weite des Nichts, die Weite der Wüste, die graue Leere. Man möchte in einem solchen Gebiet nicht landen.

Nach der Landung in Los Angeles aber zeigen sich die Palmen, die Wärme, die Sonne, der California Dream, der in der Wüste zum Leben erwacht.

Im Wohnpark von Camarillo ist die Wüste auch am Geruch erkennbar. Der intensive und heiße Tagesgeruch der Blüten der Trompetenblumen und Kakteen, das Verdampfen des Nebelwassers, das sich an den Pflanzen niedergeschlagen hat, ergibt in der Sonne ein eigenes Flair von California, ein sozusagen unverwechselbares Aroma des Landes. Oft beobachtete ich am Morgen die Kolibris, die eifrig ihre langen Schnäbel in die Blütenkelche stecken; wenn die Sonne aufgeht, ist ihre Zeit vorbei. Erst am Abend sieht man sie wieder.

Alle Häuser im Wohnpark von Camarillo sind in Holzständerbauweise gebaut, mit gepreßten Holzspanplatten verkleidet und haben eine komfortable Ausstattung. Wenn ein Amerikaner die Größe eines Hauses erfragt, dann fragt er nach der Anzahl der Schlafzimmer. Es gibt jeweils einen Masterbedroom und noch weitere Schlafzimmer, alle mit geräumigen Badezimmern. Die Schränke und auch die Badezimmermöbel, wie natürlich auch die Küchenmöbel, sind eingebaut. Wenn ein Amerikaner umzieht, dann muß er im Wesentlichen nur seine persönlichen Dinge mitnehmen. Es ist auch billiger, sich ein paar neue Möbel zu kaufen, als die alten mitzunehmen. So ist also auch häufiger Ortswechsel und Beweglichkeit ein Kennzeichen des amerikanischen Lebens.

Typisch für alle Häuser ist, daß sie Garagen haben, Doppelgaragen, von denen man meint, sie seien größer als das Haus. Ihre Einfahrt liegt direkt an der Straße, die Wohnzimmer liegen zurück und stehen zurück, wenn es um den Bauplan des Hauses geht. Die Garage scheint wichtiger als der Living Room.

Die Häuser sind nicht für die Ewigkeit gebaut, aber sie halten offensichtlich lange genug. Manchmal regnet es jahrelang nicht. Wenn es aber regnet (im Herbst oder im Frühjahr), dann zeigen sich sofort die Bauschäden. Die heiße Sonne trocknet jedoch das nasse Holz sehr bald, Verwitterungsspuren hinterlassend.

Zu mehreren Häusern gehört jeweils ein Swimming Pool und ein Fitneßraum. Auch der Pacific ist nicht weit, man erreicht ihn, wie fast alles, am besten über den Highway. Hier liegen die Schiffe der Kalifornier, mit denen sie auch manchmal spazieren fahren. Weite Strände gibt es, aber nur wenige Besucher. Der Wind ist stark, das Wasser ist zum Baden meistens zu kalt, nur die unentwegten Surfer wagen sich mit ihren Schutzanzügen in die Brandung, die hier sehr hoch ist.

Immer wieder verblüffend ist die kalifornische Natur, die zumindest am Pazifik noch gut intakt scheint. Palmen stehen am Strand. Wilde Pelikane ziehen in großer Formation vorbei - oder lassen sich einzeln am Strand nieder. Sie watscheln auch zwischen den Strandläufern und anderen emsig beschäftigten Vögeln am Strand hin und her. Sie sind sogar kontaktfreudig, vielleicht hoffen sie auf Nahrung. Wenn man eine Weile am Strand ist, zählt man schon als Bekannter der Pelikane, und sie begleiten einen beim Strandspaziergang.

An diesem Abend schloß ich die Terrassentür ab. Das war gar nicht üblich im Haus meiner Freunde im idyllischen Camarillo. Meine Freundin ließ im allgemeinen die Fenster im Erdgeschoß offen, wenn sie in ihr Schlafzimmer im ersten Stock entschwand. Die Fenster waren zwar mit einem Hauch von Draht vergittert, der aber nur gegen Fliegen, Mücken und vielleicht noch gegen Kolibris schützen konnte, die hier am Morgen von Blüte zu Blüte schwirrten. Einbrecher hatte es wohl in dieser behüteten Siedlung mit seinem festen Eisentor, für das die Bewohner Chipkarten oder Infrarotöffner besitzen, noch nie gegeben. Die Anwohner gehen ihren Geschäften nach, in der Freizeit spielen sie Golf, fahren mit ihren weißen Karren hinter den Bällen her. Der Ort ist befriedet und eingezäunt. Nur manche haben einen Hund, der keinen an die Eingangstür läßt, die meisten Leute aber dachten bislang nicht an fremde Übergriffe. Sie beschäftigten sich damit, ihr

Porzellan zur Schau zu stellen, in einem Kasten ihres Hauses, der eigentlich als Wintergarten gedacht ist. Die Natur grünt dank der reichlichen Bewässerung fast ungehemmt, wunderbare Kamelienbäume, Palmen und Kakteen gedeihen, und grüne Wiesen verbergen Wassersprenganlagen, die es zeitweise und wie von Geisterhand regnen lassen. Dieser Ort, eine Autostunde von Los Angeles entfernt, erschien mir wie ein Paradies, er wirkte so friedlich. War er es wirklich?

Der Terroranschlag in New York hatte dieses friedliche Leben, das der Mittelstandsbürger in Amerika führt, erschüttert. Er bedeutet eine tiefe Zäsur, eine Bedrohung: *Auch ein Paradies kann zerstört werden!*

Zu dem Ereignis hörte ich unterschiedliche Meinungen. Einhellig war das Entsetzen und die Verurteilung, aber über die Reaktion, die als Antwort auf dieses Attentat erwartet wurde, gingen die Meinungen weit auseinander. Der einfache Amerikaner fragte: "Warum hassen sie uns so?"

Im amerikanischen Fernsehen wurden Übergriffe auf Muslime gezeigt, die jedoch im allgemeinen unschuldige amerikanische Bürger waren. Die Verunsicherung unter der islamischen Bevölkerung war groß. Vermittelnd griff das Fernsehen ein und auch Präsident Bush besuchte amerikanische Staatsbürger muslimischen Glaubens.

Bombenalarm

Am 4. Dezember 2001 wurde an unserer Hochschule in Hamburg Bombenalarm ausgelöst. Eine Bombendrohung sei in der Fernsprechzentrale eingegangen, hieß es später: eine Bombendrohung - bis 13 Uhr 30.

Was ist das für eine Bombendrohung, die zeitlich begrenzt ist? Wollte ein Student eine Vorlesung ausfallen lassen? Wer erlaubte sich diesen Scherz, der kein Scherz war?

Als ich um 14 Uhr die Hochschule betrat, nicht durch den Haupteingang (der geschlossen war), sondern durch einen Nebeneingang, hinderte mich niemand am Betreten des Gebäudes, allerdings war ich der einzige Mensch im Gebäude, was mich verwunderte. Nach und nach kamen die Studenten zurück. Ein Kollege fragte entgeistert: "Was machen Sie denn hier?"

Unter solchen Umständen eine Vorlesung zu halten, ist makaber. Schwebte das Schwert des Islam über unseren Häuptern? Wir entschieden uns dafür, nicht an Schwerter zu denken und die Vorlesung abzuhalten. Ich war auch fest davon überzeugt, daß keiner bei uns Bomben legen würde. Warum sollte jemand, so dachte ich, an unserer Hochschule Bomben legen, an der er kostenlos studieren kann und freundlich behandelt wird, dort, wo ihm die Ausrüstung für sein späteres Leben gegeben wird?

Es passierte auch nichts - außer, daß wir alle, Studenten wie Lehrer, ein mulmiges Gefühl im Magen verspürten. Die Welt hatte sich verändert.

II. Studenten aus aller Welt

"Warum läufst du weg?", wird der Fuchs gefragt.
"Allen Kamelen wird die Haut über die Ohren gezogen".
"Aber du bist doch kein Kamel!".
"Nein", sagt der Fuchs, "aber bis sie es gemerkt haben,
bin ich vielleicht schon tot."
(kurdischer Ausspruch)

Die Gestrandeten

Der Student aus Afghanistan

Als ich **Achmed** aus Afghanistan kennenlernte, war er gerade 30 Jahre alt geworden und studierte Softwaretechnik. Nach langen Wander- und Lehrjahren war er dabei, seine Diplomarbeit zu schreiben. Vor 13 Jahren war er in Hamburg gestrandet.

Achmed stammt aus *Kabul*. Bevor die Russen 1979 einmarschierten, gehörte seine Familie zur Oberschicht. Sein Vater war Staatssekretär in der damaligen Regierung, seine Mutter Direktorin einer Schule. In der sowjetischen Besatzungszeit wurde sein Vater in der Hierarchie herabgestuft, hatte aber noch gewissen Einfluß dank seiner früheren Tätigkeit. Einst geknüpfte Beziehungen waren noch vorhanden. Leider nütze das seinem Sohn nichts, jedenfalls nicht unmittelbar.

Achmed war 16 Jahre alt und besuchte eine deutsche Höhere Schule in Kabul. Sie war die modernste von drei deutschen Schulen, erbaut mit deutscher Hilfe und nur wenige Jahre alt, eine Eliteschule. Achmed hatte gerade die 10. Klasse beendet, als die russischen Besatzer von den Schülern der Kabuler Höheren Schule verlangten, in die (von ihnen gegründete) kommunistische Jugendorganisation einzutreten. In jugendlichem Eifer, getreu seiner antikommunistischen Überzeugung, verweigerte Achmed den Beitritt. Als Ergebnis folgte die Relegierung von der Schule. Achmed wurde mit knapp 16 Jahren zwangsversetzt, und zwar an die Front. Die Sowjets kämpften gegen den Widerstand der Mudjaheddin im Lande.

An der Frontlinie wurde Achmed ausgebildet. Bei dieser Ausbildung traf er einen Gleichgesinnten, der schon seit längerer Zeit seine Flucht geplant hatte. Achmed schloß sich ihm an. Zu zweit zogen sie los, im Gepäck führten sie Waffen mit sich, die sie den Mudjaheddin übergeben wollten, um bei ihnen willkommen zu sein und um diese zu unterstützen.

Achmed sagt, er hätte gelernt, mit Waffen umzugehen. Wenn man ihm zuschaut, wie er seine Diplomarbeit erläutert, kann man das kaum glauben. Er macht einen ausgesprochen zivilisierten Eindruck, seine Hände sind sehr gepflegt. Waffen in seinen Händen kann ich mir nicht vorstellen. Aber doch war es so, daß er mit Waffen von der afghanischen Front flüchte.

Unterwegs verließ die Zwei das Glück, sie wurden von den Russen geschnappt und kamen in ein Militärgefängnis. Dort saßen sie drei Wochen - nördlich von Tora Bora, was heute für jedermann ein Begriff ist, im Gebirge - und warteten auf ihre Aburteilung. In der Untersuchungshaft trafen sie jedoch auf einen Wachsoldaten, der sich ihnen anschloß. Zu dritt konnten sie entkommen. Diesmal erreichten sie die Mudjaheddin.

Die Mudjaheddin tauschten alle drei Wochen einen Trupp von Kämpfern aus, eine der Abteilungen erholte sich in der Zwischenzeit in Pakistan. Außerdem holten sie von dort ihren Waffennachschub. Bei einem solchen Transport nahmen sie Achmed mit nach Pakistan. Erst danach erfuhr sein Vater, was mit seinem Sohn passiert war. Er fuhr nach Pakistan und organisierte die Flucht seines Sohnes. Insgesamt zahlte er an alle Fluchthelferorganisationen 10.000 Dollar, einschließlich eines falschen Passes (die Pakistani seien Meister im Fälschen, sagt Achmed).

Achmed wurde in ein Flugzeug gesetzt und landete in Frankfurt am Main. Dort beantragte er Asyl. In einem kleinen Dorf im Taunus (mit etwa 500 Einwohnern) wartete er anderthalb Jahre auf die Genehmigung seines Asylantrages. Er durfte in dieser Zeit die Schule nur als Gastschüler besuchen. Schließlich bekam er die Asylpapiere. Er begann eine Lehre als Technischer Zeichner in Hamburg. Danach machte er das Fachabitur und begann an der Hochschule in Hamburg zu studieren. Softwaretechnik erschien ihm aussichtsreich.

Mit dem Studium an der Hochschule war er zufrieden, allerdings war es ihm zu unpersönlich. Zu Professoren habe ich keinen Kontakt gehabt, sagt er, außer zu Ihnen (und das nur wegen seiner Diplomarbeit).

Fast alle Prüfungen an der Hochschule werden schriftlich abgehalten. Achmed selbst konnte wohl auch an keinen Professor direkt herantreten. Er ist eher schüchtern als aufdringlich und vorsichtig, in gewisser Weise geschlagen von seiner Vergangenheit, und niemand ist ihm entgegengekommen.

Während des Studiums mußte er arbeiten. Er bekam einen Job in einer Firma, die sich mit Ökonomie beschäftigte. Dort arbeitete er sich in ökonomische Fragestellungen ein, beschäftigte sich mit Statistikprogrammen und Zählmechanismen für das Internet. Er erzählt, daß die Firma, in der er arbeitete, strikt auf Disziplin geachtet hat. Es waren 3 Minuten Pause pro Stunde vorgesehen, zum Toilettengang mußte man sich am Computer abmelden (ausloggen). Diese Zeit wurde nicht bezahlt. Die Arbeitszeit wurde per Computer berechnet, nur die Zeit, die er am Computer arbeitete, wurde bezahlt. Streng wurde auch auf die Erfüllung der gestellten Aufgaben geachtet. Achmed empfand sich als eine Art Arbeitssklave. Zurück in die vorindustrielle Zeit, sagt er, nur mit moderneren Mitteln.

Achmed kann Vergleiche ziehen. Er bezweifelt, daß wir Europäer unseren Lebensstandard, eigentlich sagt er, "unser schönes Leben", werden halten können. Immer mehr Menschen aus der dritten Welt sind begierig auf einen besseren Lebensstandard. Die nicht politisch Verfolgten kommen aus diesen Gründen nach Europa. Es ist anzunehmen, daß sich die Kluft zwischen den Ländern mehr und mehr schließt, aber auch, daß sich die Schere zwischen Arm und Reich, möglicherweise auch in Europa - wie in anderen Ländern -, mehr und mehr öffnet.

Er selbst erinnert sich noch allzu gut an die unvorstellbar armen Lebensbedingungen in Afghanistan und Pakistan. Er erzählt von Kindern, die bei 40 Grad im Schatten, große Steine auf Eisenbahnschienen zerklopfen mußten, um Schotter für den Eisenbahnbau herzustellen. Keine Maschine hilft, alles mühsamste Handarbeit. Unvorstellbare Arbeitsbedingungen, sagt er, auch in der Teppichweberei, dazu der Schmutz überall und die Armut.

Als wir auf die neuere Politik zu sprechen kommen, denkt er laut darüber nach, ob man die Taliban nicht mit geringeren Mitteln hätte verjagen können. Sie seien so schnell davon gerannt.

Die Taliban (Talib = Schüler), erklärt er mir, waren eine Gruppe von afghanischen Flüchtlingen, die in Pakistan ausgebildet worden sind. Zu ihnen stießen pakistanische und arabische Kämpfer. Gemeinsam kämpften diese an der Front in Afghanistan. Anfangs wurden sie - in antirussischer Mission - auch von den Amerikanern unterstützt. Sie hatten und verwendeten amerikanische Waffen, sagt Achmed.

Nach Angaben des „*Spiegel*" unterstützten die USA den afghanischen Widerstand mit 3 Milliarden Dollar und förderten die Anwerbung islamischer Kämpfer unter den arabischen, asiatischen, europäischen und amerikanischen Muslimen. ("11. September, Geschichte eines Terrorangriffes", 2002)

Unvorstellbar sei für ihn, wieviel Dollar den Amerikanern ein Kriegstag in Afghanistan gekostet habe. Er versuche, sich diese Summe vorzustellen und könne es nicht. Bei seiner Berechnung kommt er auf etwa eine Milliarde Dollar pro Kriegstag, wobei er 500 Flüge pro Tag mit je zwei Raketen pro eine Million ansetzt.

Die Hälfte seiner Klassenkameraden sei tot, sagt er. Einer seiner Klassenkameraden, der auch geflüchtet war, sei nach Afghanistan zurückgekehrt. Er hätte sich in Deutschland zu einsam gefühlt, er hätte Sehnsucht nach seiner Familie, nach seinen Eltern gehabt. Er stammte aus dem Pandschirtal. Seine Eltern lebten früher in Kabul, später flüchteten sie nach Pakistan. Als er zurückgekehrt war, schloß er sich der *Nordallianz* an und kämpfte gegen die Taliban. Weil er unerfahren war, erwischten sie ihn.

Die Taliban waren grausam, sagt Achmed. Sie sperrten seinen Klassenkameraden als "islamischen" Verräter ein und ermordeten ihn langsam. Zuerst haben sie ihm die Nase abgeschnitten, dann die Zunge, dann die Ohren. Erst danach haben sie ihn erschossen. Eine Moschee im Pandschirtal ist nach ihm benannt worden, zur Erinnerung an ihn und an die Grausamkeit der Taliban.

Es habe einen *Hoffnungsträger der afghanischen Nation* gegeben, fährt Achmed fort. Das war Achmad Shah Massud, er wurde zwei Tage vor den 11. September im Pandschirtal ermordet. Er war ein Gegner der Taliban, er leistete Widerstand. Er war derjenige, von dem die Afghanen glaubten, daß er seinen Idealen folgen werde und nicht eigenen Interessen. Er wollte Afghanistan eine Zukunft geben, er kämpfte für ein freies und unabhängiges Land.

Wollen Sie nicht wissen, warum es so viele Kriege in Afghanistan gegeben hat?, fragt Achmed, und gibt mir die Antwort:

Im 19. Jahrhundert geriet Afghanistan unter britischen Einfluß. Bis 1919 haben die Briten dreimal Krieg gegen Afghanistan geführt, alle drei Kriege wurden von den Afghanen gewonnen. 1919 wurde die Unabhängigkeit Afghanistans von Großbritannien und Rußland anerkannt. Die geographische Lage Afghanistans spielte bei allen Kriegen eine bedeutende Rolle. Diese war auch die Ursache für den Krieg der Sowjetunion gegen Afghanistan, der 1979 begann und rund 10 Jahre dauerte. Alle Eroberer wollten den Indischen Ozean über Afghanistan erreichen. In der neueren Zeit ist die geographische Lage Afghanistans wiederum von ausschlaggebender Bedeutung, da das Erdölfeld am Kaspischen Meer erschlossen werden soll. Erdölpipelines sollen durch Afghanistan geführt werden. Ich erfuhr im Fernsehen, sagt Achmed, daß entsprechende Verträge bereits abgeschlossen worden sind. 2004 soll mit dem Bau der Pipelines durch Afghanistan begonnen werden.

Unter den Menschen gibt es die Starken, sagt Achmed, *das sind die Gewinner, und die Schwachen, das sind die Verlierer.*

Bei der ersten Oscar-Verleihung nach dem 11. September haben die Versammelten eine Gedenkminute für die Opfer des 11. September eingelegt. Achmed hätte es angemessen gefunden, wenn sie auch der zivilen Opfer des Afghanistankrieges gedacht hätten, deren Anzahl inzwischen die der Opfer in den USA bei weitem überträfen. Auch während der Gedenkfeiern zum ersten Jahrestag des Terrorangriffs auf New York sei der zivilen Opfer in Afghanistan nicht gedacht worden.

Afghanistan ist Achmeds Alptraum. Manchmal fühle er sich so alt wie die Welt, sagt er, und hoffnungslos. Afghanistan ist die Last, die er trägt. Er kann seine Vergangenheit nicht abschütteln. Die gegenwärtige Situation Afghanistans belastet ihn. Warum kann ich nicht so leben wie ein Deutscher, fragt er? Laut Paß ist er nämlich Deutscher. Nur arbeiten und ruhig leben, das wäre sein Wunsch. Dem steht Afghanistan entgegen.

Allein im Krieg der Sowjetunion gegen Afghanistan gab es auf afghanischer Seite mehr als eine Million Tote. Millionen von Afghanen flüchtete aus ihrer Heimat. Sie vegetieren in Flüchtlingslagern in Pakistan und im Iran. Es gibt nach neuesten Angaben 3,5 Millionen afghanische Flüchtlinge. In Afghanistan selbst gibt es 1,5 Millionen Binnenflüchtlinge. Ungezählte Bomben sind in Afghanistan noch nicht entschärft. Nach offiziellen Angaben liegen über zehn Millionen Minen und Blindgänger in Afghanistan verstreut. Man könnte damit die Hälfte der Bewohner auslöschen, sagt Achmed.

Die Minen und Blindgänger sind die Hauptursache dafür, daß die Flüchtlinge nicht nach Afghanistan zurückkehren können. Mehr als eine Million Afghanen wurden von Minen verstümmelt. Es gibt auch heute noch mehr als ein Dutzend Minenunfälle pro Tag. Das Minenräumen geht langsam voran. Wenn die Minen weiterhin mit dem jetzigen Tempo geräumt werden, wird es noch 4300 Jahre dauern, bis alle Minen geräumt sind. Das Land leidet unter Dürre, die Felder sind verdorrt und vermint. Die Lebenserwartung der Männer und Frauen liegt bei 43 Jahren. Die Analphabetenrate der Frauen beträgt 80%.

Achmeds Eltern leben jetzt in London. Sie sind ebenfalls aus Afghanistan geflüchtet. Nach Studienende will er deshalb nach London gehen, wo auch seine Brüder leben. Einer seiner Brüder zahle für ein 1-Zimmer-Appartement 500 Pfund in London, das sei ihm eigentlich zu teuer. Aber er habe Sehnsucht nach seinen Eltern, seit seinem 16. Lebensjahr sei er nicht mehr mit ihnen zusammen gewesen. Wenigstens zwei Jahre möchte er daher in London verbringen.

Seine Eltern würden ihn sehr gern verheiraten. Wenn er sich nicht beeile, würde seine Mutter die Initiative ergreifen und ihm Fotos und Videos mit in Frage kommenden Bräuten schicken. Das sei wie in alten Zeiten, sagt er, aber im Unterschied zu früher, dürfe er die Frauen treffen und sagen, ob er sie heiraten möchte. Die Heirat erfolge in muslimischen Kreisen vor dem Mullah, erst später gehe man aufs Standesamt.

Die Muslime führen ein modernes Leben nach alten Riten. Immer noch werden die alten Riten befolgt. Eine geschiedene muslimische Frau findet schwer einen neuen Ehepartner, sie ist als Geschiedene gebrandmarkt. Dafür gibt es aber weniger Scheidungen bei Ehepaaren islamischen Glaubens.

Muslimische Hochzeiten sind teuer. Das bezeugen alle islamischen Studenten gleichermaßen. Es werden 300 bis 600 Gäste zur Hochzeit eingeladen. Der Bräutigam muß lange für eine solche Hochzeit sparen. Die Gäste schenken Gold.

Was trägt die Braut zur Hochzeit bei, frage ich. Sie bezahlt die Verlobung, sagt Achmed.

Achmed liebt Deutschland. Er empfindet Deutschland als das Land, in dem er am liebsten leben möchte. Er hat Angst, daß Deutschland seinen derzeitigen kulturellen und sozialen Standard nicht werde halten können.

Chatami – ein gebürtiger Afghane aus dem Iran

Chatami ist ein gebürtiger Afghane aus dem Iran mit deutscher Staatsbürgerschaft. Er hat gerade das Diplom gemacht. Seine Diplomarbeit war sehr anspruchsvoll, sie behandelte ein Thema aus der Anwendung der Lasertechnik, bei der er sehr viel Mathematik und Softwaretechnik benötigte. Er ist ein schlauer Kopf, gut vorgebildet und hat die Aufgaben zur Zufriedenheit des Laserinstitutes gelöst, in dem er seine Diplomarbeit schrieb.

Das staatliche Institut hatte kein Geld, ihn zu bezahlen. Nur ein paar Lehrstunden als Hilfskraft konnten sie ihm vergüten. Aber nun, nachdem er sein Diplom in Technischer Informatik gemacht hat, würde das Institut ihn gern einstellen. Sie können keine so hohe Bezahlung bieten wie die Industrie, aber die Aufgaben sind von wissenschaftlichem Interesse und nützlich für die Forschung.

Chatami hat sich jedoch entschlossen, nach den USA auszuwandern. Ich frage ihn zweifelnd, ob er das wirklich für eine gute Idee halte. Er sagt aber, sein Entschluß stehe fest, und er überlege nur noch, ob er nach Los Angeles gehe oder nach San Diego, und wie er am besten die Greencard erwerben könne, als Student oder als Programmierer in der Industrie.

Er ist deutscher Staatsbürger und auch noch iranischer Staatsbürger, denn Iran entläßt seine Staatsbürger nicht, erlaubt nicht, daß die iranische Staatsbürgerschaft abgelegt wird. So bleibe einem Iraner nichts weiter übrig, sagt Chatami, als den iranischen Paß wegzuwerfen oder zu behalten, wenn er die deutsche Staatsbürgerschaft erhalten habe. Möglicherweise hat Chatami den iranischen Paß behalten.

Chatami ist Moslem. Einmal Moslem, immer Moslem. Die islamische Religion kann Chatami ebensowenig ablegen wie seine iranische Staatsbürgerschaft. Ob er seine Religion wirklich ablegen würde, darüber spricht er nicht. Er scheint den kulturellen Regeln des Islam verhaftet zu sein.

Obwohl Chatami alle Vorzüge der Bundesrepublik schätzt, wie er sagt, will er Deutschland doch verlassen. Ob das nur an der Sonne liegt, die nun mal in Kalifornien öfter und länger scheint, oder an seinem jugendlichen Übermut von 26 Jahren, der nach Abenteuern schreit, das ist nicht zu entscheiden. Fest steht jedoch, daß in Kalifornien besonders viele Deutsche aus Schleswig-Holstein und Hamburg anzutreffen sind.

In den Iran will er jedenfalls nicht zurückkehren. Da könne er nicht mehr leben, sagt er. Die Lage seines Volkes, die wirtschaftliche, geistige und moralische, bedrücke, ja verwirre ihn.

Die Schere zwischen Arm und Reich sei gewaltig und werde immer größer. Das Verhalten der Armen sei nur noch aufs nackte Überleben ausgerichtet, moralische Bedenken würden über Bord geworfen. Die Prostitution von 14-jährigen Mädchen sei kein seltener Fall von Überlebenskampf. Die Sitten verfielen und seien nicht mehr mit dem Koran zu vereinbaren. Die Regierung selbst predige Wasser und tränke Wein. Inzwischen würden zwar staatlicherseits mehr und mehr Freiheiten zugelassen, Freiheiten, die per Satellit nach dem Iran kämen, die aber prinzipiell keine Änderungen bedeuteten. Diese Lockerungen beruhige das Volk, sie seien aber unwesentlich. Was bedeutet es, daß sich zum Beispiel Frauen nun stärker schminken dürfen als früher? Die Mullahs würden die Macht durch Vergabe kleiner Lockerungen behalten. Das Volk sei mit den Mullahs zufrieden, die Armutsschere aber öffne sich weiter. Nur wer Geld habe, könne im Iran gut leben.

Chatami ist zusammen mit seinen Eltern und seinen Geschwistern vor 16 Jahren nach Deutschland gekommen. Sie wollten dem Krieg entfliehen. Er erinnert sich noch, wie seine Mutter während des Krieges im Iran in der Küche auf dem Fußboden saß und betete: *"Laß die Bomben nicht auf uns fallen"*. Das habe sich seinem Gedächtnis unauslöschlich eingeprägt, ihn geprägt und auch seine Einstellung zu Bomben und Krieg. Aber inzwischen seien schon wieder Bomben gefallen. Die "zivilisierte" Welt kämpfe gegen den Terror, das habe er gelesen. Sind wir nicht zivilisiert?, fragt er. Was ist mit uns? Wie viele Tote gibt es täglich in Asien? Sein Fazit: *Es gibt beachtete Tote und unbeachtete.*

Chatami ging in Deutschland zur Schule, er spricht gut deutsch. Er machte das Abitur und begann Technische Informatik zu studieren, da er dieses Fach für erfolgversprechend hielt. Seine Schwester studierte Medizin. Das Schlimmste am Studium seien eigentlich die eigenen Landsleute gewesen, sagt er. Sie würden jahrzehntelang studieren und arbeiten. Er habe das Studium schnell absolvieren wollen, was wohl von den iranischen Langzeitstudenten nicht gut aufgenommen worden sei. Die iranischen Studenten hätten ihn bedrängt, ja sogar verpfiffen, wenn sie ihn bevorzugt fanden. So habe er sich abgesondert. Er sei auch viel jünger gewesen als die anderen iranischen Studenten. Aus Angst vor den eigenen Landsleuten habe er sich in höheren Semestern nicht einmal mehr in die Mensa getraut.

Der Gruppenzwang könne auch zum Störfaktor werden, sagt Chatami. Das würde viel zu wenig beachtet. Die Ausländer würden von den Professoren nur einzeln wahrgenommen, aber nicht als Gruppe.

Seine Familie, die 1985 aus dem Iran nach Deutschland gekommen war, ging im Jahr 2000 wieder zurück. Sein Vater habe in Deutschland hart gearbeitet, als Lastwagenfahrer zwischen verschiedenen Staaten, Tag und Nacht, jede Gelegenheitsarbeit hätte er angenommen und Geld gespart, erzählt er weiter. Für ein besseres Leben. Seine Eltern hätten sich in Deutschland nicht eingelebt, sagt Chatami. Sie hätten keinen Kontakt zu Deutschen gehabt, nur zu Iranern. Dank des gesparten Geldes könnten sie nun im Iran ein Unternehmen gründen und gehörten zu der bevorzugten Klasse, alle Türen hätten sich für seine Eltern geöffnet. Sie würden sich nun im Iran wohl fühlen.

Chatami studierte nach dem Fortgang seiner Eltern in Deutschland weiter, machte das Diplom, seine Schwester beendete das Medizinstudium und arbeitet an einem Universitätskrankenhaus. Sie habe sogar promoviert, erzählt Chatami bewundernd.

Für seinen Ausflug in die Sonne hat sich Chatami einen ungünstigen Zeitpunkt ausgesucht. In Deutschland würde er bleiben können. In den USA ist sein Schicksal noch vollkommen ungewiß. Das Flugtikket nach LA hat er aber schon gekauft. Er will es probieren. Als deutscher Staatsbürger hat er zumindest keine Einreiseschwierigkeiten.

Chatami hat mir ein Bild mitgebracht, darunter steht *Persian Art - SHAKIBA*. Es ist ein einfacher Druck, einer, wie er früher in den persischen Kaffeehäusern hing, die ihre Fensternischen schmückten und mit Bildern behängten. Der Druck zeigt ein ganz typisches Bild: eine Frau mit Laute und Blumenkranz.

Damals musizierten geschmückte Frauen in den persischen Kaffeehäusern. Das muß lange her sein, denke ich. Der Schmuck der Frau zeigt Formen, die wir als Fraktale bezeichnen und die für die damalige Epoche kennzeichnend sind. Die Frau trägt persische Tracht, durchsichtige Schleier an den Armen, die blaue Bluse ist bestickt und mit Perlen verziert, alles ist sehr blumig, auch der Hintergrund.

Ich werde das Bild in mein Dienstzimmer hängen, sage ich. Das werden Sie nicht wirklich tun, erwidert Chatami kopfschüttelnd.

1000 und eine Nacht

Wissen Sie, wie das mit 1000 und einer Nacht war?, fragt Chatami und erzählt mir das orientalische Märchen.

Der König des Landes heiratete jede Nacht eine andere Frau. Schon am Morgen überlegte er, welche Frau er am Abend heiraten könne. Das ging lange Zeit so. Eines Tages trifft er auf eine kluge Frau. Sie möchte nicht nach einer Nacht vergessen sein.

Am Abend erzählt sie dem König eine Geschichte. Die Geschichte ist so spannend, daß der König alles um sich vergißt. Nach Mitternacht, an der spannendsten Stelle, hört die Erzählerin auf und sagt, sie sei nun müde, am folgenden Abend würde sie weitererzählen. Der König ist gespannt. Am Morgen überlegt er, daß er keine neue Frau wählen kann, denn dann würde er den Fortgang der Geschichte nicht erleben, die ihn so interessiert.

Am Abend setzt die kluge Frau ihre Erzählung fort. Und wieder endet sie an einer Stelle, die eine Fortsetzung verlangt. Weit nach Mitternacht. Und so geht es fort, 1000 und eine Nacht lang. Der König hat die anderen Frauen und die Heiraten vergessen. Nach 1000 und einer Nacht heiratet er die kluge Frau und fortan keine andere mehr. Das Leben des Königs hat sich gewandelt.

Die Geschichten, die mir die ausländischen Studenten von ihrem Leben erzählen, sind fortlaufende Geschichten. Sie erinnern mich in gewisser Weise an 1000 und eine Nacht. Es kommt sogar vor, daß ein Student von seinem Leben berichtet und daß, wenn er die Geschichte fortsetzt, sie eine ganz andere ist, so als ob er viele Leben gelebt hätte. Immer wieder wird ein Fenster geöffnet in eine andere Welt.

Der Student aus Pakistan

Der Student aus Pakistan beendete sein Studium nicht. Er wurde aus relativ behüteter Umgebung ("niemand von meinen Bekannten in Pakistan hungert") nach Deutschland verlockt. Pakistan bestehe aus mehreren großen Provinzen, sagt er. Die Grenzregion zu Afghanistan, die nun oft im Fernsehen zu sehen gewesen ist, sei die ärmste.

Er selbst hatte schon das Studium der Politikwissenschaften in Pakistan absolviert, als er nach Deutschland kam. Das Studium wurde hier nicht anerkannt.

Warum er denn nach Deutschland gekommen sei?, frage ich ihn. Er habe gedacht, ein junger dynamischer Mensch, wie er ja einer sein wollte, müsse sich in der Welt umsehen. Außerdem seien die Erzählungen eines Heidelberger Professors verlockend gewesen, der in seiner Heimatstadt, der zweitgrößten Pakistans, längere Zeit gelehrt habe. Der habe ihm schließlich auch eine Einladung nach Deutschland geschickt.

Er begann also in Deutschland zu studieren. Das Studium habe er abbrechen müssen, als seine Familie ihm nachfolgte (seine Frau und zwei Kinder, das dritte Kind ist in Deutschland geboren). Leider kam auch seine Schwiegermutter und deren ältester Sohn nach. Er habe aufhören müssen zu studieren, um Geld zu verdienen, aber gleichzeitig auch seinen Frieden eingebüßt. Als die Meinungsverschiedenheiten mit seiner Schwiegermutter eskalierten, habe sie ihn aus der eigenen Wohnung geworfen.

Da er seine Kinder liebt, gibt er alles Geld, das er verdient, seiner Frau, die er nach wie vor ebenfalls liebt. Er wohnt nun bei einem Freund und wartet auf bessere Zeiten. Da er schon beinahe seit zehn Jahren in Deutschland lebt, hat er bereits die deutsche Staatsbürgerschaft erhalten. Obwohl er nun allein lebt, darf er keine Frau anschauen, keine Freundin haben, denn das erlaubt die islamische Religion nicht. Seine Eltern sagen, er solle nach Pakistan zurückkommen, sie könnten dort eine neue Frau für ihn finden, als wäre er dazu nicht selber in der Lage. Aber so sind die alten Riten.

Zur Zeit fördert ihn das Arbeitsamt bei Tag, nachts fährt er Taxi wegen der Kinder. Er ist sehr intelligent und absolviert eine Umschulung zum Computer-Facharbeiter. Die Schule teilte ihren Absolventen aber bereits mit, daß die Aussichten auf dem deutschen Arbeitsmarkt zur Zeit sehr schlecht sind, da Telekom und andere Firmen Tausende gut ausgebildeter Computerfachkräfte entlassen haben oder es beabsichtigen. Das stört den Pakistani mit deutschem Paß aber nicht. Er sei ein Optimist sagt er, außerdem glaube er, daß seine Zukunft in Pakistan liege. Sobald er seinen Abschluß in seiner Fachausbildung gemacht und seine Familienprobleme gelöst hat, will er nach Pakistan zurückkehren. Solche Leute wie er seien nun dort gesucht. Die staatliche Luftfahrtgesellschaft Pakistans sei die einzige weltweit, die Profit mache, da sich andere Luftfahrtgesellschaften in den "heiß umkämpften" Raum um Pakistan nicht wagen würden. Pakistan produziere Getreide im Überfluß. Umso makaberer, daß die Amerikaner versucht hätten, ihre Schulden an Pakistan in diesem Jahr mit Getreide zu bezahlen.

Unser Basmati-Reis ist weltbekannt, sagt er stolz. Die Sorten unterscheiden sich in Geschmack und Korngröße. Auch in Deutschland können sie welchen kaufen, fügte er hinzu.

Könnte die Zukunft einiger Deutscher vielleicht auch in Pakistan liegen?, möchte ich wissen. Er sagt: Nein. Wir sind Muslime, das Klima ist nicht gut verträglich für Deutsche, und wir haben ganz andere Lebensgewohnheiten als sie. Wir leben vor allem in der Nacht, ab acht Uhr abends beginnt unser Leben auf der Straße, dann, wenn die Temperatur auf ein erträgliches Maß gesunken ist. Dann ist es wunderbar in meiner Heimatstadt. Diese nächtliche Wärme, diese Lichter! Überwältigend!

Zum Abschied erklärt er mir: Alle Araber, alle Muslime schauen auf Deutschland. Deutschland hat ein Gewicht in der Welt. Was Deutschland sagt und macht, ist für uns wichtig. Hoffentlich wissen das die deutschen Politiker auch.

Die Zedern des Libanon

Karim kommt aus dem Libanon. Er war Werkstudent bei Philips. Bei seinem Diplomkolloquium trug er über eine Arbeit vor, die bei Philips entstanden war. Es ging um die Erwärmung und die daraus resultierenden Fehler bei Transistoren, um ein Testprogramm, das er geschrieben hat, um technisch interessante Fragestellungen.

Karim macht einen sehr kompetenten Eindruck. Vortrag mit Power Point und Beamer, professionell antwortet er auf alle Fragen und erklärt die mathematischen Grundlagen seiner Arbeit an der Tafel.

Zum Diplom laufen viele Studenten zu Höchstform auf, da zeigen sie, was in ihnen steckt und was sie wirklich können. Vergessen sind alle Anfangsschwierigkeiten. Da sind sie im Leben angekommen. So auch Karim.

Nach seinem Kolloquium lud er zu Kaffee und Kuchen ein, den er schon vorbereitete hatte. Insbesondere das Ende des Ramadan ermöglichte den Kaffee. Es darf wieder gegessen und getrunken werden. Der Ramadan dauert 29 bis 30 Tage und verschiebt sich über das Jahr. Im Winter ist es einfacher, die Fastenzeit einzuhalten, weil die Tage kurz sind, aber im Sommer und an heißen Tagen sind sie eine große Anstrengung.

Was machen die Muslime in Finnland während der Mitsommernacht, wenn die Sonne nicht untergeht?, frage ich. In solchen Fällen dürfen die Fastenzeiten des nächsten islamischen Landes übernommen werden, antwortet der Student Khaled aus Palästina, der auch dabei ist. Mohammad, der Prophet, hat an alles gedacht.

Der letzte Tag des Ramadan wird festlich begangen. Am Morgen gehen alle Muslime in die Moschee um zu beten. Abdallah aus dem Gazastreifen, Khaled und die anderen moslemischen Studenten waren in der Hamburger Al Kuds Moschee, wo auch der Flugzeugterrorist Atta gebetet hat. Danach treffen sich die Muslime, der Tag eröffnet die Möglichkeit, Leute zu treffen, neue Bekanntschaften zu schließen. Es werden Süßigkeiten gegessen. Damit wird das Ende des Ramadan gefeiert. Dieser Tag ist der größte Feiertag in der moslemischen Welt.

Während des Kaffeetrinkens erzählt Karim von seiner Heimat: Der Libanon war ein herrliches Land. Der Durchgangspunkt von West nach Ost, von Ost nach West, ein Umschlagsort des Warenverkehrs. Beirut wurde als Paris des Ostens gerühmt, der Libanon als die Schweiz des Ostens, wohl weil die Europäer alles, was schön und wohlhabend ist, als "Schweiz" bezeichnen.

Die Libanesen sind in erster Linie Händler, sagt Karim, die Reichen aus den Erdölländern des Nahen Ostens gingen dort ihren Geschäften nach. So wurde der Libanon reich. Im Krieg wurde das Land zerstört, Beirut versank in Schutt und Asche. Nun herrscht Frieden, das Land wird wieder aufgebaut. Seit Israel das besetzte Gebiet geräumt hat, ist auch der politische Frieden einigermaßen wieder eingekehrt. Der Konflikt im Nahen Osten betrifft den Libanon nur indirekt.

Ich erinnere an "Die Zedern des Libanon", die bereits in der Bibel Erwähnung finden. Leider wurden sie abgeholzt, sagt Karim, die meisten schon von den Römern, als sie Holz für ihre Kriegsschiffe brauchten.

Nach dem Diplom will Karim in den Libanon zurückkehren, um sein Heimatland wieder aufzubauen. Glücklicherweise kann er problemlos zurückkehren, aber ob er Arbeit finden wird, ist ungewiß. Abdallah und Ali aus dem Gazastreifen wünschten sich dasselbe.

Karim wird ein guter Botschafter sein. Deutschland genieße großes Ansehen im Nahen Osten, sagt er.

Die Zedern des Libanon kann man wieder anpflanzen. Aber sie wachsen langsam.

Studenten aus Palästina

Mohammad aus dem Gazastreifen

Mohammad kommt aus Palästina, ich kenne ihn auch aus meiner Vorlesung. Als wir uns das erste Mal sprachen, wollte er so bald wie möglich nach Hause zurückkehren und Palästina befreien. Er wollte uns bekehren und brachte mir Artikel über die Schädlichkeit von Schweinefleisch mit. Es sei unrein, und der Prophet habe es verboten.

Mohammad ist ein sehr frommer Muslim. Ich wollte ihn kennenlernen, um festzustellen, was er mit seinen Spezialkenntnissen der Elektrotechnik, die ihm die Hochschule lehrt, zu tun beabsichtigt. Ich hatte keine Probleme mit ihm, denn ich vertrat schon immer die Ansicht, daß den Palästinensern ein Land zustehe, allerdings war ich dagegen, die Juden ins Meer zu jagen, wie er das anfangs vorschlug.

Seine Familie lebt im Gazastreifen, er hat viele Geschwister, mehrere seiner Brüder studieren im Ausland.

Anfangs arbeitete Mohammad als einfache Hilfskraft am Flughafen, später hatte er einen qualifizierteren Job in einem Rechenzentrum gefunden. Er ist intelligent, studiert aber sehr langsam, weil er sich sein Geld zum Studium verdienen muß. Ich hatte sogar den Eindruck, daß er das Studienende hinauszögert. Er ist sich seiner Sache nicht mehr sicher. Früher wollte er sofort nach Palästina zurückkehren, heute ist selbst ihm die Luft dort zu bleihaltig und die Zukunft zu ungewiß.

Wenn die Palästinenser ihre Lage mit Abstand beurteilen könnten, würden sie anders handeln, als sie es zur Zeit tun, sagt er. Dann wüßten sie, daß ein Attentäter nur mißbraucht wird, daß er selbst keine Rolle spielt. Die Palästinenser seien aber eingesperrt und revoltierten deshalb.

Mohammad hat sich in Hamburg akklimatisiert und zivilisiert. Sein Fanatismus ist kühler Überlegung gewichen. Zwar glaubt er nach wie vor, daß es keinen Frieden zwischen den Israelis und den Juden geben könne, aber er will die Juden nicht mehr ins Meer jagen. "Welchen Frieden soll es geben?", fragt er mich. "Den Frieden der anderen?" Ehrlich gesagt, weiß ich auch keine Antwort, obwohl ich beiden Parteien gleichermaßen das Recht auf Selbstbestimmung in einem eigenen Land zugestehe.

Sharif zu Besuch

Sharif ist bei Mohammad zu Besuch. Er hat vor kurzem an der Universität in Ilmenau promoviert. Er ist 35 Jahre alt und seiner Abstammung nach Palästinenser. Geboren wurde er auf der Flucht aus Palästina. Seine Eltern stammen aus dem Gazastreifen. Sie wurden 1948 nach Hebron vertrieben, und während des Krieges 1968 waren sie abermals auf der Flucht. Sie flüchteten nach Jordanien. Laut Paß ist Sharif Jordanier.

Seine Frau ist eine echte Jordanierin. Als Jordanier erster Klasse gelten die ursprünglich dort Ansässigen. Wir sagen scherzhaft, er habe also eine Frau erster Klasse geheiratet. Sie hat in Jordanien Agrarwissenschaft studiert und war eine unabhängige junge Frau, als er sie kennenlernte. Sie stammt aus vermögendem Haus. Sie müsse nicht für Geld arbeiten, sagt er stolz.

An dieser Stelle fragen wir natürlich nach. Sharif sagt, er habe mit Ehevertrag geheiratet, in dem habe seine Frau unterschrieben, daß sie nicht arbeiten werde. Sie dürfe nur an Wohltätigkeitsveranstaltungen teilnehmen und für das Allgemeinwohl arbeiten, selbst aber kein Geld verdienen. Nach dem Koran, sagt Sharif, sei *er* verpflichtet, seine Familie zu unterhalten. Selbst wenn seine Frau Geld verdienen würde, wäre *er* verpflichtet, die Familie zu ernähren. Das Geld seiner Frau sei außerdem nicht sein Geld.

Nach islamischem Recht ist der Mann das Oberhaupt der Familie. Er kann darüber entscheiden, ob seine Frau arbeitet oder nicht. Ohne seine Zustimmung darf sie nicht arbeiten. Die Bewegungsfreiheit einer verheirateten Frau ist eingeschränkt.

Die Familie werde von den Muslimen als höchstes Gut betrachtet, es sei nicht so wie in Deutschland, wo die Anzahl der Singlehaushalte ständig zunehme und die Familie zurückgedrängt werde, sagt Sharif. Kinder sollten von der Mutter erzogen werden, sie sollten im Haus aufwachsen unter der ständigen Beobachtung der Mutter und bei voller Hinwendung der Mutter zu den Kindern. Kindergarten und ähnliche Institutionen lehnt er deshalb ab.

Wir sagen provokativ, auch ein Vater könne seine Kinder liebevoll pflegen. Aber das kommt für ihn nicht in Frage. So steht es nicht im Koran, auch nicht in seinen Auslegungen. Mohammad, der Prophet, gab die Richtlinien vor, entweder "schriftlich", durch sein Vorleben oder durch Auslegungen und Interpretationen der Schriften von dafür geeigneten Gelehrten. Daran hält sich Sharif, seine Frau auch.

Der Prophet habe die Frau aus der Unterdrückung befreit, sagt er. Er habe ihr Gewicht verliehen und Anerkennung, habe festlegt, was das Wichtigste für einen Muslim sei, nämlich erstens, zweitens und drittens: die Mutter. So habe die Frau ihre unantastbare und geachtete Stellung in der muslimischen Welt gefunden. Erst als er behauptet, eine Frau hätte im Islam mehr Freiheiten als in Europa, protestieren wir.

Natürlich führen wir das Argument der Mehrfachehe des Mannes als Gegenargument an. Mohammad habe die Anzahl der Ehefrauen auf vier begrenzt, das hält Sharif für positiv, vor ihm seien zwanzig Ehefrauen möglich gewesen. Er verteidigt auch das Prinzip dieser Ehe. Nach einem Krieg herrsche Männermangel, und durch die Mehrfachehe werde keine Frau gezwungen, ihre Sexualität auf der Straße auszuleben. Außerdem seien die Frauen an die Tatsache gewöhnt, daß ein Mann mehrere Frauen heiraten dürfe. Die Regel sei das aber nicht, beschwichtigt er uns. Die meisten Männer hätten nur eine Ehefrau. Wir sind wieder beruhigt, aber doch ganz froh, in Europa zu leben. Derartige Probleme stellen sich hier nicht.

Sharif ist ein Kosmopolit, ein Mann, der oft den Aufenthaltsort wechselt. Seine Heimat Palästina kennt er nicht. Er hat auf den Philippinen studiert, und Deutschland ist bereits das 42. Land, in dem er vorübergehend wohnt. Hier hat er nun promoviert und sucht eine Verbindung zwischen der deutschen und der jordanischen Wirtschaft aufzubauen. Dazu kam er nach Hamburg. Wir wünschen ihm viel Glück für seine Unternehmungen.

Er und seine in Jordanien lebende Frau haben ein fünf Monate altes Kind. Er könne sich auf seine Frau verlassen, sagt er zum Abschluß, und fügt hinzu: "Und sie sich auch auf mich".

Abdallah

Abdallah entstammt einer großen Familie. Sein Großvater baute Fischerboote, 7 m lang, mit denen die Palästinenser zum Fischfang fuhren. Seine Familie lebt im Gazastreifen, der kleiner ist als der Großraum Hamburg, sagt er, dabei würden dort 1,7 Millionen Menschen leben.

Die Großfamilie ist die Lebensform der Palästinenser. Heiratet ein Familienmitglied, so baut es sich eine Wohnung im elterlichen Haus

aus oder an das Haus an. Abdallahs Vater hat sich sogar ein eigenes Haus gebaut, aber unweit des Wohnhauses seiner Eltern. Abdallah hat zwölf Geschwister, die alle eine gute Erziehung erhalten, die meisten der Kinder studieren, einige haben einen Beruf erlernt. Nur Arbeit gäbe es keine im Gaza-Streifen, sagt er, dafür aber drei Universitäten.

Abdallah studiert an unserer Hochschule Nachrichtentechnik. Sein Vater hatte ihm einst geraten, Palästina zu verlassen, da er in politische Konflikte geraten war. Abdallah bekommt kein Stipendium, in den ersten Jahren des Studiums unterstützte ihn sein Vater, später war dies seinem Vater nicht mehr möglich. Abdallah mußte arbeiten, was er einerseits sehr lehrreich fand, andererseits hielt ihn das Geldverdienen aber vom intensiven Studium ab. Bis zu einer Neuregelung war es den Studenten erlaubt, 20 Stunden pro Woche ohne Arbeitserlaubnis zu arbeiten. Bald wird Abdallah das Studium beenden, es hat 7 Jahre gedauert. Die Länge des Studiums führt er auf persönliche Probleme, aber vor allem auf das Selbsterhaltenmüssen zurück. Falls er in seine Heimat zurückkehren sollte, will er versuchen, an einer der Universitäten eine Anstellung zu finden. Nach dem Diplom will er aber erst einmal einige Jahre arbeiten und Praxis auf seinem Fachgebiet erwerben. Als ich mit ihm sprach, hielt er es für einfach, in Deutschland die Greencard und eine Arbeitsstelle zu erhalten. Nach dem 11. September hat sich das möglicherweise verändert. Nun überlegt er, ob er weiterstudieren soll und denkt daran, einen Masterstudiengang an einer Universität zu belegen.

Das ganze Leben bestehe aus Lernen, sagt er. Neben dem Studium der Nachrichtentechnik hat er Arabisch und Religion im Fernstudium studiert. Der Islam bestimmt sein Leben. Er könnte ein Wanderprediger sein, so eindringlich argumentiert und erzählt er von seiner Religion, sogar auf deutsch spricht er fließend und einprägsam.

Abdallah ist ein ansprechender junger Mann, der stolz darauf ist, ein Muslim zu sein. Die waren die besten, sagt er, früher. Sie haben viel geleistet auf dem Gebiet der Wissenschaft, sie waren Vorreiter der Menschheit. Nun wohnen sie im Gazastreifen und im Westjordanland. Die jetzigen Palästinenserführer betrachtet er sehr kritisch.

Abdallah war schon einmal verheiratet, die Gegensätze zwischen ihm und seiner jungen Frau aus dem Gazastreifen erwiesen sich aber als zu stark. Darüber spricht er nicht gern. Trotz mehrfacher Versuche hat er für sie kein Visum erhalten, da er sich nur zum Studium in Deutschland aufhält. Nun will er erst einmal sein Studium beenden.

Frauen sind für ihn zur Zeit tabu. Er ist seiner islamischen Religion verpflichtet. Deshalb kommen für ihn unverbindliche Verhältnisse nicht in Frage. Was ist das, sagt er, wenn eine Frau Kinder hat, ohne verheiratet zu sein? Sie kann einfach weggehen. Der Mann muß auf die Kinder verzichten. Das wäre für ihn undenkbar.

Abdallah hält sich streng an den Koran, auch im Detail läßt er sich nicht davon abbringen nach dem Motto: Für das Gute muß man Opfer bringen.

Ich frage ihn, ob er es schön finde, daß die Frauen Kopftücher tragen müßten und weite Gewänder. Auch er würde keine engen Sachen tragen, sagt er. Das Haar der Frauen wirke auf ihn erregend. In Anbetracht seiner abstinenten Haltung gegenüber Frauen glaube ich das gern. Da scheint schon eine Schuhspitze erregend.

Auch die islamische Gerichtsbarkeit (Scharia) verteidigt er. Wenn einer aber Brot aus Hunger stehle, würde er nicht verurteilt werden, sagt er. Es gebe ein großes Gremium, daß sich mit den Straftaten und Straftätern beschäftige.

"Was sind die Taliban?", frage ich ihn. Sie sind keine Muslime, sagt er. Sie kennen den Koran nicht wirklich. Das liege daran, daß sie kein Arabisch sprächen. Heutzutage sprächen fast alle Araber kein Hocharabisch mehr, die meisten der Araber sprächen Englisch, Französisch, ganz wie ihre früheren Kolonialherren.

Islam bedeute: *In Frieden leben.* Er wolle in Frieden leben, nach den Gesetzen des Koran. Er wolle aber nicht den israelischen Gefängnisfrieden aufgezwungen bekommen. Die Palästinenser seien unfrei, Gefangene im eigenen Land. Wenn sie ihr Land verlassen wollten, würden sie von den Israelis kontrolliert. Die Straße zwischen dem Gaza-Streifen und dem Westjordanland sei für die Kontrollen da.

Er meint, in ihrem Konflikt mit den Israelis gehe es nicht um Land, sondern ursächlich um die Religion, um die heiligen Plätze, die jeder für sich beanspruche. Die Israelis seien im Gegensatz zu den Muslimen nicht tolerant. In einem islamischen Land könnten und würden auch Christen unbehelligt leben und sogar Kirchen bauen dürfen, sagt er, um die Toleranz der Muslime hervorzuheben. Die religiösen Gegensätze zwischen den Pälästinensern und den Israelis hält er derzeit für unüberbrückbar. Ich sage, man sollte die Religionen nur als Privatsache betrachten. Da lächelt unser Muslim nur.

Der Koran bietet eine Lösung für alle Fragen, sagt Abdallah, er beinhaltet alle Antworten für das persönliche Leben eines Muslim, er gibt Anworten auf die Fragen der Wissenschaft, der Staatsführung und der Gerichtsbarkeit. Viele Wörter im Hocharabischen haben mehrere Bedeutungen, so kommt es, daß der Koranleser die Antworten auf seine Fragen selber finden muß. Abdallah sieht den Koran als ein Puzzle, eine mehrdeutige Anleitung, die persönlich umgesetzt werden muß.

Während ich mir zu erklären versuche, warum es zum Beispiel für Muslime verboten ist, Schweinefleisch zu essen und warum Verbote für gewisse Speisen in warmen Ländern sinnvoll sein könnten, sagt Abdallah, daß er an die Vorschriften des Korans *glaube*. Für ihn sind die Gebote des Korans eine Sache des *Glaubens*, nicht der Logik, auch keine Sache des Wissens.

Der Islam, sagt er, ist die Religion, die alle anderen Religionen umfaßt. Ich glaube auch an die christlichen und jüdischen Propheten. Das verlangt unsere Religion von mir.

Die Europäer nennen uns Mohammedaner. Das ist aber nicht richtig. Wir sind Muslime. Allerdings unterscheiden sich die Araber, die dem Islam anhängen, in wirkliche Muslime und solche, die nur ihren Traditionen leben. Das liegt an der arabischen Sprache. Der Originalkoran ist in Hocharabisch geschrieben. Er ist noch derselbe wie vor Hunderten von Jahren. Zwar gibt es Übersetzungen in andere Sprachen, aber das sind nur Adaptionen.

Leider beherrschen die meisten Araber gar kein Hocharabisch. Zwar lernen sie den Koran auswendig, aber sie verstehen ihn nicht. Hocharabisch ist eine schwierige Sprache. Ursprünglich wurden die arabischen Wörter ohne Vokale geschrieben. Die Leute würden heute solche Wörter gar nicht mehr verstehen.

Viele sagen, fährt Abdallah, der "Laienprediger" fort, Mohammad, der Prophet, habe den Koran selbst geschrieben. Das ist aber nicht richtig. Mohammad sei ein Analphabet gewesen, der weder lesen noch schreiben konnte. Wie soll er den Koran geschrieben haben?

Ich sage, er könne ihn vielleicht diktiert haben. Abdalla verneint: Der Koran ist eine Offenbarung Gottes. Seine Sahabi (Jünger) haben aufgeschrieben, was Mohammad offenbart worden ist.

Abdallah erzählt, er erlebe Dinge, die nur gläubigen Muslimen widerführen. Ich kann das nicht erklären, sagt er, denn die Leute würden sagen, daß ich "spinne".

Er behauptet, daß alle Araber gläubige Islamisten seien. Es gäbe keine Ungläubigen, nur Leute, die nicht wirklich nach dem Koran leben würden. Diese Leute folgten nur den Traditionen des Korans, das heißt, sie würden alle Regeln und Festtage einhalten, so wie sie es von ihren Vorfahren gelernt hätten. Sie lebten nach traditionellen Überlieferungen, würden aber den Koran nicht wirklich kennen.

Die Christen, die an ihren Gott glauben, seien ebenso wie die Juden in den Islam eingebunden. Daß Menschen nicht an Gott glauben, ist in seiner Religion nicht vorgesehen.

Der Kommunismus habe die Leute zu Ungläubigen gemacht, sagt er. Auf meine Frage, was er zu den ungläubigen Niederländern beispielsweise sage, die ihre Kirchen vorwiegend als Konzertsäle benutzen würden, und die keinen Kommunismus im Lande hatten, kann er keine Antwort geben.

Die fanatischen Anhänger des Islam werden als Islamisten bezeichnet, er ist kein fanatischer Anhänger des Islam, sondern ein Muslim, ein gemäßigter, läßt aber trotzdem nur den Islam als Religion gelten, lebt in der Welt der Gläubigen, die "Ungläubige" nicht zuläßt oder anerkennt. Eine Trennung von Kirche und Staat akzeptiert er offenbar nicht. Kirche und Staat sind eins für ihn.

Also doch der Kampf der Gläubigen gegen die Ungläubigen? Der Islam, betont Abdallah noch einmal, sei eine friedliche Religion. *Wer einen Menschen töte, töte alle Menschen, wer einen Menschen rette, rette alle Menschen.* Terroristen, die Menschen töteten, sei die Hölle gewiß.

Die klugen Köpfe der Palästinenser gingen ins Ausland, um dort zu studieren. Das würde übrigens von den Israelis erlaubt. Zurück blieben die, die keinen Ausweg wüßten. Er selbst hätte gern in einem arabischen Staat studiert, aber das Studium in Ägypten sei zu teuer gewesen. So viel wie das Studium dort gekostet hätte, sagt er, hätte er im späteren Leben gar nicht mehr verdienen können, wenn er ein Gehalt von 100 bis 200 Euro pro Monat ansetze, was er vielleicht in Ägypten verdienen könnte.

Deutschland sei als Studienort unter den Muslimen besonders begehrt, weil das Studium *kostenlos* sei, was einzigartig auf der Welt sei. Auch seien die Deutschen ziemlich tolerant, Religionsfreiheit sei gewährleistet. Es wäre möglich, die islamische Religion auszuüben, Moscheen und Gebetsräume könnten eröffnet werden. Deutschland - ein Paradies für Islam-Anhänger?, frage ich.

Abdallah, der gern in Deutschland, aber auch gern in islamischen Staaten arbeiten würde, fühlt sich durch den Terroranschlag vom 11. September 2001 aus der Bahn geworfen. Er bedauert diese Anschläge zutiefst, auch deshalb, weil sich alle Muslime plötzlich angeklagt fühlten. Der Islam predige Frieden, das könne er nur wiederholen.

Als er hörte, seine islamischen Glaubensgenossen hätten das Attentat in New York begangen, habe er vor dem Fernsehapparat gesessen und geweint. Ich kann das nicht verstehen, sagt er. Wie kann ein Mensch, der das Diplom mit ausgezeichneten Noten an der als sehr schwierig geltenden Universität in Hamburg-Harburg gemacht hat, Terrorist werden? Ein solcher Mann müsse doch intelligent sein, sagt er. Er wirkt ratlos, ja bedrückt.

Abdallah hat den Flugzeugattentäter Atta in der Moschee am Steindamm getroffen. Sie hätten dort gemeinsam gebetet. Er beschreibt ihn als höflich und korrekt. Mit einem anderen, noch gesuchten Araber, habe er Volleyball am Wiesendamm gespielt. Sie kennen doch das Studentenwohnheim am Wiesendamm?, fragt er mich. Es ist unweit des Stadtparks. Diesen Araber beschreibt er als wenig durchsetzungsfähig, er hält ihn aus Charaktergründen nicht für fähig, Leitungs- und Logistiktätigkeiten ausgeübt zu haben, wie ihm zugeschrieben wird. Den Studenten Ziad Jarrah aus dem Flugzeugbau habe er bei uns in der Mensa gesehen.

Tatsache ist aber, sage ich, daß das World Trade Center nicht mehr steht und zwei dieser Leute, die sie kennen, in den Flugzeugen saßen.

Er weine über die Verquickung von Islam und Terror, wiederholt er. Dabei macht er einen depressiven Eindruck, keinesfalls einen agressiven. Er ist pessimistisch, auch seine Zukunft betreffend. Seine Berufschancen sieht er schwinden, denn er befürchtet nun Konsequenzen, Untersuchungen, Verhöre und daß man ihn als "Schläfer" bezeichnen könnte, der auf Knopfdruck plötzlich in Aktion trete, wörtlich sagt er: "in die Luft geht". Er wolle aber, fügt er hinzu, den Dingen gelassen entgegen sehen, *im Gebet*.

Es wäre schön, wenn sich Abdallah eine Perspektive böte. Viele Studenten kommen nach Deutschland, um anschließend in ihrem Heimatland zu arbeiten, um ihre Heimat aufzubauen oder zu unterstützen. Oftmals bietet sich aber nach Studienabschluß keine Möglichkeit dafür. Vielleicht sind junge, gut ausgebildete Leute deshalb leicht zu verführende Opfer von Extremisten, weil sie keine Perspektive sehen, nicht für sich und nicht für ihr Land.

Anruf aus dem Praktikum

Ich hatte schon mehrere Studenten zum Hauptpraktikum an ein staatliches deutsches Institut vermittelt. Das Institut braucht Unterstützung bei seiner Arbeit und hat wenig Geld. Die Personalbedarfslücke kann mit Studenten geschlossen werden, jedenfalls einigermaßen.

Als "Bezahlung" erhalten die Studenten einen Tutorenjob. Der Profit besteht vor allem in dem, was sie in dem Institut lernen können, und das ist viel. Außerdem könnte der Name der Institution bei der späteren Jobsuche helfen.

Bislang verliefen die Beziehungen zwischen diesem Institut und der Hochschule problemlos, ausländische Studenten waren willkommen. Der Betreuer, ein Physiker, stammt selbst aus dem Iran. Nach dem 11. September wurden die ausländischen Studenten, die sich beworben hatten, erst einmal überprüft. Ich wurde von der Firma angerufen und zu den jeweiligen Studenten befragt.

Wie aber kann ich eine Antwort geben? Alle Studenten, die die Diplomarbeit bei mir schreiben, halte ich für solide und fleißig. Ich kann sie befragen, einschätzen, aber kenne ich ihre Geheimnisse? Die erfolgreiche pädagogische Methode, zunächst das Beste vorauszusetzen, gilt nicht mehr uneingeschränkt. Studenten, die bei mir Vorlesung hörten, standen auch auf der Liste der Verdächtigen. Wie soll ich Auskunft geben? Kann ich für sie die Hand ins Feuer legen?

Die islamischen Studenten, die friedlich in Hamburg lebten und leben, sind ebenfalls Leidtragende des 11. September. Ihre Berufsaussichten haben sich verschlechtert. Abdallah war vor dem 11. September eine Stelle in Aussicht gestellt worden, danach erhielt er einen Anruf, zur Zeit würde niemand gebraucht.

Khaled geht nach den USA

Khaled ist Palästinenser und kommt aus dem Gazastreifen. Vor langer Zeit verließ er seine Heimat und ging nach Deutschland. Er studierte Elektrotechnik an der Hochschule in Hamburg und wurde deutscher Staatsbürger. Seine Frau ist Engländerin, sie arbeitet in englischen Geschäften am Flughafen oder in der Stadt. Sie haben keine Kinder.

Khaled arbeitete schon als Student als Systemadministrator in einer Hamburger Firma. Er hat sich auf diese Tätigkeit im Laufe der Zeit spezialisiert, und seine Firma war mit ihm sehr zufrieden. Bis zum 11. September 2001. Danach begann das Mobbing. Die Sekretärin verriet ihm, warum sich das Klima verändert hatte. Sie riet ihm zu kündigen. Sie konnte Khaled gut leiden. Vor dem 11. September konnten alle Mitarbeiter Khaled gut leiden, zumal er gute Arbeit leistete und sehr hilfsbereit war. Danach sprach niemand mehr mit ihm. Seine Aufgabe bekam er per E-mail zugeteilt. Das Klima in der Firma wurde eisig.

Nach dem 11. September, das war kurz vor seinem Diplom, das er nebenher an der Hochschule machte, hieß es: Studenten von DORT seien eine Gefahr. Khaled wurde als potentieller Terrorist verschrien, obwohl er weder bekennender Muslim war, also weder die Moscheen besuchte, noch Verbindungen zu irgendwelchen terroristischen Kreisen hatte, davor behütete ihn schon seine Frau.

Es ist nicht üblich, daß ein Palästinenser eine Engländerin heiratet. Seine Mutter war gegen diese Heirat, hat sich aber im Laufe der Zeit mit der Schwiegertochter angefreundet. Eine Heirat mit einer Nichtpalästinenserin ist deshalb nicht erwünscht, weil die Eltern denken, daß sie ihren Sohn für immer verlieren werden. Er wird nicht nach Palästina zurückkehren. Bei einer etwaigen Scheidung werden die Kinder wahrscheinlich nicht bei ihrem Vater aufwachsen. Die Kinder aber möchten die Palästinenser nicht missen. Khaled fiel mit seiner Heirat aus dem palästinensischen Rahmen und zwischen die Stühle.

Als das Mobbing in der Firma unerträglich wurde, entschloß sich Khaled, dem Rat der Sekretärin zu folgen und sich eine neue Stelle zu suchen. Bis zum Diplom widerstand er allen Anfeindungen, denn er mußte alle seine Kraft nach Feierabend auf seine Diplomarbeit konzentrieren. Seine Diplomarbeit befaßte sich mit der Frage der Sicherheit von Netzwerken, womit er sich gut auskennt. Seine Arbeit war dank seiner langen Berufserfahrung und seines Wissens hervorragend.

Nach dem Diplom fing Khaled an, sich zu bewerben, was aber ein mühsames Unterfangen war. Nach einigen Wochen nahm Khaled die Einladung seines Bruders an, der seit vielen Jahren in Chicago lebt und dort gut voran kommt. Er ist Arzt und amerikanischer Staatsbürger. Er hat in Hamburg Medizin studiert. Im Physikum erzielte er die beste Note aller Studenten von Norddeutschland und bekam deshalb danach ein Stipendium. Nach dem Studium konnte er trotz großer Bemühungen und der Gesamtnote 1,0 und obwohl ihn die Universität gern angestellt hätte, keine Arbeitserlaubnis für Deutschland bekommen. Er ging in die USA und arbeitet nun in Chicago an einem Krankenhaus und schreibt an seiner Doktorarbeit.

Khaled nahm also Urlaub und flog mit seiner Frau nach Chicago. Dort gefiel es ihm vom ersten Tag an, auch seine Frau war begeistert. Sein Bruder zeigte ihm die Schönheiten der Stadt, und Khaled begann, Stellenanzeigen zu studieren. Eine Firma suchte einen Systemadministrator. Die Stelle war ihm auf den Leib geschneidert. Khaled stellte sich vor und wurde als Kandidat vorgemerkt. Beim Vorstellungsgespräch wurde er nicht gefragt, ob er verheiratet sei, denn diese Frage wird in den USA inzwischen als diskriminierend angesehen, es könnte ja sein, daß er als Homosexueller mit einem Freund zusammen wohnt, er wurde auch nicht gefragt, ob er rauche. Nicht einmal die Frage nach dem Alter sei erlaubt gewesen.

Er flog nach Deutschland zurück, um seine Dinge zu regeln. Khaleds Frau war zufrieden, schließlich ist Englisch ihre Muttersprache. Wir aber werden einen tüchtigen jungen Mann verlieren, den wir an der Hochschule in Hamburg kostenlos ausgebildet haben und den wir sicher auch in Deutschland gut gebrauchen könnten.

Karfreitag 2002

Abdallah und Khaled aus dem Gazastreifen und Karim aus dem Libanon haben mich zum Essen eingeladen. Khaled und Abdallah haben gekocht. Um 18 Uhr wird das Essen serviert, seit 12 Uhr brutzeln die Köche. Es gibt Nationalgerichte, Spezialitäten vom Gazastreifen. Khaled, bei dem das Essen stattfindet, will sein Diplom feiern. Fast habe ich den Eindruck, das Essen fällt reichlicher aus als meine Betreuung seiner Arbeit.

Ich habe Freitag gewählt, hatte aber nicht bedacht hatte, daß Freitag der Sonntag in der muslimischen Welt ist und Gebete besonders wichtig sind. So verschwinden Abdallah und Karim ab und zu im Arbeitszimmer von Khaled, um zu beten. Fünf mal am Tag wird gebetet, etwa fünf Minuten lang. Dabei werden Abschnitte aus dem Koran gelesen. Ich vergleiche das mit den Zeremonien, von denen eine Schulfreundin meiner Tochter uns erzählte, die inzwischen Nonne bei den Karmeliterinnen in Ungarn geworden ist.

Ich frage, ob sie einen Gebetsteppich im Arbeitszimmer hätten. Abdallah sagt, das Zimmer sei mit Teppichboden ausgelegt, das reiche. Ich erinnere mich, daß Gebetsteppiche in der ehemaligen DDR

Exportschlager waren. Unser Verhältnis an diesem Abend ist ganz locker. Wir können über alle Probleme und Eigenheiten sprechen.

Abdallah, Khaled und Karim haben alle vor kurzem das Diplom gemacht, Abdallah und Karim suchen nach einer Anstellung. Karim würde überall arbeiten. Er zeigt mir das Zeugnis, das ihm die Firma Siemens für sein halbjähriges Praktikum ausgestellt hat. Es ist hervorragend, ganz besonders betont es die Vertrauenswürdigkeit von Karim und daß er ein einwandfreies Benehmen gegenüber seinen Vorgesetzten und seinen Kollegen an den Tag gelegt hat. Das ist wohl in der heutigen Zeit von besonderer Bedeutung. Dieses Zeugnis wird Karim weiterhelfen.

Abdallah hat schon viele Absagen auf seine Bewerbungen bekommen. Von der Telekom, wo er einmal als Student arbeitete, habe er bestimmt zwanzig Absagen bekommen, sagt er. Das läge daran, daß, wenn er sich in einer Filiale vergeblich bewerbe, seine Unterlagen an andere Telekomfilialen weitergeleitet würden.

Bei seiner letzten Bewerbung erhielt er eine Zusage, nachdem er auf ein herabgesetztes Gehalt eingegangen war. Ein gewisses Gehalt steht mir zu als Diplom-Ingenieur, sagt er. Man bot ihm 25000 Euro Brutto/Jahr in der Firma. Nach einigen Tagen Bedenkzeit sagt Abdallah zu. Der ihn einstellende Ingenieur freute sich, da er Abdallah gern haben wollte. Leider sagte die Personalabteilung ab. Sie hätte für Abdallah extra eine Arbeitsgenehmigung beantragen müssen.

Abdallah hat sich nun wieder als Student eingeschrieben, diesmal im Studiengang Wirtschaftsingenieurwesen. Mehr von Wirtschaft zu verstehen, wäre für ihn auch wirklich von Vorteil, obwohl er mehr zur wissenschaftlichen Arbeit tendiert. Da er nur ein Studienvisum hat, ist er gezwungen, weiterzustudieren.

Er erzählt einen Witz, der makaber ist, jedoch die ganze Situation beleuchtet: Er habe gehört, man könne sich nun in Afghanistan bewerben, sagt er. Bin Laden suche neue Leute. Die Interpretation des Witzes ist so heikel wie schrecklich. Geben wir den jungen Leute keine Chance, so sehen sie keine Zukunft für sich. Vielleicht sprengen sich junge Palästinenser aus Hoffnungslosigkeit in die Luft. Es ist unsere Aufgabe, ihnen Hoffnung zu geben.

Die Völker sind die Organe eines Körpers,
wenn ein Organ leidet, leiden alle anderen auch.
(Saedi, kurdischer Dichter)

Nationalgerichte der Palästinenser

Inzwischen hat das Essen begonnen. Ich frage Abdallah, ob man in seinem Land das Essen auch mit einem Spruch - wie "Guten Appetit" - beginne. Er sagt auf arabisch: "Bessmi Allah Alrahman Alrahim - mit Namen Allahs ......". Ich sage auf deutsch "Im Namen...", er sagt, das sei eine falsche Übersetzung. Wir einigen uns darauf, daß man nicht alles wörtlich übersetzen kann.

Es gibt Kalbfleisch mit Gemüse (Auberginen, Kartoffeln, Blumenkohl, Zwiebeln, Knoblauch - zerschnitten und zunächst leicht angebraten) und Reis, alles in einem Topf gegart. Das Fleisch wurde zuvor schon gekocht. Die Menge der Fleischbrühe muß genau mit der Garzeit des Reis abgestimmt sein, sonst ist entweder der Reis zu hart oder das Essen angebrannt. Auf den Boden des Gartopfes legt man zunächst Tomatenscheiben, darauf kommt das Gemüse, der Reis und das Fleisch mit der Fleischbrühe. Zuletzt wird der Inhalt des großen Topfes auf ein großes Tablett geschüttet und alles mit gebrannten Mandeln bestreut. Abdallah hat das Nationalgericht der Palästinenser vorzüglich zubereitet.

Khaled hat *Kofta* beigesteuert, ein palästinensisches Gericht, das aus 1 kg Hackfleisch, zwei Bund Petersilie, 3 mittelgroßen Zwiebeln, grünen Peperoni und Gewürzen hergestellt wird. Das Ganze wird flach in eine Form gegeben, mit Tomatenscheiben belegt und etwa eine halbe Stunde im Ofen gegart. Auch einen orientalischen Salat hat Khaled zubereitet. Dazu hat er Getreidekörner in Wasser eingeweicht und Tomaten, Gurken, Zwiebeln, Kopfsalat, Radieschen ganz klein geschnitten, alles vermischt und mit Zitrone und Olivenöl angerichtet.

"Sie können ein arabisches Kochbuch schreiben", spotten die ehemaligen Studenten, weil ich mir alle Zutaten genau aufschreibe.

Es gibt noch weitere Köstlichkeiten wie Auberginencreme mit Sesamsoße und Kichererbsenbrei, der auch unbedingt zu einem palästinensischen Essen gehört. Dazu wird *Gouvasaft* getrunken, hergestellt aus Früchten des Gazastreifens, der früher ein palästinensisches Exportgut darstellte. Heute wäre es nicht mehr möglich, Agrarprodukte zu exportieren, sagen die Palästinenser, da Israel das nicht erlaube.

Bei palästinensisch-arabischem Essen wird kein Alkohol getrunken. Muslime trinken keinen Alkohol. Obwohl ich mir einen guten Rotwein zu dem Essen vorstellen kann, bin ich doch von dem anschließend servierten Tee sehr angetan. Ich kann zwischen Pfefferminztee aus frischer Pfefferminze und Tee mit Salbeiblättern wählen. Ich wähle letzteren, der aus frischen Salbeiblättern und grünem Tee zubereitet wird. Da er einen leicht bitteren Geschmack hat, muß er unbedingt gesüßt werden.

Wir sehen uns einen Film an, der die Geschichte der Vertreibung der Palästinenser zeigt, auch Fotos vom Gazastreifen, Badefotos von Khaleds Familie am Mittelmeer. Eine seiner Schwestern hat auf allen Familienfotos ein Kopftuch auf, die anderen nicht. Abdallah erzählt - angeregt von den Fischerbooten auf den Fotos -, seine Familie stamme aus Jaffa. Sie sei nach der Gründung Israels - in der Folge der UNO-Resolution von 1948 - umgesiedelt worden. Seit dieser Zeit lebt Abdallahs Familie im Gazastreifen. Der Film erzählt von diesen Umsiedelungen der Palästinenser, zeigt ihr ehemaligen Besitztümer, ihre Häuser und ihr Vegetieren in den Flüchtlingscamps.

1,2 Mill. Palästinenser leben im Gazastreifen, etwa die Hälfte der Bevölkerung lebt noch in Flüchtlingslagern, insgesamt wohnen etwa 3,2 Mill. Palästinenser im Gazastreifen und Westjordanland, dazu kommen etwa 200 000 jüdische Siedler.

Beim ersten israelisch-arabischen Krieg waren nach arabischen Angaben über 850 000 Palästinenser - 80 Prozent der damaligen Bevölkerung - aus ihrer Heimat in die Nachbarländer geflohen. Bisher hat Israel ihre Rückkehr strikt abgelehnt. Die Gesamtzahl der Flüchtlingsfamilien wird heute nach arabischer Darstellung auf drei Millionen geschätzt. Die rund 40 000 Palästinenser Ägyptens sind fast ausschließlich Vertriebene aus dem Krieg von 1948. 1967 hatte sich Kairo geweigert, weitere Flüchtlinge aufzunehmen. Für die Palästinenser gelten dieselben Bedingungen wie für andere Ausländer. So ist es ihnen generell verboten zu arbeiten. Manche kommen bei ausländischen Firmen unter, wobei dort der Ausländeranteil zehn Prozent nicht übersteigen darf. Die Einbürgerung ist auch bei Heirat mit ägyptischen Staatsbürgern und für die zweite Generation gesetzlich verboten. Mit dem grössten Problem werden die palästinensischen Familien bei der Ausbildung ihrer Kinder konfrontiert. Während sie für Ägypter gratis ist, müssen Ausländer teures Schulgeld bereits ab der Primärstufe zahlen. Fast unerschwinglich wird so ein Studium, für das an der Kairoer Universität pro Jahr 1200 Dollar zu entrichten sind. *(Neue Zürcher Zeitung AUSLAND Dienstag, 8.2.2000, Nr.32)*

Die "Palästinenserfrage"

1897 fand der erste Zionistenkongreß in Basel statt, von Herzl organisiert. Die Gründung eines jüdischen Staates auf dem Gebiete Palästinas wurde aus historischen und religiösen Gründen favorisiert. Übersehen wurde dabei die Tatsache, daß Palästina längst besiedelt war, und das Gebiet mit Ausnahme von einer jüdischen Minderheit in arabischer Hand war.

Bis gegen Ende des Ersten Weltkrieges gehörte Palästina zum Osmanischen Reich. Während des Krieges unterstützen sowohl die Zionisten als auch die Araber Großbritannien, um sich seiner Unterstützung nach Kriegsende zu versichern. Großbritannien machte beiden Seiten Versprechungen, aus denen sich später schwerwiegende Konflikte ergaben.

1917 eroberten britische Truppen Palästina. Damit endete die 400-jährige Osmanenherrschaft über Palästina. 1919 wurde eine Neuordnung des Nahen Ostens auf einer Friedenskonferenz in Paris vorbereitet. 1920 einigten sich Großbritannien und Frankreich, daß Palästina britisches Mandatsgebiet wird. 1922 übertrug der Völkerbund Großbritannien das Mandat über Palästina.

Bereits unter der osmanischen Herrschaft wuchs die jüdische Bevölkerung in Palästina stark an, Anfang des 18. Jahrhunderts begann die Zuwanderung aus Osteuropa, die sich nach den russischen Progromen von 1881/82 verstärkte. Auf dem 8. Zionistenkongreß in Den Haag wurde 1907 die "Palestine land development company" gegründet, deren Aufgabe darin bestand, in Palästina systematisch Siedlungsland aufzukaufen. 1904-1914 kam es zu einer zweiten Einwandererwelle nach Palästina. 1929 wurde in Palästina die "Jewish Agency" gegründet, die die jüdische Bevölkerung gegenüber den englischen Behörden vertrat. Infolge der nationalsozialistischen Herrschaft in Deutschland kam es zu einem weiteren sprunghaften Anstieg der jüdischen Einwanderer nach Palästina. Unter der britischen Mandatsherrschaft wanderten Zehntausende von Juden ein, die Siedlungen, landwirtschaftliche Genossenschaften, Kibbuzim gründeten, ebenso entstanden Schulen, Krankenhäuser und eine Verwaltung.

Da die Einwanderung der Juden zu Auseinandersetzungen zwischen den Arabern und den eingewanderten Juden führte, versuchte die britische Regierung die Einwanderung und Landkäufe zu beschränken. Dieses Vorgehen führte zu einem Kampf zwischen den zionistischen Militärs und der britischen Militärverwaltung.

Im Februar 1947 wollte Großbritannien das Mandat niederlegen, und legte die Palästina-Frage der Vollversammlung der UNO zur Prüfung vor. Am November 1947 nahm die UN-Vollversammlung den unterbreiteten Plan von der Teilung Palästinas in einen jüdischen und einen arabischen Staat an. Jerusalem sollte einen internationalen Status erhalten. Am 14. Mai 1948, am Tage des Ablaufens des britischen Mandats, erklärte Ben Gurion die Unabhängigkeit des Staates Israel.

Schon einen Tag später kam es zum Krieg zwischen dem neu gegründeten Staat und den angrenzenden arabischen Staaten. Jordanien eröffnete vom Ölberg aus das Feuer auf Israel, die Ägypter griffen von Süden an, die Iraker von Osten, die Syrer und Libanesen von Norden. Der zehnmonatige Krieg endet mit einem Waffenstillstand, der auf Veranlassung der UNO abgeschlossen wurde.

Israel vergrößerte bei diesem ersten israelisch-arabischen Krieg sein Staatsgebiet über den UN-Teilungsplan hinaus. Ein Teil Palästinas wurde von Transjordanien besetzt, einschließlich der Altstadt Jerusalems mit der Klagemauer, ein kleiner Streifen mit der Stadt Gaza wurde von Ägypten besetzt.

Während des Krieges flohen etwa 800.000 Araber. Der geflüchteten arabischen Bevölkerung wurde nach dem Krieg die Einreise in ihr früheres Wohngebiet verwehrt. Es entstanden Flüchtlingslager in den angrenzenden Staaten.

1948 verabschiedete die UN-Generalversammlung die Resolution 194, in der die Internationalisierung Jerusalems und die Rückkehr oder die Entschädigung der Flüchtlinge gefordert wird. Bis heute leben die palästinensischen Flüchtlinge in Lagern, und das Flüchtlingsproblem ist bis heute nicht geklärt.

1950 annektierte Jordanien die von ihm eroberten Gebiete, das Gebiet westlich des Jordanflusses war eigentlich als Teil des arabischen Palästinenserstaates vorgesehen. 1956 brach erneut ein bewaffneter Konflikt aus, der sogenannte Suezkrieg. 1967 zerstörte Israel im Sechstagekrieg die Waffen Ägyptens, Jordaniens und Syriens am Boden. Israel eroberte unter anderem die Golanhöhen, Westjordanien und die Altstadt von Jerusalem. In der Resolution 242 der UNO wurde der Abzug Israels aus den besetzten Gebieten verlangt. 1973 kam es zum Jom-Kippur-Krieg. Nach dem Camp-David-Abkommen schlossen Ägypten und Israel 1979 einen Friedensvertrag ab. 1980 erklärte Israel Jerusalem zur Hauptstadt Israels.

Israel ist Mitglied der UNO, es besteht ein Freihandelsabkommen mit der Europäischen Union.

Die seit 1948 aus Palästina geflohenen Araber (Palästinenser) leben bis heute in Flüchtlingslagern. Aus ihnen rekrutieren sich die verschiedenen Mitglieder der "zum heiligen Krieg" gegen Israel aufrufenden Organisationen. Die Palästinenserlager sind Hochburgen des Widerstandes gegen den israelischen Staat.

Arafat wurde 1929 in Kairo geboren, sein Vater war Stoffhändler in Kairo. Er kämpfte als ägyptischer Offizier gegen Israel und gründete mit Guerillakämpfern die al-Fatah. 1969 übernahm er die Gesamtleitung der PLO, der Palestine Liberation Organization. 1974 hielt Arafat eine denkwürdige Rede vor den Vereinten Nationen in New York. Die UN-Vollversammlung erkannte das Recht des palästinensischen Volkes auf Selbstbestimmung und Unabhängigkeit an. 1980 erkannte die EU in der "Erklärung von Venedig" das Selbstbestimmungsrecht der Palästinenser ebenfalls an.

1988 verzichtete der jordanische König Hussein auf das von Israel besetzte Westjordanland zugunsten der PLO. Aus dem Westjordanland und dem Gazastreifen entstand "Palästina". Dem steht entgegen, daß die Israelis weiterhin neue Siedlungen in den Palästinensergebieten gründeten.

Wissen Sie, wie man heute im Gazastreifen reist?, fragen mich die zwei palästinensischen Studenten: Man fährt mit dem Taxi. Autos sind nicht mehr zugelassen. An jedem Kontrollpunkt müssen Sie aussteigen. Sie laufen einige hundert Meter durch die Kontrolle, danach steigen sie in ein anderes Taxi ein und fahren weiter. Zwei solcher Kontrollpunkte gibt es in Gaza. Man muß zweimal umsteigen, um ganz Gaza zu durchfahren. Dabei ist der gesamte Streifen nur 32 km lang und 8 km breit. Er wird von Panzern abgeriegelt. Im Fernsehen sah ich Betonteile, die die Zufahrt zum Gazastreifen abriegeln. Ein Vergleich mit der Berliner Mauer drängte sich mir auf.

Der Gazastreifen ist in drei Teile geteilt. An zwei Stellen gleicht er einem Nadelöhr. Dort befinden sich israelische Siedlungen, die nur eine Straße von einigen Metern Breite zwischen ihnen freigeben. An diesen Stellen ist die Verbindung innerhalb des Gazastreifens leicht blockierbar. Dort stehen israelische Wachtürme, von denen aus die Zone mit Maschinengewehren überwacht wird. Jeder Palästinenser, der sich innerhalb des Gazastreifens bewegt, begibt sich somit in die Reichweite dieser Gewehre.

Als kürzlich die Zufahrtsstraße nach Gaza-Stadt blockiert war, saß eine von Khaleds Schwestern mit ihrem Mann 17 Stunden im Auto und wartete auf die Weiterfahrt. Sie ist Ärztin und arbeitet in Gaza-Stadt, wohnt aber außerhalb der Stadt. Wer aussteigt, begibt sich in Gefahr, erschossen zu werden. Khaleds Mutter hatte damals in Hamburg angerufen. Obwohl ihr Khaled auch nicht direkt helfen konnte, war es ein Trost für sie, mit ihrem Sohn zu sprechen. Als sie zum zweiten Male anrief, saß ihre Tochter immer noch im Auto. Khaled konnte seiner Mutter nur in Worten beistehen. Deshalb, so sagte er, möchte er einmal nach Gaza zurückgehen. Er möchte seiner Mutter, die so viel gelitten hat, helfen. Wann das möglich sein wird, weiß er noch nicht.

Anruf aus Gaza

Während wir reden und Fotos ansehen, ruft Khaleds Mutter aus dem Gazastreifen an. Sie sagt, sie würden gerade bombardiert. Etwas Besseres, als ihren Sohn in Hamburg anzurufen, fiele ihr nicht ein.

Die palästinensischen Häuser haben keinen Keller, nur ein Souterrain, das als Vorratskammer genutzt wird, weil man verschiedene Nahrungsmittel in großen Mengen kauft. Zucker wird nicht kiloweise gekauft, sagt Khaled, sondern im 70-kg-Sack. Als Luftschutzkeller sind die Keller unbrauchbar.

Khaleds Familie wohnt im südlichen Gaza, in Khan Yunis. Sie besitzen ihr Land noch, weil sie nicht umgesiedelt wurden. Der Gazastreifen ist fruchtbar, früher wurden Früchte exportiert. Die Familie lebte von der Landwirtschaft, vom Ost- und Gemüseanbau. Seit der Gazastreifen wieder abgeriegelt ist, können sie ihr Gemüse nicht mehr verkaufen. Da das Land aber gepflegt werden muß und kultiviert bleiben soll, bauen sie weiterhin Gemüse an. Die reifen Tomaten geben sie zum Pflücken frei. Wer Tomaten braucht, holt sie sich. So sparen sie die Kosten für das Pflücken, haben aber auch keine Einnahmen.

Khaleds Mutter sucht Trost bei ihrem Sohn, der ihr am Telefon nicht helfen kann. Sie hat acht Kinder großgezogen, ist engagiert in mehreren Hilfsorganisationen, hat Verbindung zu deutschen, schwedischen und japanischen Hilfsorganisationen. Auf Wunsch des Vaters studierten fast alle Kinder Medizin. Eine Tochter ist Ärztin in Gaza-Stadt, ein Sohn Arzt in Chicago. Auch Khaled sollte Medizin studieren und kam dem Wunsch seines Vaters zunächst nach. Er studierte einige Semester in Rumänien, weil es damals am einfachsten war, dort einen Medizin-Studienplatz zu erhalten. Dann entschied er sich aber für ein technisches Fach, weil er "kein Blut sehen" kann, wie er sagt. Er entschied sich für ein Studium der Elektrotechnik und zog deshalb nach Hamburg.

Während die Bomben auf palästinensisches Gebiet fallen und Arafats Amtssitz beschossen und zerstört wird, ziehen sich Abdallah und Karim in Khaleds Schlafzimmer zurück und beten. Khaled sagt, er sei zwar ein gläubiger Muslim, aber er könne leider nicht beten.

Es entstehen Assoziationen bei mir: zu den Bombennächten, die ich als Kleinkind in Dresden erlebte, zu der sinnlosen Zerstörung der Stadt, über die ich immer und immer wieder hörte.

Wer zerstört hier wen? Lebt Arafat noch?, fragen die Palästinenser. Abdallah möchte nach Hause gehen, auch er will mit seiner Mutter im Gazastreifen sprechen. Ich frage, wie es in Palästina weitergehen soll.

Karim meint, die Araber und die Israelis könnten alle in einem Land zusammenleben, wenn sie gleichberechtigt wären. Im Augenblick würden die in Israel lebenden Araber allerdings benachteiligt.

Sie dürften zum Beispiel nicht in Israel studieren, ihre Bewegungsmöglichkeiten seien eingeschränkt. Aus Rußland kommende Juden hätten mehr Rechte als Araber, deren Familien schon seit Jahrhunderten im sogenannten heiligen Land leben.

Zum Abschied erzählt Karim, er habe gehört, an der TU Dresden würde ein einjähriger Lehrgang über Minenräumung angeboten. Er will sich dafür bewerben. Karim möchte den Libanon wieder aufbauen. Abdallah fragt: "Hat es einen Sinn, Palästina aufzubauen, wenn es doch wieder zerstört wird?". Deprimiert geht er nach Hause, um im Gazastreifen anzurufen.

Marokkanische Studenten

Magda aus Marokko

Die Marokkanerin Magda hat sich in Deutschland etabliert. Sie ist hier verheiratet, und obwohl sie nach wie vor der islamischen Glaubensgemeinschaft angehört, hat sie deutsche Gewohnheiten beim Essen, Ankleiden, Arbeiten übernommen. Ihr Onkel wohnt in Deutschland. Als Magda das Abitur in Marokko gemacht hatte, schlug er ihr vor, nach Hamburg kommen, um Deutsch zu lernen. Der Onkel meldete Magda in einem Sprachinstitut an der Alster an, das die Sprachprüfungen des Goethe-Institutes durchführte, und so kam es, daß Magda ihre Heimat verließ. Zunächst einmal vorübergehend.

Magda ist keine Muslimin nach den Buchstaben des Koran, obwohl sie traditionsgemäß ihrer Religion verhaftet ist. Die Religion betrachtet sie als Sache ihres Herzens. Sie will kein Kopftuch tragen, sie will eine emanzipierte Frau sein und studieren. Sie hat beschlossen, die Gesetze des Islam nicht wörtlich zu nehmen, sie trinkt Wein, raucht sogar manchmal und ißt auch Schweinefleisch. In ihrer Heimat gibt es viele Fundamentalisten, die ihr das sehr verübeln würden.

Versehentlich hatte ich einmal Abdallah aus Palästina, als er bei mir zu Besuch war, mit Alkohol gefüllte Pralinen angeboten. Als er den Alkohol auf seiner Zunge schmeckte, spuckte er sofort die Praline auf sein frisch gebügeltes Hemd aus. So ist Magda nicht, sie liebt Likörpralinen. Für Abdallah ist ein Moslem nur dann einer, wenn er alle

Gesetze des Islam befolgt. Für ihn ist Magda keine Muslimin. Sie bezeichne sich nur so, weil sie als solche geboren worden sei, sagt er.

Magda erzählt, daß die Frauen in den Städten Marokkos emanzipierter wären, als wir vermuteten würden. Nur die Frauen auf dem Lande seien noch den alten Traditionen verhaftet. Hier hätten die Männer das Sagen, die Frauen die Hausarbeit.

Nach der bestandenen Deutschprüfung besuchte Magda ein Jahr das Studienkolleg in Hamburg und erwarb somit die Anerkennung ihres heimatlichen Abiturs. Dann begann sie zu studieren. Sie hatte einen Studienplatz an der Universität Hamburg-Harburg erhalten. Das einzige, was sie aber da gelernt habe, war, sagte sie später, daß sie dort nicht hinpaßte. Es gab zu viele Studenten. Teilweise mußte ein Kino als Vorlesungssaal gemietet werden. Wenn man nicht sehr früh zur Vorlesung kam, blieben einem nur die hinteren Plätze, auf denen man weder etwas hören noch etwas sehen konnte. Magda bewarb sich an unserer Hochschule und studierte dort Nachrichtentechnik weiter. Hier kam sie gut zurecht, auch wenn sie später immer mehr daran zweifelte, das richtige Studienfach gewählt zu haben. In diesen Zweifeln wurde sie noch durch ihren Freund bestärkt, der als Designer in einem großen Werbebüro arbeitet. Eine Arbeit als Internetdesigner hätte ihr sehr zugesagt.

Magdas Freund war Italiener und ihre große Liebe. Die Liebe muß wohl auf Gegenseitigkeit beruht haben, denn der junge Mann trat zum Islam über, da sich Magda eine Hochzeit nach islamischem Brauch gewünscht hatte. In Hamburg fand die standesamtliche Trauung statt, in Marokko die Hochzeit nach islamischen Riten.

In Marokko gibt es Firmen, die Hochzeiten vorbereiten. Sieben Frauen werden geschickt, damit die Hochzeit in dem üblichen Rahmen ablaufen kann. Am Vorabend der Hochzeit findet eine große Feier statt, auf der Braut und Bräutigam geschmückt werden. Am Hochzeitstag muß sich die Braut siebenmal umkleiden, die Kleider werden von der Firma gestellt. Dem italienischen Bräutigam gefiel die Verkleidung, sagte er, er kam sich wie ein Märchenprinz vor und war sehr zufrieden.

Auf dem Hochzeitsvideo sehen wir etwa 200 Gäste. Auch hier wird getanzt, allerdings tanzen die Männer und die Frauen getrennt. Die Tänze sind sehr rhythmisch, alle Frauen sind festlich geschmückt und unverschleiert.

Das Hochzeitspaar wird den Gästen "vorgeführt". Die Regie hat die gemietete Hochzeitsfirma. Es ist eine Art *Hochzeitsshow*. Magda trägt zunächst ein rotes Kleid, danach ein goldverziertes und eine Krone, mit der sie sich kaum bewegen kann. Die traditionellen Kleider sind sehr schwer, goldbestickt, ihre Frisur mit Krone ist ein Meisterwerk. Sie muß sehr aufrecht gehen, um das Gleichgewicht nicht zu verlieren. Braut und Bräutigam machen einen hoheitsvollen Eindruck, die Braut wirkt wie eine zur Schau gestellte Puppe. Braut und Bräutigam zeigen sich dem Volk, den Gästen. Sie sind die Respektspersonen auf dem Fest, sie sitzen die meiste Zeit auf einer Art Thron und schauen den Tänzen zu. Wegen der Kleider können sie sich nicht unter die Gäste mischen. So wird Abstand hergestellt zwischen Gastgebern und Gästen. Der Hochzeitstag ist eine Würdigung des Brautpaares.

Erst zu vorgerückter Stunde wird die Braut zum letzten Mal umgekleidet. Sie erscheint mit einem weißen Kleid, in dem sie nun auch tanzen kann.

Zur offiziellen Hochzeitsfeier sind nur Familienmitglieder geladen, die aber auch in großer Zahl anreisen. Am Abend des Hochzeitstages ist eingeladen, wer kommen möchte. Es gibt Gebäck, das von der Familie bereitgestellt wird, sogar Gebäck aus Hamburg war vorhanden, wie das Hochzeitsvideo zeigt, und Fruchtsäfte, Cola und Wasser, au religiösen Gründen gibt es keinen Alkohol. Gruppenweise verließen die Gäste allerdings Magdas Feier, um im Auto einen Drink zu nehmen, dort waren die Whisky- und Weinflaschen deponiert, sozusagen war dort die "Bar" der Hochzeitsgäste. Dann kamen sie wieder und feierten weiter. Zu vorgerückter Stunde waren nicht wenige sehr angeheitert, erzählte Magda. Offiziell hatte jedoch niemand Alkohol getrunken.

Islamische Hochzeiten sind wegen der einzuhaltenden Traditionen und der vielen Gäste sehr teuer. Allein die Anzahl der Familienmitglieder ist beträchtlich.

Nach der Heirat überlegte Magda also, ob sie das Studienfach wechseln sollte. Da ein Studienplatzwechsel aber ihr Diplom wieder um einige Jahre verzögert hätte, entschloß sie sich, doch erst einmal weiter zu studieren. Ihre Diplomarbeit schrieb sie jedoch schon über ein Internetthema, das auch für die Internetarbeiten eines Designers interessant gewesen wäre.

Magdas Schwester studierte in Marokko Englisch, Französisch und Spanisch und kam nach ihrem Studienende auch nach Deutschland. Bei ihren vielen Besuchen in Hamburg hatte sie einen Deutschen kennengelernt, den sie nach ihrem Diplom heiratete.

Weil sie unbedingt arbeiten wollte, bewarb sie sich um eine Ausbildung zur Fremdsprachenkorrespondentin. Hier gab es nur ein Problem: die deutsche Sprache, die sie mit viel Mühe und Fleiß erlernte. Sie beendete die Ausbildung und bekam eine Anstellung am Hafen in einer Firma, für die sie Texte aus dem Deutschen ins Englische, Französische und Spanische übersetzt.

Auch nachdem ihr Kind geboren wurde, gab sie ihren Beruf nicht auf, obwohl ihre deutsche Schwiegermutter diesen Wunsch äußerte. Nach acht Monaten Pause arbeitete sie weiter. Diese Entscheidung erweist sich nun als vorteilhaft, da ihr Mann im Alter von 45 Jahren arbeitslos geworden ist und sich schwer tut, einen neuen Job zu finden. Die neue Freiheit sagt ihrem Mann zu, allerdings dehnt er diese Freiheit zu weit aus, meint Magdas Schwester. Obwohl er Zeit dazu hätte, kümmert er sich weder um sein Kind noch um den Haushalt. Das aber bekümmert Magdas Schwester. Sie könnte seine Hilfe gebrauchen. Die Hausarbeit muß sie nach wie vor allein machen, und das findet sie ungerecht. Sie denkt bereits an Scheidung. Sie ist eine Frau aus Marokko, die ihren Weg in Deutschland geht.

Marokko war von 1912 an französisches Protektorat, 1956 hat König Mohammed V. das Land in die Unabhängigkeit geführt. Die Unterschiede zwischen Marokko und Deutschland sind beträchtlich. Anfangs planten Magda und ihre Schwester zurückzukehren. Sogar Magdas Mann hatte überlegt, ob er in Marokko arbeiten könnte. Dann aber hat Magda sich gegen diesen Plan entschieden. Sie sagt, die Behörden in Marokko arbeiteten unglaublich langsam. Damit man überhaupt einen Erfolg bei den Behörden habe, müsse jede Arbeit noch einmal extra bezahlt werden. Marokko sei eine andere Welt, eine islamische Welt. Wenn sie zurückginge, dann müsse sie alles vergessen, was sie im Ausland erlebt habe, und müsse ihr Verhalten völlig ändern. Das möchte sie aber nicht.

Ich lernte auch noch weitere Studentinnen aus Marokko kennen. Eine dieser Studentinnen fiel besonders auf, weil sie behängt war mit allem Silberschmuck ihrer Heimat. Sie war sehr flott, das mußte sie wohl auch sein. Marokkanische Frauen, so glauben wir, sind noch immer Untertanen ihrer Männer, und finden es deshalb erstaunlich, daß sie den Sprung zum Studium und nach Europa schaffen.

In Marokko, erzählte mir diese Studentin, könne man noch alle Lebensformen finden. In den Großstädten Marokkos gelten moderne Regeln, und die marokkanische Frau ist nicht mehr nur Untertan, kann allein Gaststätten besuchen und Freunde treffen. Auf dem Lande regieren noch die alten Gewohnheiten. Sie hätte auch gern in Marokko studiert, das wäre für sie billiger gewesen, aber es war nicht möglich, Informatik zu studieren, und das wollte sie unbedingt. Nach dem Studium möchte sie zunächst in Deutschland arbeiten und nicht für wenig Geld in Marokko, sozusagen als ausgleichende Gerechtigkeit für das verhältnismäßig teure Studium.

Diplomkolloquium

Nachdem die Vorschrift an unserer Hochschule erlassen wurde, daß Studenten einen Vortrag über ihre Diplomarbeit halten müssen, kultivierte sich auch das Diplomkolloquium. Inzwischen ist es schon üblich, das Kolloquium auch als eine kleine Feier zu betrachten. Nach den Vorträgen gibt es meistens Kaffee, Tee und Kuchen, den die Diplomanden mitbringen.

Magdas Diplomkolloquium fand während des Ramadan statt. Vor Sonnenuntergang darf dann ein Moslem nichts essen oder trinken. Magdas Schwester, die zur Diplomverteidigung gekommen war, trank und aß deshalb nichts. Sie demonstrierte, daß sie eine echte Muslimin sei. Magda dagegen trank Kaffee und aß Kuchen und demonstrierte, daß sie nicht gewillt sei, die Gesetze des Koran einzuhalten.

Problematischer wurde es bei unserer letzten Diplomfeier im Ramadan, als die zwei Diplomanden selbst bekennende Muslime waren. Sie entschlossen sich tatsächlich, eine Ausnahme von der Regel zu machen. Das Diplom erschien ihnen so wichtig. Aber sie wiesen uns darauf hin, daß sie mit ihrer kleinen Feier, die Regeln des Ramadan gebrochen hätten. Wir hätten ansonsten nicht einmal bemerkt, daß sie über ihren Schatten gesprungen waren.

Zu Magdas Diplomfeier gab es *Tee auf marokkanisch*, der köstlich ist. Das Geheimnis daran ist die frische Pfefferminze. Hier das *Rezept*:

Frisches Pfefferminzkraut wird gewaschen und in eine Kanne gestopft. Mit kochendem Wasser wird die Pfefferminze übergossen. Grüner Tee und Zucker werden hinzugefügt. Schaumig aufgegossen (die Kanne befindet sich dabei 20 bis 30 cm über dem Teeglas) und tüchtig gerührt, ist das Getränk sowohl erfrischend als auch anregend. Dieser Tee ist ein typisch marokkanisches Getränk.

Younes

Wenn sie ein Volk kennenlernen wollen, erklärt der marokkanische Student Jounes, müssen sie seine Sprache beherrschen. Sprachen sind Fenster zur Welt. Ein arabisches Sprichwort sagt: *Eine Sprache ist eine zusätzliche Nationalität.*

Warum aber, fragt Younes, bleiben die Ausländer in Deutschland unter sich? Sie leben in ihren Klubs, ihren nationalen Vereinen. Es gibt russische Klubs, albanische, türkische, kroatische Klubs und so weiter. Schon oft habe ich gehört, daß sich Ausländer über Isolierung beklagen und über allzu große Einvernahme in ihrer Ausländergemeinschaft, obwohl sie in Deutschland leben.

Nehmen wir beispielsweise die Deutschen türkischer Abstammung oder einen Türken, der in Deutschland lebt, sagt der Student. Wie verläuft sein Leben in Deutschland? Ein Türke geht bei einem Türken einkaufen, danach geht er in den türkischen Kaffeeklub. Er heiratet eine Türkin, er geht zu einem türkischen Friseur. Am Anfang, als viele Türken als Gastarbeiter nach Deutschland kamen, da genügte es, wenn der türkische Vermittler, der Gruppenchef, ein wenig Deutsch sprach. Aber inzwischen leben zwei Millionen Türken in Deutschland, ein kleines Stück der Türkei wurde nach Deutschland verpflanzt. Das gesamte Familienprogramm vieler türkischer Familien ist jedoch nach wie vor türkisch.

Aber die türkischen Kinder sprechen deutsch, entgegne ich, sie gehen in eine deutsche Schule.

Der Staat muß die *Integration der Ausländer* stärker unterstützen, sagt Younes. Die Ausländer dürfen nicht sich selbst überlassen werden. Sonst bilden sie einen Staat im Staate, eine Parallelgesellschaft. Die Gesellschaften leben nebeneinander her, aber nicht miteinander. Den Ausländern soll das Gefühl gegeben werden, daß sie willkommen sind und daß niemand sie wegen ihres Glaubens diskriminieren wird.

Younes studiert Technik. Deshalb sagt er, man solle ein Protokoll aufstellen für das Miteinanderauskommen. Wir brauchen Protokolle wie in der Informatik, ein *Kommunikationsprotokoll*, weil wir unterschiedlichen Glaubens sind und unterschiedlich denken.

Younes ist froh, in Deutschland leben zu können. Es gibt Recht und Gesetz, sagt er, und er weiß, daß die Gesetze zur Anwendung kommen. In Deutschland wird der Mensch respektiert. Deutschland gebe ihm ein Gefühl der Sicherheit. Ich glaube an Deutschland, sagt Younes. Deutschland genießt hohes Ansehen im Ausland. *Negatives über Deutschland höre ich nur in Deutschland.*

Zu berichten ist noch, daß Younes eine Deutsche geheiratet hat. Vor wenigen Wochen ist er Vater geworden.

Abdul und die Bärte

Ich bin als Moslem geboren, sagt der marokkanische Student **Abdul**, aber ich gehe nicht in eine Moschee. Erst beim Sterben werde ich an Gott denken. Er zitiert einen Spruch des Propheten Mohammad: *Gott hat Völker und Stämme geschaffen, damit sie sich kennenlernen, nicht, damit sie sich bekriegen.* Damit nimmt er Bezug sowohl auf den 11. September als auch auf den Islam. Nur der Frieden hat für ihn einen Sinn.

Unter den Muslimen selbst entbrannten große Debatten. Allgemein wurde die Frage diskutiert, ob man die Terroristen hätte erkennen können."An den Bärten können Sie sie erkennen", antwortete Abdul. Mir fiel natürlich sofort ein, daß es früher unter DDR-Bürgern Sitte war, einen Bart zu tragen. Damals war der Bart wohl ein Ausdruck von Opposition. Also an den Bärten allein kann es nicht liegen, entschied ich.

"Schläfer" im eigentlichen Sinne des Wortes seien diese Leute nicht gewesen, sagt Abdul, schon eher hätte man sie an hohen Kontenbewegungen erkennen können. Zu Moscheen, Gebetsräumen sage er "Ja", aber sie müßten abgehört werden. Den fundamentalistischen Islamisten dürfe man keinen freien Lauf lassen.

Abdul kommt aus Marokko und ist deutscher Staatsbürger. Er arbeitete lange Zeit beim Landeskriminalamt als Dolmetscher. Er übersetzte simultan bei Verhören, im Gerichtssaal oder schriftlich. Auch Telefongespräche habe er übersetzt. Während der ersten Zeit nach den Anschlägen am 11.September sei er nicht mehr als Dolmetscher angefordert worden, sondern selbst beobachtet worden, mehrmals am Tag habe er dieselbe Person getroffen, nun sei aber diese Periode vorbei. Er sei wohl als unbedeutend eingestuft worden.

Das Dolmetschen sei ihm zu gefährlich geworden. Die Araber würden nämlich auch den Übersetzer verdammen, der doch nur seine Arbeit tue. Sie sähen den Dolmetscher als Verräter an und als Feind, der zur Gegenpartei gehöre. Da der Job ihm also zu riskant geworden war, besann er sich wieder auf sein eigentliches Studium.

Während eines Meetings an der Hochschule wird Abdul (Name geändert) von einem Nachrichtenmagazin interviewt und in der nächsten Ausgabe falsch zitiert, dafür aber mit vollem Namen. Abdul ist darüber sehr böse, denn er ist nicht dagegen, daß Maßnahmen zur Aufdeckung von terroristischen Vereinigungen ergriffen werden, wie man der Zeitschrift entnehmen könnte. Er sei so unvollkommen zitiert worden, daß seine Meinung fast ins Gegenteil verkehrt worden sei.

Die arabischen Terroristen aus Hamburg sieht er als eine Ausnahmeerscheinung. Diese Studenten seien mit Hilfe des Glaubens verführt worden. Die Bemühungen der Verführer seien bei ihnen aber auch auf fruchtbaren Boden gefallen. In afghanischen Lagern habe man sie einer Art Gehirnwäsche unterzogen.

Es muß endlich in Israel Frieden geschaffen werden, sagt Abdul. Die Palästinafrage ist eine der Ursachen des Terrorismus und wird auch zum Anlaß für Terrorismus genommen.

Die Welt muß sich weiterhin auf die großen anstehenden Probleme konzentrieren. Als größtes Weltproblem sieht er die gewaltige Differenz zwischen Arm und Reich an. Diese Schere sollte sich langsam schließen, anstatt sich weiter zu öffnen.

Yassir

schrieb seine Diplomarbeit in einem bekannten Laserinstitut. Er beschäftigte sich mit der Bestimmung der Defektdichteverteilung optischer Funktionsflächen mit Hilfe digitaler Bildverarbeitung. Als Ergebnis seiner Arbeit entstand ein Bilderkennungsprogramm, das zur Erkennung von Materialfehlern eingesetzt wird und mit dem statistische Auswertungen betrieben werden können. Seine Betreuer waren sehr zufrieden mit der Arbeit und beurteilten sie mit "sehr gut".

Der Student Yassir kommt aus Marokko. Sein Vater war Lehrer, seine Mutter Hausfrau. Sie war erst 15 Jahre alt, als sie heiratete, sein Vater 24. Er ist das jüngste von neun Kindern.

In Marokko ist der Unterschied zwischen "Oben" und "Unten" riesengroß, sagt Yassir. Die untere Schicht ist ganz unten, die obere sehr reich. Die ganz Reichen studieren an privaten Hochschulen in den USA oder in Westeuropa.

Er gehört zu der Gruppe von Studenten, die sich für eine studiengebührenfreie staatliche Hochschule in Deutschland entschieden. Zwischen den staatlichen Hochschulen in Europa gäbe es große Unterschiede, sagt er. So müsse das Studium in Frankreich voll finanziert werden, die Studenten in Deutschland könnten nebenbei arbeiten.

Das einzige, was sein Vater erreicht habe, sagt Yassir, ist, daß alle Kinder der Familie einen Beruf erlernt haben oder studiert haben. Am besten verdient sein Bruder, der ist Polizist geworden. Nicht weil er ein großes Gehalt bezieht, sondern weil es üblich ist, Polizisten Gelder zuzustecken. Alle Kinder sind selbständig, nur eine Schwester ist noch zu Hause, sie ist arbeitslos.

Yassir hat in Marokko Physik studiert. Mit dem Diplom konnte er nichts anfangen, die Arbeitslosigkeit in Marokko ist sehr hoch, laut Statistik beträgt sie 22%. So beschloß er, sein Glück im Ausland zu probieren. Seine Wahl ist auf Deutschland gefallen, weil er in Hamburg Verwandte hat. Er bewarb sich hier an der Hochschule für Angewandte Wissenschaften.

Deutsch lernte er an einem Goethe-Institut in Marokko und bekam ein Zertifikat nach dem Abschluß des Sprachkurses.

Nachdem er eine Zusage zum Studium bekommen hatte, reichte er diese, das Zertifikat des Goethe-Institutes und eine Bürgschaft seines in Hamburg lebenden Verwandten, der ihm finanzielle Unterstützung während seines Studiums zusicherte, bei der deutschen Botschaft in Rabat ein und erhielt eine Studienvisa, mit dem ihm die Aufenthaltserlaubnis für die Dauer seines Studiums erteilt wurde.

Die Bürgschaft war nur ein Stück Papier, sagt er. Auch von Marokko konnte er keine Hilfe erwarten. Wer kann mir schon 600 Euro pro Monat aus Marokko schicken?, fragt er.

Er begann an der Hochschule Elektrotechnik zu studieren, da dieses Fach als sehr aussichtsreich angepriesen wurde, und der Fachbereich Elektrotechnik unter Marokkanern einen guten Ruf genießt.

Früher war es Studenten erlaubt, in beschränktem Maße zu arbeiten, später wurde die Arbeitszeit auf 90 Tage pro Jahr begrenzt. Yassir hätte also nur in den Semesterferien arbeiten können. Während des Diploms erhielt er aber eine auf ein halbes Jahr befristete Arbeitserlaubnis. Diese brauchte er auch dringend, denn das Geld, das er anfangs nebenbei als Lagerarbeiter in einer Computerfirma verdient hatte, ging zu Ende.

Neuerdings müssen die marokkanischen Studenten nachweisen, daß ihnen monatlich eine bestimmte Summe aus Marokko überwiesen wird. In Hamburg werden diese Überweisungen im Gegensatz zu Bayern nicht kontrolliert. Auch deshalb studieren die Marokkaner lieber im Norden Deutschlands, sagt Yassir.

Die SPD-Regierung habe die Einbürgerungsbedingungen für Ausländer verbessert und die Anzahl der Wartejahre verkürzt. Wenn er einmal eingebürgert sein werde, werde er aus Dankbarkeit SPD wählen. Um eingebürgert zu werden, braucht er aber einen Job. Dann kann er sogar die Greencard bekommen. Im Moment ist es noch nicht soweit. Er schreibt und verschickt Bewerbungen.

Sein Wohnheimzimmer ist sehr eng, beherbergt Schlafgelegenheit, Arbeitstisch, Stuhl, Tischchen, TV, Computer, ein Regal, Waschbecken, Einbauschrank. Damit ist es ausgefüllt. Kein Koffer könnte mehr abgestellt werden. Trotzdem ist Yassir zufrieden, denn in der Miete inbegriffen sind Heizung, Wasser, Strom und, was ein Student dringend braucht, auch ein Internetanschluß.

Yassir könnte im Laserinstitut promovieren, das wurde ihm angeboten, aber als Absolvent der Fachhochschule ergeben sich Probleme, da die Fachhochschule kein Promotionsrecht hat. Die Arbeit an dem Laserinstitut hat Yassir vorangebracht, allerdings nicht zu einer Anstellung. Wenn er nicht sehr schnell eine Anstellung findet, muß er Deutschland verlassen. Manche ausländische Studenten schreiben sich für Zusatzstudien ein, damit ihr Visum verlängert wird.

Falls Yassir keine Anstellung erhält, denkt er daran, nach Kanada auszuwandern, in die französisch sprechende Zone. Fächer wie Mathematik und Physik habe er in Marokko nur auf französisch gelernt. Kanada nimmt gut ausgebildete Leute gern auf. Der Verdienst richtet sich dort allein nach dem Grad der Ausbildung und der Anzahl der Diplome.

Warum Deutschland nicht von den gut ausgebildeten Studenten profitieren möchte, ist ihm nicht verständlich. Das Studium jedes Studenten kostet den deutschen Staat doch viel Geld, sagt er. Anschließend werden aber diese Absolventen anderen Ländern, in denen die Studenten wegen hoher Studiengebühren nicht studieren können, zur Verfügung gestellt.

Daß Yassir nicht nach Marokko zurückkehren will, hatte er schon beschlossen, als er Marokko verließ. Der Islam sei es aber nicht, der ihn von Marokko fernhalte, sagt er. Er hält die islamistischen Organisationen für prozentual unbedeutend. In die Moschee gehe, wer beten wolle. In Rabat gebe es auch mehrere große christliche Kirchen. In einer sei nach dem 11. September ein Trauergottesdienst abgehalten worden. Sein Vater sei auch religiös, bete in der Moschee, aber er sei ein moderner Mensch. Allein die marokkanische Bürokratie und die herrschende Korruption, von der alle marokkanischen Studenten gleichermaßen berichteten, würden ihm Marokko entfremden. Selbst eine Fahrerlaubnis könne man in Marokko kaufen. Das sei auch der Grund, warum es so viele Unfälle gebe, selbst mit Taxis.

Jetzt, sagt Yassir, müsse er erst einmal Geld verdienen, um seine Schulden abzuzahlen. Gern würde er seiner arbeitslosen Schwester monatlich etwas Geld überweisen, denn in Marokko gibt es keine Sozialhilfe. Sterben ihre Eltern, steht sie buchstäblich auf der Straße.

Da das Finden einer Anstellung eine längere Prozedur ist, arbeitet Yassir jetzt tageweise als Lagerarbeiter, als Möbelpacker oder bei einer Reinigungsfirma. Diese Tätigkeiten unterschieden sich sehr von der bisherigen, sagt er, und klagt über Rückenschmerzen. Ein Jahr lang hat er im Laserinstitut programmiert, nun schleppt er Möbel.

Interview mit Yassir

- *Wie wird Deutschland von den Muslimen gesehen?*

Ich kann dazu nur meinen Vater zitieren, der sagt, die Deutschen verhalten sich so, wie die Muslime es sollten, ohne Muslime zu sein. Die Marokkaner haben den Islam, aber die Marokkaner verhalten sich nicht so, wie es die Muslime sollten.

- *Das ist ein großes Kompliment.*
- *Sind Sie mit Ihrem Leben in Deutschland zufrieden?*

Ich komme aus Marokko, ich bin in Safi am Atlantik zur Schule gegangen, in Marrakesch habe ich Physik studiert und Deutsch in Rabat. Mit dem Leben in Marokko war ich nicht zufrieden wegen der dort herrschenden Korruption und aus anderen Gründen. Deutschland ist für mich die bessere Welt, jeder Mensch strebt danach, in eine besseren Welt zu gehen.

- *Welche Probleme haben Sie hier?*

Ich habe zur Zeit in Deutschland das Problem, eine Anstellung zu finden, ich bewerbe mich überall und hoffe, bald etwas zu finden. Sie muß nicht im Norden sein.
- *Jetzt ist Ramadan. Halten Sie die Fastenregeln ein?*
Ja, ich esse und trinke erst, wenn die Nacht hereingebrochen ist. Im Moment ist das kein Problem. Um 17 Uhr esse ich etwas Leichtes, Süßigkeiten, später gibt es das Abendessen, früh am Morgen, wenn die Sonne noch nicht aufgegangen ist, das Frühstück. Man muß versuchen, am Morgen genügend zu trinken.

Schwierig wird es, wenn der Ramadan auf den Sommer fällt, da geht die Sonne in Hamburg nur für einige Stunden unter. Der Ramadan dauert vier Wochen, der Beginn verschiebt sich jeweils um 11 Tage zurück. Wir richten uns nach dem Ramadankalender von Saudi-Arabien.
- *Ist es für Sie ein Problem, die Fastenregeln einzuhalten?*
Nein, aber ich habe während des Ramadan Alpträume, das liegt an dem späten Nachtessen.
- *Haben Sie in Deutschland Diskriminierungen erlebt?*
Keine wesentlichen. Was mir nicht gefällt, ist, daß manche Stadtteile von Hamburg keine Ausländer aufnehmen. Wohnungsbewerbungen von Ausländern werden in Winterhude oder Blankenese zum Beispiel gleich abgewiesen.

Dagegen wohnen in Altona Deutsche und Ausländer gemeinsam. Es gibt ein buntes Völkergemisch, damit wird eine Integration der Ausländer ermöglicht. Das Leben in Altona ist interessant und sehr abwechslungsreich. Ich lebe in einem Studentenwohnheim inmitten von Deutschen und Ausländern und fühle mich dort sehr wohl.
- *Wie kann sich Deutschland vor Terroristen schützen?*
Viele Asylbewerber sind Fanatiker. Sie sind von ihren Heimatländern, wie zum Beispiel Algerien, ausgewiesen worden, und bitten nun in Deutschland um Asyl. Diese Leute müssen besser kontrolliert werden, ihren Asylanträgen darf nicht stattgegeben werden. Fanatiker sind gefährlich für Deutschland.
- *Was sagen Sie zu dem Krieg im Irak?*
Ich komme mir vor wie im Dschungel und der Löwe regiert.
- *Besuchen Sie manchmal eine Moschee?*
Ja. Es stört mich aber, daß die meisten Moscheen der Sunniten um den Steindamm konzentriert sind. Es gibt eine ägyptische, eine tunesische, eine marokkanische, eine türkische Moschee. Die Moschee an

der Außenalster gehört den Schiiten. Marokkaner gehen in die Al Kuds Moschee, die in Verruf geraten ist, seit die Terroristen dort beteten. Viele Muslime gehen deshalb nicht mehr in die Al Kuds Moschee. Dort werden die Muslime nun auch von der Polizei beobachtet, und viele Journalisten stehen an der Moschee. Ich gehe deshalb jetzt manchmal in die ägyptische Moschee.

- *Welche Stellung hat die Frau im Islam?*

Bei uns zu Hause ist das ganz einfach: Im Haus regiert meine Mutter, außerhalb des Hauses mein Vater. Frauen studieren heute ebenfalls und arbeiten ebenfalls. Zwei meiner Schwestern tragen ein Kopftuch, meine jüngste Schwester trägt Minirock und lehnt das Kopftuch ab. Es gibt alle Möglichkeiten.

Wegen der schwierigen Wirtschaftslage in Marokko warten viele Männer mit dem Heiraten, sie sind nicht in der Lage, eine Familie zu ernähren. Schlecht ist, daß sich die Prostitution entwickelt. Viele Männer haben auch Beziehungen zu Frauen vor der Ehe, was im Islam nicht erlaubt ist.

- *Würden Sie eine deutsche Frau heiraten? Müßte sie Muslimin sein?*

Ich stamme aus einer streng gläubigen Familie, ich würde aber auch eine Deutsche heiraten, die nicht Muslimin ist.

- *Was gefällt Ihnen nicht in Deutschland?*

Die Deutschen sind zu liberal. Ein Mörder bekommt nur 15 Jahre Gefängnis, viele werden sogar nach einem Mord in die Psychiatrie geschickt. Man kann seinen Gefängnisaufenthalt planen. Wenn das Gefängnis schon belegt ist, kann man seinen Aufenthalt verschieben. Weil die zu erwartende Bestrafung zu gering ist, nimmt die Kriminalität zu. Ich vermisse die Strenge des Gesetzes.

- *Ist das in Marokko anders?*

Ja, die Bestrafung von Kriminellen und Mördern ist in Marokko sehr hart. Die Leute werden bei Vernehmungen geschlagen, was ich allerdings ablehne.

- *Was ist ihr Wunsch für die Zukunft?*

Ich möchte in Ruhe inmitten einer Familie leben. Ich wünsche mir Frieden. Das Geld für den Krieg sollte unter anderem lieber für Bildung und zur Unterstützung von Studenten ausgegeben werden, damit sie, wenn sie in ihr Heimatland zurückkehren, beim Aufbau ihres Staates mithelfen können.

Das marokkanische Couscous-Rezept

Yassir hatte zum Couscous-Essen eingeladen, um den Abschluß seines Diploms zu feiern. Couscous ist ein Feiertagsessen in Marokko. Couscous ist das typischste aller marokkanischen Essen. Die Marokkaner essen es am Freitag, wie wir etwa Fisch. Das Couscousessen hat auch eine religiöse Komponente. Da es ein vorzügliches Gericht ist, ließ ich mir das Rezept geben:

Rind- oder Lammfleisch wird kleingeschnitten und in einem (großen) Topf angebraten. Dazu wird Pflanzenöl verwendet. Hinzu kommen zwei geviertelte Zwiebeln, später vier geviertelte Tomaten und ein Bund Petersilie, der als Bund im Ganzen eingelegt wird, außerdem 2 Teelöffel Salz (für einen großen Topf), 1 Teelöffel Pfeffer, eine Teelöffelspitze Ingwer, Safran und etwas Wasser. Dann läßt man das Fleisch kochen.

Couscous wird aus einer Packung genommen, mit Wasser vermischt, in einen Dämpftopf (kleine Löcher) gegeben und auf den Fleischtopf gestellt. Man wartet solange, bis Dampf hervorquillt. Couscous wird zwischendurch mit der Hand glattgerieben, damit keine Klumpen entstehen, und mit Salz und Olivenöl beträufelt. Wiederum mit Wasser versetzt, wird Couscous zum zweiten Mal zum Dämpfen aufgestellt.

Nach dem ersten Dämpfen werden zum Fleisch grob geschnittene Weißkohlstücke und Karotten hinzugefügt, nach dem zweiten Dämpfen große Kürbisstücke und Pepperoni. Am Ende kommen noch Erbsen aus der Dose hinzu. Es wird jeweils solange Wasser aufgefüllt, bis das Gemüse bedeckt ist.

Couscous wird mit etwas Butter serviert. Auf den Teller wird zunächst ein Berg Couscous aufgehäuft, darauf kommen die großen Gemüse- und Fleischstücke, die besonders gut schmecken, weil sie wegen ihrer Größe ihren Eigengeschmack behalten haben. Die Prozedur des Couscous-Kochens dauert mindestens drei Stunden und ist nichts für Eilige.

Samir, Oktober 2002

Der marokkanische Diplomand **Samir** berichtet über seine Diplomarbeit. Anschließend frage ich ihn, ob er den Marokkaner Mounir El Motassadeq kenne, der in Deutschland im Zusammenhang mit dem

Attentat vom 11. September auf das World Trade Center angeklagt wird. Er sagt, er habe ihn zweimal gesehen. Bekannt sei er ihm, aber nur flüchtig. Er selber gehöre nicht zu den Betern. Er sei als Marokkaner zwar islamischer Religion, aber nicht gläubig.

Atta und seine Gefolgschaft bezeichnet er als *krank*, sie hätten eine *kranke* Einstellung gehabt. Diese Leute seien nicht zivilisiert gewesen, sagt er, sondern extrem, fehlgelenkt, umprogrammiert. Fachleute würden deren verändertes Wirklichkeitsbild als religiös-ideologischen Wahn bezeichnen.

Die TU Hamburg-Harburg hat der Islam AG, gegründet von Atta, einen Versammlungsraum - wie anderen Organisationen auch - zugestanden. Ihre Großzügigkeit sei damit mißbraucht worden. Sie sei belogen worden, indem die Arbeitsgemeinschaft (AG) für "Verständnis zwischen den Völkern" warb. Der Islam selbst sei *mißbraucht* worden.

Wir waren zu wenig kritisch, zu gutgläubig, zu unaufmerksam. Wir haben keine Verhaltensregeln gefordert. Atta muß uns für "schwach" gehalten haben, sich selbst aber für "stark", da er mit seiner Gefolgschaft alle selbst aufgestellten oder übernommenen Regeln und Aufgaben hart und unnachgiebig verfolgte, sagt er.

Samir erzählt von dem Forum, das die Hochschule veranstaltete, und auf dem darum gebeten wurde, die ausländischen Studenten nach den Ereignissen am 11. Septemgber 2001 nicht zu benachteiligen und nicht alle ausländischen Studenten über einen Kamm zu scheren. Unsere Hochschule sei multikulturell, wurde gesagt, sie sichere unseren gutwilligen ausländischen Studenten ihre Solidarität zu. Jeder Professor, der mit ausländischen Studenten zu tun habe, sollte versuchen, sie auch kennenzulernen, fordert Samir.

Das scheint selbstverständlich, ist es aber nicht. Auch Atta hatte einen betreuenden Professor (der über dessen Tat weinte). Worüber haben er und Atta gesprochen, wenn sie sich trafen? Nur über Fachfragen?

Terrorismusdefinition

Terrorismus ist die gewalttätige Durchsetzungsform eines politischen Willens. Der Terrorismus verbreitet Botschaften auf spektakuläre Art. Er greift die Gegenseite mit minimalen physischen Kräften an und schmälert die Gegenseite und deren moralische Potenz psychisch. Eine Auseinandersetzung mit terroristischen Mitteln ist das Ergebnis der rationalen Einschätzung der Kräfteverhältnisse. Im Gegensatz zu den terroristischen Kämpfen zielen Partisanenkämpfe darauf ab, den Gegner physisch zu erschöpfen und so dessen Kräfte zu schmälern.

Die von terroristischen Aktionen ausgehenden Botschaften haben zwei Adressaten: Einmal wird dem Verwundeten seine Schwäche vor Augen geführt, und es wird ihm mitgeteilt, daß er bei Aufrechterhaltung seiner politischen Strategie mit weiteren Schädigungen zu rechnen hat, zum anderen wird einem "Dritten" vermittelt, daß Widerstand gegen eine überlegen scheinende Macht möglich ist und erfolgreich sein kann. Bei den Dritten handelt es sich um die Leute, für deren Interessen die Terroristen zu kämpfen behaupten.

Den Angegriffenen wird mitgeteilt, daß es für sie - trotz der Überlegenheit des Angegriffenen - keine Sicherheit mehr gibt, nirgendwo auf der Welt. Als politischer Minimalgehalt einer Botschaft könnte erkannt werden, daß im speziellen Fall von der amerikanischen Bevölkerung erwartet wird, daß sie auf eine Reduzierung des weltweiten amerikanischen Engagements drängt.

Die islamische Welt ist im Falle des 11. September als der zu interessierende "Dritte" anzusehen, wenn auch in eingeschränktem Maße. Das Selbstvertrauen der Muslime sollte gesteigert und die Überlegenheit des Westens bestritten werden.

Vermutlich kam es aber weniger auf diese Botschaften als auf die unmittelbaren ökonomischen und politischen Folgen des 11. September an. Über die Welt der Aktien und Börsen wurde die westlichen Ökonomie hart getroffen.

(Quelle: Herfried Münkler: Die neuen Kriege, Rowohlt, 2002)

Der 11. September ist schuld

Das Attentat vom 11. September zog viele Schwierigkeiten für die normalen islamischen Studenten nach sich. Sie wurden überprüft und hatten das Problem, ihre Unschuld glaubhaft darzustellen.

Nach ihrem Diplom stehen sie demselben Problem wieder gegenüber. Firmen ziehen zuerst einmal Erkundigungen ein, bevor sie Hochschulabsolventen islamischen Glaubens einstellen. Schon bei der Suche nach einem Praktikumsplatz ergeben sich Schwierigkeiten.

Die ausländischen Studenten leiden unter den Auswirkungen des Attentats. Wir können unseren Namen, unseren Geburtsort nicht ändern, sagt Samir aus Marokko und fragt: Wird ein Arbeitgeber, der die

Tagesschau sieht und den Prozeß gegen Mounir El Motassadeq verfolgt, am nächsten Tag einen Marokkaner einstellen?

Warum schaden Muslime Muslimen?, frage ich Samir.

Die Muslime, die in muslimischen Ländern leben, denken nicht an die Muslime, die in Europa oder den USA leben, antwortet er. Die Muslime in den muslimischen Ländern sind der Überzeugung, daß die Amerikaner von ihren Ländern nur profitieren wollen und nur an sich selbst denken. Die Muslime möchten in Würde leben. Sie glauben, daß diese von den Amerikanern verletzt wird, insbesondere böte der Kapitalismus für sie keine Gerechtigkeit. Die Muslime meinen, ohne die Einmischung der Amerikaner würden sie besser leben.

Er sagt, wir müssen die Gutwilligen unter den Muslimen unterstützen. Nur das ist eine Garantie dafür, daß die Gewalt aufhört. Die Negativen, die Scharfmacher, die Islamisten dürften nicht die Oberhand gewinnen.

Woran liegt es, fragt er, daß wir keine Anstellung finden? An unserer Herkunft oder an der Wirtschaftslage?

Sein marokkanischer Freund, ebenfalls Absolvent der Elektrotechnik, überlegt, sich selbständig zu machen und in Marokko zu arbeiten. Er sagt, er hätte lieber erst einmal einige Jahre in Deutschland gearbeitet, um Berufserfahrungen zu sammeln, bevor er sich selbständig macht. Das scheint vernünftig.

Wir sind bereit, sagt Samir, nach dem Diplom weiter zu lernen. Er erzählt, er habe das Hauptpraktikum bei einer großen Hamburger Maschinenbaufirma gemacht. Er habe während seiner Diplomarbeit sechs große Softwarepakete geschrieben und sich außerordentlich viel Mühe gegeben, weil er gehofft habe, von der Firma nach Beendigung des Studiums übernommen zu werden. Seine Betreuer, die mit ihm sehr zufrieden waren, sagten, er sei ein interessanter Bewerber. Zur Zeit werde aber kein Personal eingestellt. Samir wurde in die Bewerberkartei aufgenommen.

Nach längerem Suchen, eine seiner Ausbildung gemäße Anstellung zu finden, und während er weitersucht, nimmt Samir eine Beschäftigung an. Ich frage ihn, was er mache. Er sagt verschämt, er arbeite aushilfsweise als Kellner für 12 Euro die Stunde. Offensichtlich ist er sogar froh darüber, überhaupt arbeiten zu können, da er dringend Geld braucht.

Samir sagt, sein Studium an der Hochschule sei als Entwicklungshilfe für sein Heimatland Marokko gedacht gewesen. Er sei sehr froh, diese Möglichkeit erhalten zu haben. Daß er nicht nach Marokko zurückkehre, habe mehrere Gründe. Er habe eine Hamburgerin geheiratet. Das sei ein Grund, der andere, daß es ihm schwer fallen würde, sich dem Leben in Marokko wieder anzupassen. Er käme inzwischen besser mit deutschen Gesetzen klar als mit marokkanischen. Seine Lebensgrundlage habe sich verändert. Er möchte unbedingt in Deutschland bleiben. Er hoffe immer noch auf bessere Zeiten und einen Job.

Die den Ausländern einst versprochenen Greencards sind nicht mehr aktuell. Gibt es jetzt Greencards für Kellner?

Samirs Praktikumsbetreuer ruft mich an. Er ist Mitarbeiter der Entwicklungsabteilung der großen Hamburger Maschinenbaufirma, bei der Samir seine Diplomarbeit geschrieben hat. Er möchte sich nach der Bewertung von Samirs Diplomarbeit erkundigen.

Ich stelle ihm die Frage, die mir Samir gestellt hat: Woran liegt es, daß Samir keine Anstellung findet. Ist das auf den 11. September zurückzuführen? Er sagt: Ja. Die meisten Firmen würden allerdings zur Zeit sowieso keine Mitarbeiter einstellen, falls doch, dann vor allem Mitarbeiter mit Berufserfahrung. Samir habe gut mit den Ingenieuren der Entwicklungsabteilung zusammengearbeitet, bestätigt er, eine ausgezeichnete Arbeit geleistet, große Programmsysteme geschrieben und sich viel Mühe gegeben. Davon abgesehen, daß die Firma im Moment Einstellungsstop habe, würde sie ihn aber auch nicht einstellen, wenn sie Mitarbeiter suchten, weil er Marokkaner sei. Die Marokkaner wären in die Attentate vom 11. September zu sehr involviert gewesen.

Hierbei muß bemerkt werden, daß Samir die Software für ein integriertes Maschinensystem geschrieben hat, das nach seiner Fertigstellung von der Firma, einer der erfolgreichsten Maschinenbaufirmen Deutschlands, mit einem Preis von mehreren Millionen Euro beziffert wurde. Selbstverständlich liegen die Hauptkosten bei den teuren Maschinen, die für dieses System notwendig sind und eingekauft werden müssen. Die Programmierung dieser Maschinen aber lag in Samirs Hand. Er erstellte dafür 3700 Seiten Maschinencode. Er habe während dieser Zeit als Diplomand bei der Maschinenbaufirma Tag und Nacht gearbeitet, sagt er, auch am Wochenende, weil er sich eine Anstellung bei der Firma erhofft habe. Insgesamt benötigte er ein halbes Jahr für diese Arbeit.

Die Firma bezahlt den Diplomanden kein Gehalt. Sie stellt jedem Diplomanden aber nach Fertigstellung der Arbeit eine Prämie in Aussicht, die bis zu 2000 Euro beträgt (nachzulesen im Internet). Samir erhielt für seine halbjährige Tätigkeit bei der weltbekannten Maschinenbaufirma die Maximalprämie.

Ich frage Samir, wovon er in dieser Zeit gelebt habe. Er sagt, seine Frau habe ihn ernährt.

Samir besitzt seit mehreren Jahren einen deutschen Paß. Theoretisch könnte er Sozialhilfe beantragen. Er sagt, daß er keine Sozialhilfe beantragen werde. Er möchte dem deutschen Staat nicht zur Last fallen, sondern auf eigenen Füßen stehen. Er habe auch nie um Stipendium oder Beihilfe während des Studiums nachgesucht.

Seinen Job als Kellner hat er nach Weihnachten wieder verloren. Weiterhin ist er auf der Suche nach einer Arbeit, die seiner Ausbildung entspricht. Nichts wäre ihm lieber, als arbeiten zu dürfen, und daß er das könnte, hat er in der großen deutschen Maschinenbaufirma in Hamburg bewiesen.

Laut Akademischem Auslandsamt der Hochschule Hamburg (HAW) ist die finanzielle Situation der ausländischen Studierenden so gravierend, daß darum gebeten wird, Mitglied im *Verein der Förderer Ausländischer Studenten* zu werden, der unverschuldet in finanzielle Not geratenden Ausländern hilft. Mitgliedsbeiträge ab 5 Euro pro Monat oder Spenden sind willkommen.

Nach Angabe des Auslandsamtes müssen 75% aller Studenten jobben, um ihr Studium zu finanzieren. Das gilt sowohl für deutsche als auch für ausländische Studenten. Nur 32% der Eltern von ausländischen Studenten sind in der Lage, ihre Kinder finanziell zu unterstützen, 72% der Eltern deutscher Studenten unterstützen ihre Kinder.

Ausländische Studenten dürfen aber nur 90 Tage im Jahr arbeiten, längerfristige Jobs werden nur in Ausnahmefällen genehmigt.

Viele ausländische Studenten haben nur schlecht bezahlte Tagelöhnerjobs und müssen Schulden machen. In nicht wenigen Fällen führt diese Situation zum Abbruch des Studiums.

Beitrag des marokkanischen Studenten Samir zum Thema "Studenten und der Terrorangriff":

„Die Welt ist nicht mehr das, was sie früher war". Das war der meist ausgesprochene Satz in den Tagen nach dem 11. September.

Das hört sich zunächst einmal negativ an, aber die Katastrophe vom 11. September, der Angriff auf alle Grundlagen des friedlichen

Zusammenlebens, bietet auch eine Chance für die Neugestaltung der internationalen Beziehungen, die Überwindung von Gewalt und Unrecht, von Hunger und Unterdrückung in der Welt. *Von der Art und Weise, wie wir auf die vom 11. September ausgehende Herausforderung antworten, wird es abhängen, welche Art von Veränderung der 11. September wirklich ausgelöst haben wird.* Die Katastrophe hat zwar in erster Linie Amerika betroffen, aber ihre Auswirkungen sind keineswegs auf Amerika beschränkt. Die Veränderungen zwingen uns dazu, die internationalen Beziehungen zu überdenken und neu zu definieren. Die Auswirkungen auf die Weltwirtschaft waren immens.

Jeder Mensch, egal zu welcher sozialen Schicht er gehört oder aus welchem Land er kommt, ist von den Ereignissen und deren Folgen negativ betroffen. Mich persönlich treffen die Konsequenzen des 11. September sowohl emotional als auch existentiell. Ich empfinde sie als Bedrohung.

Das Leben aller arabischen Ausländer hat sich verändert. Das Vertrauen in unsere Landsleute ist geschrumpft. Zu Recht, wie ich finde, denn wie sollte man Terroristen erkennen? Kann man sie überhaupt erkennen? Ich denke nicht, denn der "Bart" ist kein Indiz für böse Absichten. An der Hochschule, an der Uni sollte man sich mit den ausländischen Studenten beschäftigen und dabei die Möglichkeit der Beziehung Professor - Student nutzen, um mehr über die Studenten und ihr Leben in Deutschland zu erfahren. Leider ist diese Beziehung an unserer Hochschule sehr schwach entwickelt, ja manche Professoren sind sogar zu gehemmt, einen Gruß zu erwidern.

Statt Dankbarkeit für eine qualifizierte Ausbildung in Deutschland - verbunden mit großer Freiheit - hatten Studenten wie Atta nur Zerstörung im Sinn.

Ich kann das nicht verstehen, denn ich hatte persönlich keine Möglichkeit, in Marokko das Fach zu studieren, das ich in Hamburg studiert habe. Um zu studieren, bin ich nach Deutschland gekommen. Es wäre von der sprachlichen Seite gesehen passender gewesen, in Frankreich zu studieren. Ich habe aber damals keinen Studienplatz in Frankreich bekommen, außerdem hätte ich ein Studium in Frankreich nicht finanzieren können.

Als Jugendlicher hoffte ich natürlich auf ein besseres Leben. Ich wollte mir auch selbst beweisen, daß ich auf eigenen Füßen stehen kann. So bin ich nach Deutschland gegangen."

Cheikh Abdel aus Mauretanien: Die Landkarte hat sich verändert

Nach dem 11. September hat sich die Landkarte geändert. Der 11. September hat den arabischen Muslimen sehr geschadet. Arabische Muslime wollen als freie Menschen leben, die ihre Meinung äußern dürfen. Nach dem 11. September scheint das nicht mehr möglich zu sein, sagt **Cheikh Abdel** aus Mauretanien.

Vorher konnte ich in Europa ein starkes Verständnis für Muslime beobachten, sagt er. Auch die Konflikte zwischen Muslimen und Juden stießen auf Verständnis. Diejenigen unter uns, die Visionen haben, sind eingeschüchtert. Sie wagen sich nicht, ihre - eventuell von der öffentlichen Meinung - abweichende Meinung zu vertreten. Zum Beispiel wagt niemand von uns, darüber zu sprechen, daß wir es ungerecht finden, daß der Irak die UN-Resolutionen einhalten sollte, Israel aber nicht dazu gezwungen wird.

Auch in den Ländern, aus denen die arabischen Muslime kommen, können sie nicht mehr ihre Meinung sagen. Studienabsolventen, die aus Europa in ihre Heimatländer zurückkehren, sollen in ihren Ländern zur Demokratisierung beitragen. In unseren Heimatländern, nehmen wir beispielsweise Ägypten, gibt es aber neue Gesetze, die die Freiheit der Rede einschränken. Man kann in diesen Ländern nun schneller verhaftet und in Untersuchungshaft genommen werden als früher. Wir können nicht mehr über die Probleme der islamischen Kultur sprechen. Deshalb sage ich, die Landkarte hat sich verändert, ich meine die Landkarte, auf der verzeichnet ist, wo wir uns frei äußern dürfen.

Ich bin ebenfalls verunsichert. In der Hamburger *Morgenpost* wurde oft über "Terroristen" berichtet. Ein Sudanese wurde beispielsweise verdächtigt. Eine Hausdurchsuchung wurde durchgeführt, der Mann wurde mit internationalem Haftbefehl im Sudan gesucht, wo er gerade Urlaub machte. Er war kein Terrorist und auch die Behörden und die Zeitung entschuldigten sich später bei ihm.

Solche Vorfälle machen mir Angst. Ein Mensch soll als unschuldig gelten, bis man ihm seine Schuld nachgewiesen hat. Auch sollten bei Verdachtsmomenten die Untersuchungen in aller Schnelligkeit durchgeführt werden, damit die Zeitungen keine Zeit haben, öffentlich Vermutungen anzustellen. Der Sudanese war unschuldig, aber jeder in

Hamburg kennt nun seinen Namen. Wie soll er jetzt ruhig seinem Beruf nachgehen?

Ich denke immer daran, was ich falsch machen könnte, was mir zur Last gelegt werden könnte. Die Situation nach dem 11. September ist äußerst bedauerlich. Bedauerlich ist es, unter Verdacht zu stehen, ohne etwas verbrochen zu haben. Jeder Muslim steht unter Verdacht, so scheint es mir jedenfalls. Die Suche nach Terroristen geht weiter. *Es wurde Mißtrauen gesät, den Sturm ernten wir.*

Ich bin aber sicher, daß es *Lösungen* gibt: Europa bietet ein Vorbild für Demokratisierung. In ihrer Demokratisierung sollen die Araber von außen unterstützt werden. Araber, die demokratische Visionen haben, können sich nicht durchsetzen, weil das die äußeren Umstände nicht erlauben. Die europäischen Länder sollen Demokratisierungsprojekte im Nahen Osten unterstützen. Der Erfolg für diese Projekte hängt vom Vertrauen ab, das den Unterstützern entgegengebracht wird. Die Araber müssen der Überzeugung sein, daß sie das Land, das sie unterstützen möchte, nicht ausnützen will, nicht an den Rohstoffen des Landes interessiert ist, sondern an wirklicher Hilfe und Hilfe zur Demokratisierung. Dann sind die anstehenden Probleme zu lösen. Deutschland hat gute Chancen, eine Rolle dabei zu spielen, da wir Araber Deutschland vertrauen.

In meinem Heimatland Mauretanien gab es immer Toleranz anderen und anderem gegenüber. Mauretanien hat zum Beispiel Israel anerkannt und diplomatische Beziehungen auf Botschaftsebene zu Israel aufgenommen. Dafür erntete es viel Kritik von arabischer Seite.

Auch bezüglich der Westsahara zog Mauretanien eine friedliche Lösung vor. Die Westsahara war von 1903 bis 1976 spanische Kolonie. Im Streit um dieses Gebiet sollte die Westsahara zwischen Marokko und Mauretanien aufgeteilt werden. Da das Volk der Mauren, die in der Westsahara leben, aber nicht aufgeteilt werden kann, verzichtete Mauretanien 1978 auf dieses Gebiet und zog sich zurück. Marokko erklärte die Westsahara als marokkanisch. Nur die UNO versucht, der Bevölkerung durch Abstimmung zu ihrem Recht zu verhelfen. Es gibt aber schon seit langem Schwierigkeiten mit den Listen für die Abstimmung.

Die Bevölkerung Mauretaniens ist friedlich gestimmt. Die Volksgruppe der Mauren weist gewisse Ähnlichkeit zu Marokkanern und Algeriern auf. Im Unterschied zu benachbarten Ländern ist in Mauretanien keine Kriminalität zu verzeichnen. Es gibt keine religiöse Extremisten und keine religiösen Einschränkungen. Jeder Maure kann in Ruhe entscheiden, was er will. Die Religion der Mauren ist der Islam. Wir sind Sunniten, speziell Malaki. Einer der vier großen muslimischen Religionsführer war *Malak*. Danach wurden wir Malaki genannt.

Die Mauren waren ein Normadenvolk, das vom Norden her in das nunmehr mauretanische Gebiet einwanderte. Die Mauren stammen von den Arabern und den Berbern ab. Aus Senegal und Mali wanderte eine Bevölkerungsminderheit ein, die schwarz ist. So sind manche Einwohner Mauretaniens sehr hellhäutig, andere dunkel. Die offizielle Sprache Mauretaniens ist Arabisch. Da Mauretanien von 1900 bis 1960 eine französische Kolonie war, wird offiziell auch Französisch gesprochen. Während in der Grundschule nur arabisch gesprochen wird, kann man sich später zwischen arabisch-französischer Schulbildung oder französisch-arabischer Schulbildung entscheiden.

Obwohl überwiegend Arabisch gesprochen wird, gibt es Mauretanier, die nicht Arabisch sprechen können. Sie sprechen Fulla, Wolof oder Sarakoleí. Die arabisch sprechenden Mauren benützen überwiegend Hasanisch, einen arabischen Dialekt. Als Mauren werden nämlich die Mauretanier bezeichnet, die den arabischen Dialekt Hasanisch sprechen. Zur Verständigung zwischen arabisch und nicht arabisch sprechenden Mauretaniern dient die französische Sprache.

Ein Problem Mauretanienes stellt das veränderte Klima dar. Die Sahara ist in ständiger Bewegung. Sie bewegt sich von Ägypten in Richtung Atlantik. So sagen Wissenschaftler voraus, der Sand werde die historische Stätten verschlingen, und versuchen, diese zu retten. Auch die Landeshauptstadt Nouakchott leidet unter den Sandstürmen. Durch Planzungen und grüne Gürtel versuchen wir, einem Vordringen der Sahara Einhalt zu gebieten. Oft gibt es Sandstürme, bis 35 Grad und höher steigt das Thermometer während der drei heißen Monate. Nach der Regenzeit kühlt es etwas ab und das Klima ist angenehmer. Während der Sandstürme tragen wir außer dem obligatorischen Turban noch Mund- und Nasenschutz. Nur die Augen schauen heraus. Das ist wie bei den Tuareg, von denen eine kleine Minderheit im Grenzgebiet im Nordosten Mauretaniens lebt.

Mauretanien hat nur 2,7 Millionen Einwohner, 3 Einwohner kommen auf einen Quadratkilometer. Die Lebenserwartung der Männer liegt bei 50, die der Frauen bei 53 Jahren. Die Analphabetenrate der Frauen beträgt 70%. Die Wirtschaft ist schwach entwickelt. In Mauretanien gibt es keine Mittelschicht, nur Arme oder Reiche. Die Normaden, die vor etwa 15 Jahren in die Städte gezogen sind und seßhaft wurden, leben nun in den Slums der Städte. Früher gab es keinen Staat, und in der Kolonialzeit nur wenige Städte. Damals ritten auch die Franzosen auf Kamelen zu den Beduinen und Normaden, es gibt noch anschauliche Fotos.

Die Küstengewässer Mauretaniens sind reich an Fisch. Es gibt auch Rohstoffe im Land. Während der Kolonialzeit war Mauritanien der zweitgrößte Eisenexporteur weltweit. Das Eisen ging nach Frankreich. Neuerdings wurde auch Öl entdeckt. Ich weiß nicht, ob ich darüber glücklich sein kann.

Die maurische Bevölkerung lebt aufgeteilt in Stämme. Es gibt etwa 20 große Stämme in Mauretanien. Jeder Stamm hatte und hat eine führende Persönlichkeit, einen Ältesten, der alle wichtigen Entscheidungen trifft. Er war der *Cheikh*, der Scheich. Zur Volkszählung beispielsweise versammelten sich alle Stammesmitglieder um ihn.

Ich trage auch diesen Namen, weil mein Großvater so hieß. Für mich ist "Cheikh" nur noch ein Name. Mein Bruder ist seit dem Tod meines Vaters in unserem Stamm nun der Oberste, der Scheich. Auch heute noch wird der Bevölkerung durch die Stämme eine soziale Struktur gegeben. Innerhalb eines Stammes wird auch versucht, alle auftretenden Streitigkeiten selbst zu schlichten.

Auf meine Frage, ob man nur innerhalb seines Stammes heiraten dürfe, sagt Cheikh Abdel, das werde gewünscht, da man Sorge hätte, daß das betreffende Stammesmitglied in einen anderen Stamm eingebunden würde. Natürlich sei es nicht verboten, außerhalb des Stammes zu heiraten. Theoretisch sei es einem Mauren auch möglich, mehrere Ehefrauen zu heiraten, aber es sei üblich, im Ehevertrag zu formulieren, daß der Ehemann *"keine vorhergehende und keine folgende"* Ehefrau habe oder haben werde. Damit sichere sich jede Frau vor einer Mehrfachverheiratung ihres Ehemannes ab. Eine zweite Ehefrau würde die Familie der ersten Ehefrau als Beleidigung auffassen. Ehen, die mit diesem Passus geschlossen worden seien, verlören mit einer weiteren Heirat des Ehemannes ihre Gültigkeit. Sie würden geschieden. Eine Wartefrist von zwei bis drei Monaten müsse aber bei Scheidungen eingehalten werden, um gewisse Fragen (wie Schwangerschaft und anderes) zu klären.

Cheikh Abdels Vater war Politiker, seine Mutter Hausfrau und mit ihren vier Kindern voll beschäftigt. Seine Eltern sind geschieden.

Nach der Scheidung wurde seine Mutter von ihrer Familie unterhalten, die begütert ist. Der Vater seiner Mutter war Richter. Die Familie besaß früher große Kamelherden, die verkauft wurden. Sie baute später Häuser und sammelte Vermögen an.

Der Vater von Cheikh Abdel gab sein Geld für die Politik aus. Er heiratete wieder, und so hat Cheikh Abdel außer den drei Geschwistern noch zwei Halbgeschwister. Einer der Brüder ist Chef einer staatlichen Bank, ein andere Colonel in der Armee. Eine Schwester arbeitet als Sozialarbeiterin, eine hat sehr früh geheiratet und ist mit ihren Kindern beschäftigt.

Studium

Cheikh Abdel hat ein Abitur mit mathematischer Spezialisierung in Mauretanien gemacht. Er erhielt anschließend ein Stipendium für eine Ausbildung zum Schiffsmechaniker in Tunesien, da sich die Mauren sehr intensiv mit Fischfang beschäftigen. Als er seine Ausbildung beendet hatte und nach Mauretanien zurückkehrte, hatten sich die Bedingungen geändert und die Chancen standen schlecht, eine Beschäftigung zu finden.

Cheikh Abdel entschloß sich, weiter zu studieren. Er fuhr zur deutschen Botschaft in Nouakchott und informierte sich über ein Studium in Deutschland. Mit dem Studienplatz erhielt er auch ein Visum für Deutschland. Er begann zunächst am Studienkolleg in Hannover zu studieren, weil behauptet wird, in Hannover werde das beste Hochdeutsch gesprochen. Weil er das lernen wollte, ging er in den Norden Deutschlands. Später wechselte er an die Hochschule nach Hamburg und begann, Elektrotechnik zu studieren.

Am Anfang des Studiums wurde Cheikh Abdel von seiner Familie unterstützt, später arbeitete er an einem deutsch-mauretanischen Entwicklungsprojekt mit. Das Geld für das Studium verdiente er sich als Sozialarbeiter im Betreuungsbereich und mit Büroarbeit. Er ist nun dabei, seine Diplomarbeit zu schreiben, und arbeitet deshalb in einem kleinen Unternehmen in Hamburg.

Ich frage Cheihk Abdel, ob er nach dem Diplom nach Mauretanien zurückkehren möchte. Er sagt, früher sei er dazu sehr motiviert gewesen. Jetzt möchte er hier erst einmal Berufserfahrung sammeln. Er sähe auch zur Zeit keine Möglichkeiten, in seiner Heimat in seinem Beruf zu arbeiten. Er müßte den Beruf wechseln, Politiker - wie sein Vater - könnte er in Mauretanien werden. Einer seiner Brüder sei aber bereits Politiker geworden und habe kürzlich einige Wochen in einer Kommission im deutschen Bundestag gearbeitet.

Cheikh Abdel sagt, er lebe schon seit 1994 in Deutschland. Auch er habe sich seitdem verändert. Er habe hier Freunde gefunden, Deutsche, Südamerikaner, Franzosen. Einige von ihnen arbeiteten bei *Desy*, dem Deutschen Elektronensynchrotron, in Hamburg. Er möchte sich nach dem Diplom auch bei *Desy* bewerben.

Es gefalle ihm in Deutschland, sagt er. Er habe hier die Bürgerdemokratie kennengelernt. Wenn er zurückginge, würden die lokalen Herren das Feld beherrschen. Trotz allem hält er die Demokratie in seinem Land für entwicklungsfähig und sieht - trotz bestehender Schwierigkeiten - keinen Grund zum Aufgeben der Bemühungen darum. Für das Wichtigste hält Cheikh Abdel, die demokratischen Prozesse in den Entwicklungsländern zu stärken. Wenn sich die Demokratisierung verbessere, verbessere sich auch die wirtschaftliche Lage der Menschen in diesen Ländern. Dann müßten sie nicht mehr aus Not ihr Land verlassen.

Zum Abschluß unseres Gespräches trinken wir noch einen maurischen Tee aus kleinen Gläsern. Er wird aus grünem chinesischen Tee und frischer Pfefferminze hergestellt und in Mauretanien mindestens zwanzigmal am Tag serviert.

Türkische Studentinnen

Türkin der zweiten Generation

Die türkische Studentin, die in meiner Vorlesung sitzt, kam im Alter von fünf Jahren nach Deutschland. Ihre Eltern, die schon lange in Deutschland arbeiteten, holten sie nach. Sie sprach nur türkisch und kam in einen deutschen Kindergarten. Deutsch ist ihre zweite "Muttersprache".

Sie machte ein Fachabitur und erlernte einen Beruf, darauf legten ihre Eltern Wert. Sie betrachteten eine abgeschlossene Berufsausbildung als eine Art von Sicherheit.

Kurz nach ihrer Ausbildung heiratete sie einen türkischen Studenten, der seiner Abstammung nach ein Tschetschene ist. Als Kind war er mit seinen Eltern in die Türkei geflohen und dort herangewachsen.

In der Türkei leben viele Tschetschenen. Nach dem Abitur ging er zum Studium nach Hamburg.

Als ihre zwei Kinder schon in die Schule gingen, überlegte die junge Frau, daß es nun an der Zeit sei, ihren Traum zu erfüllen und zu studieren. Es war ihre letzte Chance, denn inzwischen war sie schon dreißig geworden. Sie ließ sich an der Hochschule immatrikulieren.

Da sie in langen Berufs- und Hausfrauenjahren viel vergessen hat, ist es nicht einfach für sie, dem Studium zu folgen. Sie ist aber sehr diszipliniert und verfolgt ihr Ziel - das Diplom - hartnäckig. Das verspricht letztendlich Erfolg.

Sie fühlt sich in Deutschland zu Hause. Im Gegensatz zu ihren Eltern spricht sie perfekt - und zudem noch akzentfrei - Deutsch. Ihre Eltern hätten nie richtig Deutsch gelernt. Sie mußten immer arbeiten und hätten fast nur türkische Bekannte, sagt sie.

Die Studentin gehört zur zweiten Generation in Deutschland. Die dritte Generation, sagt sie, vergißt sogar schon das Türkische. Sie kennt etliche Deutsche türkischer Abstammung, die kaum noch türkisch sprechen. Sich anzupassen ist für sie selbstverständlich. Wenn ich in Deutschland lebe, sagt sie, muß ich mich den Gewohnheiten der Deutschen anpassen. Sie ist von Geburt an Muslimin. Sie trägt kein Kopftuch. Sie sei Muslimin in ihrem Herzen, sagt sie. Der Glaube gebe ihr Kraft. Demonstrationen des Glaubens mittels Kopftuch hält sie in Deutschland für unangebracht. Aber es stört sie nicht, wenn eine Muslimin ein Kopftuch trägt. Paradoxerweise trägt als einzige Studentin in ihrer Studiengruppe *eine zum Islam konvertierte Deutsche* ein Kopftuch. Sie ist mit einem Muslim befreundet und wohl deshalb zum Islam konvertiert.

Die Studentin Nasal aus Istanbul

Die türkische Studentin **Nasal** kam vor drei Jahren mit einem Studentenvisum nach Deutschland.

Als Nasal fünf Jahre alt war, gingen ihre Eltern als Gastarbeiter nach Deutschland. Von da ab war sie elternlos und lebte bei ihrer Großmutter mütterlicherseits. Als sie 15 Jahre alt war, starb ihre Großmutter und sie zog von Onkel zu Tante, bis sie mit dem Studium in der Türkei beginnen konnte.

Unter dem Vorwand "verlobt" zu sein, zog sie mit einem Kommilitonen in eine eigene Wohnung. Diese Freiheit hatte sich vor ihr noch keine Frau in Istanbul erlaubt.

Die Freiheit, die die Menschen haben, sagt die Studentin, ist in Deutschland viel größer als in der Türkei, insbesondere für Frauen. In der Türkei haben die Männer das Sagen und die Frauen das Kopftuch. Sie findet, daß die Religion die Frauen in ihrer Freiheit beschneidet.

Nasal studierte Psychologie. 80% der Psychologiestudenten hätten dieses Fach gewählt, weil sie Probleme mit sich selbst und ihrem Leben gehabt hätten. Sie hätten gehofft, durch das Psychologiestudium mehr über sich selbst zu erfahren. Sie selbst gehörte auch zu diesen 80%, denn sie hatte eine schwierige und einsame Kindheit ohne Vater und Mutter zu verarbeiten. Nicht alle der Studenten hätten Psychologie als Studienwunsch gehabt, 10% wären gezwungenermaßen zu diesem Studium gekommen, da sie dafür ausgewählt worden wären.

In der Türkei ist es nämlich Pflicht, eine dreistündige Aufnahmeprüfung für das Hochschulstudium abzulegen. Je nach erreichter Punktzahl wird man für bestimmte Fächer zugelassen.

Das Studienfach faszinierte sie, sagt die Studentin, aber sie möchte den Beruf eines Psychologen nicht ausüben. Sie will nicht die Wünsche von Menschen testen, in ihre Privatsphäre eindringen oder sie manipulieren. Nach dem Diplom überlegte sie deshalb, was sie nun tun könnte. Sie entschloß sich, die Türkei zu verlassen und stellte Aufnahmegesuche an Kanada und Neuseeland. Sie wurde abgewiesen, da sie nicht genügend Anfangskapital nachweisen konnte.

Schließlich bewarb sich Nasdal auch in Deutschland. So kam sie nach Hamburg. Ihr Diplom wurde als Vordiplom von der Universität Hamburg anerkannt. Sie lernte Deutsch und studierte weiter, weil es keine andere Möglichkeit gab. Nebenbei bewarb sie sich an unserer Hochschule für das Fach Informatik, obwohl sie gar nicht mit einem Computer umgehen konnte, da es in Istanbul nur wenige rechentechnische Möglichkeiten an der Universität gab.

Nach einigen Semestern Wartezeit erhielt sie einen Studienplatz und wechselte zur Hochschule über. Inzwischen bedauert sie das, denn ihre Vorkenntnisse sind allzu schlecht, und sie hat Probleme im Studium. In mathematischen Fächern ist sie recht gut, sie ist auf naturwissenschaftlichem Gebiet besser vorgebildet als die deutschen Studenten. Aber sie hatte nur *eine* Möglichkeit auf einen Studienwechsel, diese hat sie vertan.

In jedem Jahr muß sie bei der Behörde nachweisen, daß sie erfolgreich studiert hat und dem deutschen Staat nicht zur Last fällt. Sie muß nachweisen, daß sie finanzielle Unterstützung von Verwandten erhält. Diese Bescheinigung kann sie zwar vorlegen, aber sie ist nur eine Farce. Ihr Visum wird dann um ein Jahr verlängert, die Gesamtstudiendauer von fünf Jahren darf nicht überschritten werden. Nebenbei arbeitet sie so viel, wie für Studenten erlaubt ist.

Sie möchte nicht in die Türkei zurückkehren. Insbesondere die eingeengte Freiheit der Frauen stößt sie ab. Das Leben in der Gruppe und die Einhaltung von "Anstandsregeln", die gegenseitige Beobachtung (Was werden die Nachbarn dazu sagen?) hält sie von einer Rückkehr ab. Sie überlegt, wie sie auf Dauer in Deutschland bleiben könnte. Solange sie studiert, gibt es keine Probleme.

Nasal möchte mit den hier lebenden Türken keinen engen Kontakt haben, da diese ihr türkisches Leben in Deutschland weiterleben und vorwiegend Türkisch sprechen. Die Türken leben auch in Deutschland in der Gruppe. Die Familienmitglieder sind eng verbunden, sie essen gemeinsam, feiern Feste, verbringen viel Zeit gemeinsam. Sie aber will Deutsch lernen und zieht deutsche Gesprächspartner vor. Außerdem hat sie keine Zeit für Zusammenkünfte, sie versucht, ihre gesamte Zeit in das Studium zu investieren.

Nasal wollte eigentlich nicht nach Deutschland ziehen, sondern den größtmöglichen Abstand zu ihren Eltern halten, da sich diese zwanzig Jahre nicht um sie gekümmert hatten. Als sie nach Deutschland kam, traf sie ihre Mutter wieder. Sie hat sie eigentlich erst hier, im Alter von 25 Jahren, kennengelernt. Das letzte Mal hatte sie sie als Kind gesehen. Die Mutter ist seitdem ihr großes Problem. Einerseits empfinde sie für sie Zuneigung, ist glücklich endlich auch eine Mutter zu haben, andererseits kann sie ihr nicht verzeihen, daß sie sie zwanzig Jahre allein gelassen hat.

Ihre Mutter und ihr Vater sind geschieden. Insgesamt hat die Studentin nun vier Halbgeschwister. Zu ihrem Vater hat sie keinen Kontakt. Ihre Mutter hat noch einen Sohn und eine Tochter. Sie lebte nach der Scheidung viele Jahre mit einem Türken ohne Trauschein zusammen, was ja in Deutschland ohne weiteres möglich ist. Leider stellte sich später heraus, daß ihr Lebenspartner eine Ehefrau und eine Familie in der Türkei hat.

Als er zu seiner Familie in die Türkei zurückging, brach ihre Welt zusammen. Sie war bis dahin eine aktive und tüchtige Frau gewesen.

Von Beruf war ihre Mutter Lehrerin und hatte in Deutschland türkische Kinder unterrichtet. Nach der Trennung von ihrem Partner wurde sie ein Problemfall. Plötzlich hörte sie Stimmen, die sie als "Engelsstimmen" interpretierte. Ein türkischer Psychiater diagnostizierte Schizophrenie. Er gab der Mutter Medikamente, von denen sie nun abhängig ist. Ohne die Medikamente kann sie nicht mehr leben, nun ist sie wirklich krank und apathisch. Sie ist Frührentnerin geworden. Den ganzen Tag löst sie Kreuzworträtsel oder sieht fern. Aus der aktiven Frau, die in den achtziger Jahren sogar kommunistischen Ideen anhing und sich für ihre Ideen engagierte, ist eine Frau auf dem Sofa geworden, so sieht das ihre Tochter. Seit sie krank ist, seitdem ihr Lebenspartner sie verlassen hat, sucht sie Trost im Glauben und geht zur Moschee. Seitdem trägt sie auch wieder ein Kopftuch. Ihre Tochter unterscheidet die kommunistische Periode ihrer Mutter von der Kopftuchperiode. Seit acht Jahren trägt sie ein Kopftuch. Früher hatte ihre Mutter aktive Freundinnen, jetzt nur noch Kopftuchfreundinnen. Diese Freundinnen machen sich das Leben allzu leicht, sagt Nasal, sie arbeiten nur etwas im Haushalt, aber gehen nicht mehr nach draußen.

Türkische Frauen liebten es, im Haushalt zu arbeiten, sagt sie. Dafür seien sie aber auch ihren Männern hörig. Die Ehemänner dieser Frauen hätten das Sagen.

Obwohl ihre Mutter alle Entscheidungen allein treffen könnte, entschied sie sich dafür, keine Entscheidungen mehr zu treffen. Durch das stunden- und tagelange Fernsehen in türkischer Sprache habe ihre Mutter auch die deutsche Sprache wieder verlernt. Sie würde nun überhaupt nicht mehr Deutsch sprechen. Sie gehe in türkische Geschäfte, ihr Arzt sei ein Türke, alle Freunde sprächen Türkisch. Auch mit ihren Kindern spricht sie Türkisch.

Die in Deutschland geborenen Kinder ihrer Mutter seien anders als sie, sagt die Studentin. Mehr wie Deutsche. Sie hätten keine Probleme mit der deutschen Sprache, sie würden sich besser durchsetzen, sie seien "egoistischer" als sie, anders erzogen. Das käme wohl durch die Schule.

Nur ihre Halbschwester wohnt noch bei der Mutter. Ihr Halbbruder ist schon ausgezogen, er wohnt in Wilhelmsburg. Er bewege sich dort auch in einem türkischen Umfeld, obwohl er nicht besonders gut türkisch spreche. Die Türken der zweiten Generation sprächen deutsch miteinander. Trotzdem, meint sie, würden diese Türken die Deutschen nicht lieben.

Wenn sie nach Harburg oder nach Wilhelmsburg komme, dann sei es wie in der Türkei. Die Türken führten dasselbe Leben dort. Viele sprächen auch kaum Deutsch. Insbesondere hält sie es für ungünstig, daß es Fernsehen in türkischer Sprache gibt. So würden die hier lebenden Türken nur türkisches Fernsehen anschauen. Hätten sie nur deutsches Fernsehen, würden sie dabei wenigstens Deutsch lernen.

Die Türken seien in ihrem Heimatland viel aufgeschlossener als hier, weniger nationalistisch, sagt Nasal. Da sie Psychologin ist, hat sie dafür ein besonderes Gespür. Die Türken würden an der Mentalität der Deutschen Anstoß nehmen. So würden sich die hier lebenden Türken abschotten und sozusagen einen Staat im Staate bilden.

Ich frage, wie man das ändern könne. Sie weiß es nicht. Sie weiß nur, daß sie nicht so leben möchte, wie ihre türkischen Landsleute. Sie legt Wert auf deutsche Freunde, auf deutsche Gepflogenheiten und auf die Freiheit, die deutsche Frauen genießen.

Diese türkische Studentin ist zufrieden mit Deutschland, aber nicht mit ihren in Deutschland lebenden Landsleuten, die alle schon längst einen deutschen Paß besitzen.

Eine türkische Putzfrau

An der Hochschule arbeiten viele türkische Putzfrauen als Arbeitnehmerinnen in einer Reinigungsfirma. Ich versuchte kürzlich, mit einer von ihnen ins Gespräch zu kommen, was aber sehr schwierig war, da sie fast kein Deutsch sprach.

Ich konnte verstehen, daß sie seit zwölf Jahren in Deutschland lebt, nun ist sie zum zweiten Male hier. Ihre Kinder gingen in der Türkei in die Schule, danach in Deutschland. Es sei schlecht für die Kinder gewesen, in zwei so verschiedene Schulen zu gehen, sagt sie. Sie ist ihrem Mann jeweils nachgefolgt, der hier arbeitet. Leider konnte ich nicht verstehen, wo er arbeitet. Es soll eine mobile Tätigkeit sein.

Sie arbeitet erst seit drei Jahren in der Reinigungsfirma. Vorher war sie Hausfrau. Ich frage, was ihr besser gefallen habe: zu arbeiten oder zu Hause zu sein. Sie findet das Arbeiten besser. Sich den ganzen Tag im Haushalt zu beschäftigen, habe ihr nicht gefallen. Sie habe sich ab- und eingeschlossen gefühlt.

Ich frage sie noch, was sie von der letzten Wahl in der Türkei halte, ohne Hoffnung, eine für mich verständliche Antwort zu bekommen. Aber die Antwort ist verblüffend und eindeutig: Sie schüttelt den

Kopf und zieht sich die Schürze halb über das Gesicht, in der Form eines Gesichtsschleiers, so daß nur noch die Augen frei bleiben (ein Kopftuch trägt sie sowieso). Die "gemäßigten Islamisten" haben laut Presse die Wahl 2002 in der Türkei gewonnen.

Hochzeit auf kurdisch, Scheidung auf persisch

Der Student aus „Kurdistan"

Das Erlernen einer Fremdsprache wird oft mit dem Öffnen eines zusätzlichen Fensters in einem Haus verglichen. Jeder dieser ausländischen Studenten eröffnet uns ein neues Land, kann uns von seinem Land so berichten, wie wir es als Touristen niemals kennenlernen würden. Mit jedem Ausländer lernen wir aber auch sein Probleme, seine Wünsche und Ziele kennen.

Seine besonders interessante, teilweise sogar witzige Geschichte erzählte mir mein Student **Soran,** ein Verwandter des einzigen Präsidenten der Kurdenrepublik von 1946, aus Mahabad im Iran.

Soran ist Student der Hochschule. Er kommt aus dem iranischen Teil Kurdistans. Sein Name ist auch der Name eines kurdischen Volksstammes. Die Mitglieder seiner Großfamilie sind Soranen. Soran hat mir die Geschichte seines Volkes erzählt. Als Nachkomme des Präsidenten der Kurdenrepublik von 1946 gehört er zu dem großen Clan der Ghazis aus Mahabad.

Das Volk der Guti, Quti oder Kurtie wird zum ersten Male in den Keilschrifttexten von den Sumerern, Babyloniern und etwas später auch von den Assyrern gegen 3000 v. Chr. erwähnt. Im Jahre 2150 v. Chr. erhoben sich die Guti gegen die Sumerer und bildeten eine etwa hundert Jahre dauernde Vorherrschaft im heutigen Zentralkurdistan.

Als Alexander der Große im Jahre 331 v. Chr. das persische Reich besiegte, fiel Kurdistan unter griechische Herrschaft. Im Jahre 60 v. Chr. begann die römische Kolonisierung. Von 260 bis 630 n. Chr. bekämpften sich das römische und das persische Reich der Sassaniden. Da der Krieg auf kurdischem Siedlungsgebiet stattfand, waren die Kurden gezwungen, sich in die Berge zurückzuziehen.

637 n. Chr. begann die Eroberungswelle der arabischen Herrscher. Die Kurden, die bis dahin den Lehren Zarathustras anhingen, wurden

zwangsislamisiert. Das kurdische Volk kämpfte lange Zeit gegen die Islamisierung und beteiligte sich an zahlreichen Aufständen gegen die islamische Zentralregierung in Damaskus.

Die Mongolen eroberten 1245 große Teile des kurdischen Siedlungsgebietes. Von 1500 bis 1840 wird Kurdistan der Schauplatz der Kämpfe zwischen dem Osmanischen und dem Persischen Reich. In einem Vertrag zwischen den Osmanen und Persern wird Kurdistan im Jahre 1639 zum ersten Male aufgeteilt. *(Quelle:www.pskurdistan.com)*

Das heutige Siedlungsgebiet der Kurden liegt im Iran, im Irak, in Syrien, der Türkei, und es gibt auch Kurden in Armenien.

Während des Zweiten Weltkrieges wurde der Iran besetzt, er diente als Nachschubbasis für die alliierten Streitkräfte. Es entstand ein Machtvakuum und die Möglichkeit für die Kurden, einen eigenen Staat zu proklamieren.

1945 wurde die Demokratische Partei Kurdistans gegründet, sie war eine Massenpartei, der breite Schichten der kurdischen Bevölkerung beitraten, angefangen von den einflußreichen Stammesfürsten bis hin zu den Repräsentanten religiöser Richtungen, von Arbeitern bis zur Intelligenz. Am 15. Dezember 1945 wurde zum ersten Mal die kurdische Staatsflagge auf dem ehemaligen Dach des persischen Justizpalastes in Mahabad gehißt, die offizielle Proklamation der ersten und bislang einzigen Kurdischen Republik fand am 22. Januar 1946 statt. Mohammad Ghazi (Qazi) wurde ihr erster Präsident, Mahabad die Hauptstadt der Republik. Die Sowjetunion billigte die Proklamation Kurdistans. Sie wollte ihr Einflußgebiet auf diese Art ausdehnen. Die im Siedlungsgebiet der Kurden liegenden Ölvorkommen waren wohl ebenfalls ein Grund für die Gründung der Republik mit sowjetischer Billigung, aber auch gleichzeitig ihr Untergang. Iranische Ölkonzerne boten den Sowjets Beteiligungen an den Ölvorkommen im Nordiran an. Sie hatten nun weniger Interesse an Kurdistan, sie schlossen mit dem Iran ein Ölabkommen.

Nach dem Ende des Krieges zogen sich die Besatzungsmächte wieder zurück. Im November 1946 verließ die sowjetische Armee, bislang Schutzpatron der Republik von Mohabad, ihre Stellungen in Nord-Iran. Am 16.12.1946 drang die Armee des Schahs von Persien in Mahabad ein. Die persische Armee war weit besser ausgerüstet als die Kurden. Iran verlangte die Auflösung der Kurdischen Republik.

Mohammad Ghazi verhandelte 1946 in Teheran mit der persischen Regierung über eine kurdische Autonomie. Der Autonomiestatus sollte die kulturelle und wirtschaftliche Selbstverwaltung umfassen, Außenpolitik und Wehrhoheit sollten jedoch von Teheran wahrgenommen werden. Iranische Bedingung für das Inkrafttreten des Abkommens war die Beendigung des militärischen Widerstandes gegen die iranische Armee.

Ghazi stellte die beiden Alternativen in Mahabad dar: Annahme der begrenzten Autonomie oder militärischer Widerstand. Die Nachteile der kriegerischen Aktionen waren klar, die Kurdische Republik war militärisch zu schwach und hatte keine Hilfe zu erwarten. Die Kurden entschieden sich für das Angebot der begrenzten Autonomie.

Als die iranische Armee im Dezember 1946 auf das Territorium der Kurdische Republik einrückte, versicherte der Präsident der Kurdenrepublik, die Kurden würden keinen militärischen Widerstand leisten. Er erklärte die Bereitschaft zur Zusammenarbeit mit dem Iran. Als die iranische Armee in Mahabad eingerückt war, veränderte sich die Situation. Mohammad Ghazi wurde verhaftet, es kam zu Ausschreitungen. Die Zusagen wurden von iranischer Seite nicht eingehalten. Er und weitere Regierungsmitglieder der kaum ein Jahr alten ersten kurdischen Republik wurden am 31. Mai 1947 gehängt.

Iran verleibte sich die Kurdenrepublik wieder ein. Die Russen, die mit iranischen Ölkonzernen ein Abkommen geschlossen hatten, gingen ebenfalls leer aus, Iran hielt auch ihnen gegenüber seine Versprechungen nicht ein. *(Quelle: Ali Humam Ghazi, Die Kurden, Waisenkinder des Universums, Verlag E. S. Mitteler & Sohn GmbH, 1994)*

Die Kurden, die früher in ihrer eigenen Sprache unterrichteten und unterrichten durften, wurden nun unterdrückt. Kurdisch wurde verboten. Einen Brief in kurdischer Sprache zu erhalten, war schon ein Delikt, das mit Gefängnis bestraft wurde. Persisch wurde die Schulsprache im kurdischen Gebiet des Iran.

Der Student Soran kommt aus Mahabad. Alle Mitglieder des Clans der Ghazi haben im Iran schlechte Karten. **Nader Ghazi**, sein Bruder, wurde 1983 in Iran zum Tode verurteilt.

Er war damals 14 Jahr alt und Peschmerga (zu deutsch: „Vor-Sterber", einer, der vor den anderen stirbt). Er schützte mit seiner Truppe die Grenzdörfer im kurdisch besiedelten Teil des Iran. Diese Dörfer wurden regelmäßig von der iranischen Armee überfallen. Um der Bevölkerung zur Evakuierung ihrer Dörfer Zeit zu geben, waren Peschmerga-Einheiten zum Schutz der Dörfer entstanden. Sie begannen ein Feuergefecht mit der anrückenden iranischen Armee und zogen sich zurück, sobald das Dorf evakuiert war.

Lebe nicht, um nur zu leben,
sterbe für das Leben.
(Pireh Merd, kurdischer Dichter)

Nader Ghazi wurde wegen illegalen Waffenbesitzes angeklagt und zum Tode verurteilt. Er konnte aus dem iranischen Gefängnis fliehen und ging in die Berge. Später wanderte er nach Kanada aus.

Als Nader geflohen war, wurde sein Bruder Soran an seiner Stelle verhaftet. Mit Hilfe eines Wärters konnte er dem Gefängnis ebenfalls entfliehen. Das war zur Schahzeit.

Im Alter von 14 Jahren war Soran schon einmal auf dem Schulweg verhaftet worden. Als er aus der Schule kam, fand gerade eine Demonstration von Kurden in Mahabad gegen das iranische Regime statt. Soran und sein Freund wollten schauen, was los ist. Als die Armee anrückte, standen plötzlich Soran und sein Freund der Armee allein gegenüber, alle anderen Demonstranten waren weggelaufen. Da die beiden Jungen außer ihrem Schulzeug nichts bei sich führten, insbesondere auch keine Waffen, wurden sie wieder freigelassen.

Soran bewarb sich nach dem Abitur zum Studium. Alle Studienbewerber mußten einen Aufnahmetest machen. Nur die Bewerber, die aus "Märtyrerfamilien" stammten, erhielten sofort einen Studienplatz. Für die anderen Bewerber war die Aufnahmequote 1 zu 10. Die ersten 50.000 unter den Testierten durften studieren. Obwohl Soran die Nr. 236 beim Testat erreicht hatte, wurde er nicht aufgenommen, da er aus dem Clan der Ghazis kam und sein Vorfahre die erste kurdische Republik in Mahabad ausgerufen hatte.

Durch Vermittlung eines Freundes der Familie bekam er schließlich die Möglichkeit, das Testat im nächsten Jahr zu wiederholen, obwohl jeder Abiturient das Testat eigentlich nur einmal schreiben durfte. Soran erhielt danach einen Studienplatz an einer Universität in Tabriz. Nachdem er angefangen hatte zu studieren, wurde entschieden, daß Kurden das Studium nicht mehr gestattet werden sollte. Das war 1984. Soran Ghazis Name stand auf einer Liste von Leuten, die verhaftet werden sollten. Der Rektor der Universität, der Soran wohlgesonnen war, gab ihm einen Tipp. Er konnte fliehen.

Soran entschloß sich, sein Land zu verlassen, das sowieso nicht "sein" Land war. Er fürchtete die politische Verfolgung. Das war 1986. Er war damals 22 Jahre alt. Er nahm Abschied von dem schönen großen Haus in Mahabad mit den vielen Anbauten, die verschiedene Generationen hinterlassen hatten. Das Haus hat eine Grundfläche von 70 mal 200 m mit einem großen Weingarten, es sollte auch ihm als Wohnstätte dienen. Von dem Hügel, auf dem das Haus steht, überblickte er noch einmal die ganze Stadt.

Flucht

An einen Schleppertrupp bezahlte er 2000 Dollar. Ein Trupp von Kurden wanderte mit ihm und einem Führer von Mahabad über das Gebirge in die Türkei bis zum Vansee. Das waren 400 km zu Fuß, der Weg war steil und steinig. Er war auch gefährlich. Der Führer seines Trupps erzählte, daß von einer Gruppe von 13 Leuten beim letzten Gang nur 9 ans Ziel gekommen seien, vier Leute seien 1000 m in die Tiefe gestürzt. Soran nahm sich in acht, er kam ans Ziel und erhielt gegen die Bezahlung von 1200 Dollar einen falschen Paß mit falschem Visa und eine Flugkarte. Das fand er vergleichsweise billig.

Er landete in Berlin-Schönefeld. Das war noch zu Zeiten der DDR. Ein ganzes Flugzeug voller emigrierter Kurden mit türkischen Pässen landete in Ostberlin. Das DDR-Wachpersonal schob alle Personen in Busse und fuhr sie zur Friedrichstraße an den deutsch-deutschen Grenzübergang. Sie mußten durch einen Tunnel gehen, von spalierstehenden Grenzpolizisten wurden "die Türken" zur S-Bahn Friedrichstraße geleitet. Sie hatten keine Wahl, konnten nicht zur Seite treten. In Westberlin angekommen, wurden sie von der westdeutschen Polizei in Empfang genommen, die zuerst einmal ihre Personalien aufnahm. Sie wurden für den nächsten Tag noch einmal zur Polizei vorgeladen.

Die erste Nacht verbrachte Soran im Freien. Einige der Kurden gingen in eine Diskothek, weil diese bis zum Morgen geöffnet hatte. Aber Soran hatte darauf keine Lust, ihm war die Lust auf Vergnügungen erst einmal vergangen.

Soran hatte kein Geld mitnehmen können. Er hatte aber eine Schachtel voller Goldstücke einstecken. Diese Schachtel war ihm bei jeder Kleidungskontrolle zurückgegeben worden, sowohl in Ost- als auch in Westdeutschland. Da Soran schon lange nichts mehr gegessen hatte, aber auch kein Bargeld hatte, wollte er ein belegtes Brötchen mit einem Goldstück bezahlen. Aber er hatte kein Glück, sein Goldstück wurde mißtrauisch betrachtet und nicht in Zahlung genommen, da seine Echtheit bezweifelt wurde. Später erst stellte sich heraus, daß jedes seiner Goldstücke 700 DM wert war. Ein Goldstück für ein Brötchen - ein mitleidiger Wirt hätte sein Glück gemacht. Aber solche Wirte gibt es wohl nur noch in den Märchen von Christian Andersen. Soran blieb hungrig.

Soran sagte, er habe bei seiner Flucht Glück gehabt, denn schon einen Monat später sei dieser Kanal über Berlin-Schönefeld verstopft worden.

Am nächsten Tag wurde er in ein Westberliner Auffanglager geschickt. Er lebte dort 45 Tage in einem alten Hospital, bevor er nach Westdeutschland weitergeleitet wurde. Er kam in ein kleines Dorf, wo er zwei Jahre lang auf seine Aufenthaltserlaubnis wartete, ohne arbeiten zu dürfen. Er fing an, Deutsch zu lernen, weil er es sowieso lernen wollte, und um sich zu beschäftigen. Er erlernte die deutsche Sprache nur nach Büchern, er hatte keinen Lehrer und keinen Kontakt zu Deutschen. Sein Deutsch sei deshalb etwas eigenwillig, entschuldigte er sich. Er könne nicht mehr umlernen. Nachdem er die Aufenthaltsbewilligung erhalten hatte, besuchte er einen Sprachkurs in Hannover.

Damit begann Sorans Odyssee durch Deutschland. Er ging nach Arolsen bei Kassel und erwarb dort die allgemeine deutsche Hochschulreife. Danach studierte er ein Semester physikalische Chemie in Marburg. Da das Studium mindestens 16 Semester (durchschnittliche Studiendauer) gedauert hätte, wechselte er und begann, an der Fachhochschule in Friedberg in Hessen Elektrotechnik zu studieren. Er erlebte dort verschiedene Diskriminierungen an der Fachhochschule, über die er nicht gern spricht, und wechselte deshalb an die Technische Universität nach München.

Als ihn seine Mutter in München besuchte, brachte sie ein Video von der Hochzeit seines Bruders mit. Hochzeiten werden von den Kurden sehr aufwendig gefeiert. Die Hochzeit seines Bruders wurde in Mahabad im Hause seiner Vorfahren begangen. Der gesamte Familienclan war anwesend. Nicht selten feiern auf solchen Hochzeiten 4000 Gäste. Eine Hochzeit dauert 4 bis 7 Tage. In einem so großen Haus wie dem von Sorans Vorfahren kann man sich eine solch große Hochzeit vorstellen. Zum Essen sitzen die Gäste auf dem Fußboden, der ganz mit Teppichen ausgelegt ist, auf großen Tischdecken wird das Essen serviert, traditionsgemäß wird mit Löffel und Gabel gegessen. Die Kurden tanzen zu solchen Anlässen ihre Volkstänze, unter anderem Roieneh, Sepeihi und Dagha. Frauen und Männer tanzen gemeinsam, meist in einer Reihe nebeneinander, die Tanzweise ähnelt griechischen Tänzen.

Die Frauen sind geachtete Mitglieder der kurdischen Gesellschaft. Sie tragen keinen Shador. Daß die Männer den Frauen einen hohen Respekt entgegenbringen, widerspiegelt sich auch in ihren Tänzen. Beim Tanz suchen sich die *Frauen* die Männer aus, neben denen sie tanzen möchten (sozusagen ist ständig Damenwahl). Bei den Persern tanzen dagegen Männer und Frauen in getrennten Räumen.

Die Frauen tragen zu den festlichen Anlässen ihre traditionellen Kleider, bunte Gewänder, mit einem farbigen Gürtel zusammengehalten, um die Schultern einen farbigen großen Kragen.

Die Braut trägt einen Schleier im Haar, die Gäste haben durchsichtige feine Tücher als Schmuck auf dem Haar. Als Geschenk bekommt die Braut Goldschmuck, der in Kilogramm gewogen wird. Im Ehevertrag, den der Vater des Ehemannes aufsetzt, wird geschrieben, was der Braut bei einer Scheidung zusteht.

Hochzeit ohne Bräutigam

Soran betrachtete also das Video von der Hochzeit seines Bruders, auf dem die kurdischen Tänze stundenlang gezeigt werden. Da entdeckte er Naschmil, eine Kusine zweiten Grades, auf dem Video. Naschmil ist der Name einer lilienähnlichen Blume, die nur in Kurdistan wächst. Naschmil war 12 Jahre alt, als er das Land verließ. Die Kusine, nun 18 Jahre alt, faszinierte ihn. Sie war eine hübsche junge Frau geworden. Er fand, daß sie den Name der Lilie zu recht trüge. Sein Herz entflammte beim Anblick der Tänze und der Tänzerin, er verliebte sich in seine Kusine auf dem Video.

Als seine Mutter ihn bedrängte, er solle doch endlich heiraten, sein nicht mehr junger Vater wolle vor seinem Tode alle Kinder verheiratet sehen, da sagte er: "Wenn ich schon heiraten soll, dann nur diese".

Er bat seine Mutter, an seiner Stelle um die Hand der "Lilie" anzuhalten. Immer noch ist es nämlich unter den Kurden üblich, daß die Eltern des zukünftigen Paares die Ehe ihrer Kinder untereinander aushandeln. Der Heiratsantrag wird an die Eltern der Braut gestellt. Es ist auch nicht unüblich, daß sich Verwandte zweiten Grades heiraten.

Als Sorans Mutter nach Mahabad zurückgekehrt war, stellte sie im Namen ihres Sohnes den Heiratsantrag an die Eltern von Naschmil. Die Tochter wurde um ihre Meinung gebeten. Sie müsse sich das erst einmal überlegen, sagte diese. Schließlich ginge es um eine Heirat ins Ausland, und sie habe Soran zuletzt vor 6 Jahren gesehen, als sie noch ein Kind gewesen sei.

Im Land der Kurden ist es üblich, daß die jungen Frauen und Männer so lange bei ihren Familien wohnen, bis sie heiraten und eine eigene Familie gründen. Geschiedene Söhne und Töchter kehren zu ihren Eltern zurück. Die Familie spielt eine entscheidende Rolle, wahrscheinlich wäre auch ein Überleben allein aus eigener Kraft nicht möglich.

Naschmil telefonierte mit Soran ein halbes Jahr lang. Dann sagte sie "Ja". Sie hatte von Soran wissen wollen, ob sie die gleichen Ideen hätten, gleiche Ziele, ob sie zusammenpaßten, ob die "Chemie" stimme. Das alles hatte sie offensichtlich am Telefon erfahren können.

Soran übertrug seinem Vater alle Rechte für eine Heirat durch einen Notar. Die Papiere sandte er an die Botschaft. So fand in Mahabad eine *Hochzeit ohne Bräutigam* statt. Der durfte nicht einreisen. Sorans Vater unterschrieb alle Papiere bei der Trauung vor dem Mullah.

Die junge Frau wollte in ihrem Ehevertrag nicht das Übliche geschrieben haben, sie verzichtete auf den Goldschmuck, der ihr bei einer Trennung zustand, sondern wollte in diesem Fall nur einen Blumenstrauß von ihrem Ehemann bekommen. Das war eine Neuerung für Mahabad, einige emanzipierte Frauen sind inzwischen ihrem Vorbild gefolgt.

Es gab eine kurze islamische Feier im Hause auf dem Hügel. Die Hochzeitsfeierlichkeiten dauerten diesmal nur einen Tag, es kamen nur 200 Gäste, da es ja eine Hochzeit ohne Bräutigam war. Die Videos zeigen die Braut in der Gruppe tanzend, neben ihr Sorans ältester Bruder. Dieser sollte der Nachfolger des Clan-Chefs werden. 1998 wurde er ermordet.

Sorans Aufgabe bestand nun darin, das Visum für seine Frau zu beantragen. Die iranische Seite glaubte nicht an eine ordnungsgemäße Heirat, da er die Braut ja gar nicht gesehen hatte. Er sagte aber, er kenne sie von früher. Sie sei seine große Liebe gewesen. Glücklicherweise rechneten sie nicht nach. Die Ausländerbehörde in München verlangte von ihm, daß er ein festes Einkommen nachweise und eine Wohnung, die groß genug wäre für zwei Personen. Er mußte außerdem unterschreiben, daß seine Frau keine Hilfe von deutscher Seite verlangen und keinen Antrag auf Sozialhilfe stellen würde.

Soran war also gezwungen, seine Studien vorübergehend an den Nagel zu hängen und sich einen Job zu suchen. Er fand Arbeit in einer Firma in München, die Transformatoren herstellte. Dazu hätte er nur Grundschulkenntnisse gebraucht, sagte er, aber er verdiente gut. Er mietete eine Wohnung in München, die groß genug war für zwei Personen und ging wieder auf die Ausländerbehörde. Ein Mitarbeiter der Behörde besichtigte diese Wohnung und maß sie aus, um auch sicher zu sein, daß die Angaben stimmten. Schließlich erhielt Sorans Frau eine Einreiseerlaubnis und ein Aufentsthaltsvisum, zunächst für ein Jahr. Soran war glücklich. Inzwischen war er nach Hamburg umgezogen, wo seine Firma eine Zweigstelle unterhielt.

Auf dem Flugplatz in Frankfurt holte er seine Frau ab, die er zum letzten Male gesehen hatte, als sie noch ein Kind gewesen war. Sie kam in ihrem Brautkleid, so war sie von Teheran abgeflogen. In dem iranischen Flugzeug, mit dem sie geflogen war, mußte jede Frau ein Kopftuch tragen, weil das der Islam vorschreibt. Dagegen hatte sich die junge Frau aber erfolgreich gewehrt, sie sagte, sie sei eine Braut und trage ihren eigenen Schmuck. Man ließ sie gewähren.

Von der Ankunft der Braut in Frankfurt gibt es neue Videos. Ein Freund von Soran filmte die Ankunft: Die Braut erscheint am Ausgang des Terminals. Da das Flugzeug aus Teheran kommt, warten dort viele Iraner und Kurden. Sie erkennen, daß die junge Frau ihr Brautkleid trägt. Alle applaudieren, als sich die automatischen Türen öffnen und die junge Frau heraustritt. Sie denkt, alle diese Leute wären ihre Gäste. So viele ist sie aus Mahabad gewöhnt. Sie muß sich erst auf die neue Situation in Deutschland umstellen.

Soran empfing Naschmil, die Lilie, und war sehr gerührt. Das Video zeigt ein strahlendes Paar, obwohl sie sich an dieser Stelle erst wirklich kennenlernten: Braut und Bräutigam umarmen sich.

Langsam hätten sie sich kennen und lieben gelernt, erzählt die junge Frau. Sie machen den Eindruck eines glückliches Paares, als ich sie besuche. Sie kochen Lammgerichte und zeigen ihre Videos, immer wieder Hochzeitstänze. Man habe nur die Tänze gefilmt, sagen sie lächelnd, nicht die Pausen.

Soran hat wieder angefangen zu studieren, diesmal an der Hochschule in Hamburg, wozu er fast schon ein bißchen zu alt geworden ist, so daß ich ihn mehrfach in meiner Vorlesung fragte, ob er zu den Wiederholern gehöre, bis ich es mir endlich einmal merkte.

Naschmil, die im Iran das Abitur gemacht hatte, bevor sie weggegangen war, mußte erst einmal Deutsch lernen, was dadurch erschwert wurde, daß sie mit Soran immer Kurdisch spricht. Sie kann auch Persisch sprechen (so daß die Kurden die Perser im Iran verstehen, aber nicht umgekehrt, weil die Perser nicht Kurdisch können, sagt sie), aber das hilft ihr in Deutschland nichts. Sie besuchte auch Englischkurse, nun hat sie angefangen, das Abitur nachzuholen. Ihr iranisches Abitur wurde in Deutschland nicht anerkannt, nur bis zur 11. Klasse reichte die Anerkennung. Die junge Frau sitzt nun wieder auf der Schulbank, sie will das Fachabitur in Hamburg ablegen. Danach möchte sie auch an einer Fachhochschule studieren.

Welches Fach ich ihr rate, fragt sie. Sie sei gut in Mathematik, darin hätte sie immer die besten Noten gehabt. Ich rate ihr zu einem technischen Fach. Wenigstens Ausländerinnen studieren an der Hochschule technische Fächer. Deutsche Studentinnen sind rar. In vielen Studienjahren gibt es überhaupt keine deutsche Studentin, die zum Beispiel Elektrotechnik studiert. Ich habe aber schon mehrere Iranerinnen kennengelernt, die Informatik an der Hochschule studiert haben.

Es gibt nicht wenige Studenten aus dem Iran in Hamburg. Die persische (iranische) Gemeinde besteht in Hamburg aus etwa 13.000 Mitgliedern. Es leben etwa 30.000 Kurden aus Anatolien in Hamburg, aber nur 4 kurdische Familien aus dem Iran.

Der größte Wunsch des kurdischen Ehepaares ist es, in das Land der Kurden zurückkehren zu können, um es aufzubauen. Dafür lerne ich, sagt Soran. Er hatte elf Geschwister. Von ihnen leben nur noch sieben. Sein ältester Bruder, der einmal das Familienoberhaut werden sollte und die Geschäfte der Familie führen sollte, starb vor wenigen Jahren bei einem Autounfall, hervorgerufen durch Manipulationen an seinem Auto, so wird berichtet. Er war Künstler, ein Dichter und Maler. Auch Sorans Vater hat Gedichte geschrieben, sie sind aber erst nach seinem Tode zur Veröffentlichung vorgesehen. Dann können sie ihm nicht mehr schaden.

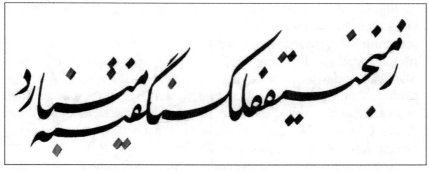

(Aus dem Katapult des Kosmos fallen die Steine der Heuchelei)

Soran zitiert *verbotene Gedichte aus dem Jahre 1100*, die aus zwei Versen bestehen, sogenannte "Rybaeyat". Sie wurden vor 900 Jahren von *Omar Khiiam* geschrieben, der sich auch mit Mathematik und Sternenkunde gut auskannte. Er soll auch als Erster das "Pascalsche Dreieck" im Jahre 1113 errechnet haben. Seine Gedichte richten sich gegen den Islam und waren deshalb sowohl revolutionär als auch verboten.

Stell dir vor, es geht alles nach deinen Wünschen,
die Erdkugel dreht sich auf deiner Fingerspitze, wenn du bläst.
Stell dir vor, du wirst hundert Jahre alt.
Was ist dann?
Es gibt einen Tod, der nach dir sucht.

Sein Vater sei kein gläubiger Muslim gewesen, erzählt Soran. Im Gegenteil. Als er in die Koranschule gehen mußte, habe ihm sein Vater immer Fragen aufgetragen, die er an den Imam stellen sollte. Das ging diesem zu weit und war ihm so unangenehm, daß er zu Soran sagte: "Du brauchst nicht mehr in die Koranschule zu kommen, dein Zeugnis bekommst du auch ohne Anwesenheit."

Sorans Tante, die Tochter des ersten kurdischen Präsidenten von Mohabad ging 1984 nach Deutschland ins Exil. Es dauerte zehn Jahre, bis sie Asyl erhielt, obwohl sie in dieser Zeit von der Polizei beschützt werden mußte. Ihre Schwester wurde in Schweden durch eine Briefbombe getötet.

Überall auf der Welt sind *Kurden im Exil* zu finden.

Sorans Onkel kommt aus Kanada nach Hamburg zu Besuch zu seinen kurdischen Verwandten. Er ist auf der Reise zurück nach Kurdistan im Iran. Viele Jahre hat er im Exil in Kanada gelebt. Wegen politischer Aktionen, die vor allem juristischer Natur waren, hatte er einst Mahabad verlassen müssen. Er hatte Psychologie studiert, als Psychologe konnte er aber in Kanada nicht arbeiten, weil sein Studium nicht anerkannt wurde. So hielten er und seine Frau sich mit verschiedenen Jobs über Wasser, sogar als Fleischer arbeitete er zeitweise, weil er dafür keine ausgewiesene Ausbildung brauchte.

In dem Haus in Vancouver, in dem er wohnte, brach eines Tages ein Brand aus. Weil die Feuerwehr nicht früh genug am Brandort eintraf, verbrannte auch die Wohnung des Onkels. Er und seine Frau konnten sich mit einem Sprung aus dem Fenster retten. Die weiter oben wohnenden Nachbarn verbrannten.

Auch die Bibliothek des Onkels, sein einziger Schatz, verbrannte. Für die 2000 verbrannten Bücher und die weiteren Schäden erhielt er 45.000 Dollar Entschädigung von einer Versicherung. Für den Onkel, der in Kanada sowieso nicht Fuß gefaßt hatte, war dieses Ereignis der Anlaß, wieder nach Mahabad zurückzukehren. Inzwischen waren acht Jahre seit seiner "Straftat" vergangen, in dieser Zeit sind gewisse Verbesserungen eingetreten. Der Iran ist verstärkt dazu aufgefordert worden, die Menschenrechte einzuhalten.

Allerdings ist seine Heimkehr nur möglich, wenn er in Zukunft alle politischen Aktionen unterläßt und dem Staat den Gehorsam nicht verweigert.

Von anderen politischen Heimkehrern waren nicht nur Loyalität und Unterordnung, sondern auch Spitzeldienste gefordert worden. Hoffen wir, daß dem Onkel dies erspart bleibt. Allzu gern möchte er in Mahabad zur Ruhe kommen.

Awesta

Die islamische Religion wird von den Kurden in einer gemäßigten Form praktiziert, sagt Soran. Die ursprüngliche Religion der Kurden ist die Zarathustrische Religion.

In dieser entspricht die *Awesta* (eine Sammlung heiliger Schriften der Kurden in 21 Bänden) etwa dem Koran oder der Bibel. In ihr sind die Regeln Zarathustras gesammelt. Danach soll der Mensch drei

Hauptregeln während seines Lebens beachten: gute Gedanke haben, Gutes aussagen, Gutes tun.

Der zarathustrische Glaube gründet sich auf den Naturwissenschaften. Die Sonne, das Wasser, das Feuer und die Erde sind die Elemente zur Entstehung des Lebens auf der Erde. Der Mond spielt ebenfalls eine große Rolle in der Religion. Zarathustras Anhänger kannten schon die zyklische Wiederholung der Erd- und Mondbewegung.

Bei der Geburt eines Kindes mußte ein Baum gepflanzt werden. Der Mensch, für den der Baum gepflanzt wurde, war lebenslang für diesen Baum verantwortlich. Wenn ein Baum verdorrt war, mußte an seiner Stelle ein neuer Baum gepflanzt werden.

Als die Islamisierung der Kurden unter Zwang durchgeführt wurde, verbrannte man deren gesamte Glaubensliteratur. Das waren so viele Bände, daß die Badehäuser des Landes mit diesen Büchern ein halbes Jahr lang geheizt werden konnten.

Sunniten, Schiiten

Die Kurden sind zu 95% Sunniten. Soran und Naschmil wurden als Sunniten geboren.

Nach dem Tod des Propheten Mohammad wurde das Amt des Kalifen geschaffen. Die ersten beiden Kalifen waren Schwiegerväter des Propheten, drei der ersten vier Kalifen wurden ermordet. Das Kalifat wurde von Kemal Atatürk 1924 in der Türkei abgeschafft.

Die Schiiten beziehen sich im Gegensatz zu den Sunniten nur auf die leiblichen Nachfolger des Propheten und erkennen die ersten drei Kalifen nicht an. Bis zur Wiederkehr des 12. Imams (Mahdi) soll die Herrschaft von Schriftgelehrten ausgeübt werden. Etwa 7% aller Muslime sind Schiiten, die meisten der iranischen Muslime (90%) sind Schiiten. Schiiten und Sunniten liegen im Streit, obwohl die dogmatischen Unterschiede gering sind.

Die kurdische Sprache, so erklären Soran und Naschmil, sei weniger kompliziert als die deutsche. Sie hat viel weniger Verben und eine einfachere Grammatik. Von Substantiven werden keine Verben abgeleitet. Beispiel: im Deutschen: Arbeit -- arbeiten, im Kurdischen: Arbeit machen; oder im Deutschen: Demonstration -- demonstrieren, im Kurdischen: eine Demonstration machen.

Die deutsche Sprache sei schön, sagen Naschmil und Soran. Sie sei ausgefeilt und sehr entwickelt.

Die **aramäische Schrift,** von der die kurdische Schrift abstammt, ist 3400 Jahre alt. Aus ihr gingen die lateinische Schrift und Pahlavie hervor. Die lateinischen Buchstaben und die kurdischen ähneln sich sehr, die Buchstaben sind meist nur um 90 oder 180 Grad gedreht oder gespiegelt.

Das kurdische Alphabet besteht aus 26 Buchstaben. Auch die Zahlen sind sich sehr ähnlich. Geschrieben wird im Kurdischen von rechts nach links, aber ebenfalls von oben nach unten.

Als absolut perfekt beschreiben Soran und Naschmil aber das **Hocharabische.** Die Sprache sei bis ins Detail durchdacht. Es gibt zum Beispiel nicht nur 8 Personalpronomen wie im Deutschen, sondern 14. Bei "Ich" wird unterschieden, ob männlich oder weiblich, bei "Wir" gibt es drei Möglichkeiten: rein weiblich, rein männlich oder gemischt. Es wird wesentlich mehr differenziert als im Deutschen.

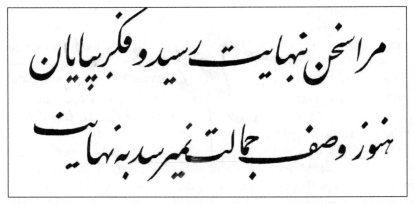

„Mir sind die Worte ausgegangen und auch die Gedanken, noch immer nicht konnte ich die Schönheit deines Gesichtes beschreiben."

Soran und Naschmil zeigen mir einige kurdische Weisheiten und Sprüche in kurdischer und persischer Sprache, die Sorans Vater mit Schilf auf Papier gemalt hat. Es sind wunderschöne kalligraphische Arbeiten, kleine Kunstwerke. An ein Sprichwort erinnere ich mich besonders: *Wenn Gott will, wird der Feind für dich arbeiten.* Diese Wahrheit konnte ich schon in meinem Leben überprüfen.

Schirin und Farhad - Romeo und Julia von Kurdistan

Als Naschmil nach Deutschland gekommen war, hatte sie viel Zeit. Sie mußte zunächst einmal Deutsch lernen und sich in ihrer neuen Umgebung zurechtfinden. Die Kurden leben in Großfamilien zusammen, was den Vorteil hat, daß kein Familienmitglied je einsam ist, zugleich aber auch ein Nachteil sein kann: Niemand kann je allein sein.

Naschmil, die nun in Deutschland lebte und außer ihrem Ehemann keinen Menschen kannte, fühlte sich einsam. Die Sehnsucht nach ihrer Heimat hat sie in ein Bild gestickt, das Sinnbild eines Mythos ist. Dem Bild liege eine wahre Geschichte zugrunde, sagt Naschmil, die Geschichte von Schirin und Farhad.

Das Bild ist eine Art Ikone, jeder Kurde erkennt darauf sofort das Mädchen Schirin. Für uns, mit der europäischen "Brille", ist das Bild als Kunstwerk altmodisch, die Darstellung mutet exotisch an und ist uns unverständlich. Doch hatte ich schon gelernt, nachzufragen und in meiner Betrachtungsweise der Dinge aus einer mir fremden Welt etwas vorsichtiger zu sein. Alle diese blumigen und stilisierten kurdischen Bilder schienen eine Bedeutung zu besitzen. So auch hier.

Das Bild zeigt eine Frau in traditioneller kurdischer Haltung und Kleidung. Sie hat eine Spindel in der linken Hand und bedient ein Drehgerät mit der rechten Hand, mit dessen Hilfe die Wolle aus der Spindel zum Faden verdreht wird. Dieses Gerät wird nur von den Kurden benützt.

Die Spinnerin ist eine berühmte Gestalt der kurdischen Geschichte. Ihr Name ist Schirin. Das Wort "schirin" bedeutet "süß", Schirin - die Süße. Ihre Geschichte wurde von dem kurdischen Dichter Waffai vor vielen Jahrhunderten beschrieben. Schirins und Farhads Schicksal entspricht dem von Romeo und Julia. Schirin und Farhad sind das Liebestraumpaar der Kurden. Schirin war ein hübsches Mädchen aus dem kurdischen Volke. Der König der Perser hatte Schirin auserwählt und wollte sie mit seinem Sohn verheiraten. Schirin aber liebte Farhad. Dem König gefiel das nicht, und er stellte deshalb einige Bedingungen an Schirin und Farhad, von denen er dachte, daß sie nicht erfüllt werden könnten. In diesem Falle hätte Schirin seinen Sohn zu heiraten, so entschied der König.

Schirin konnte alle an sie gestellten Aufgaben erfüllen. Farhad aber hatte eine schier unerfüllbare Aufgabe bekommen: Er sollte ein ganzes Haus mit mehreren Etagen aus einem einzigen Stein bauen, mit allen Zimmern, die eine Familie brauchte. Also begab er sich ins Gebirge und begann aus einem großen Felsen ein Haus herauszumeißeln. Mit Hammer und Meißel höhlte er den Felsen aus und stellte tatsächlich ein Haus mit vielen Zimmern und mehreren Etagen her. Und noch heute kann dieses Haus besichtigt werden. Der Ort, an dem es steht, heißt **Farhadgha**, was so viel wie Farhad-Platz bedeutet.

Der Neid, so wird berichtet, sollte aber das Glück von Farhad und Schirin zunichte machen. Eine alte Frau, erzählt Soran, - warum sagst du "eine alte Frau", kontert Naschmil, sag doch lieber: "ein alter Mann", also eine alte Frau (oder ein alter Mann) war neidisch geworden auf Schirin. Er/sie konnte nicht glauben, daß sich ein Mann so um eine Frau bemühte wie Farhad um Schirin. Er/sie beauftragte jemanden, der Farhad erzählen sollte, Schirin wäre tot. Als Farhad die Nachricht vom Tode seiner Geliebten erhielt, stürzte er sich vor Schmerz von einem Steinbruch im Gebirge in die Tiefe. Und als Schirin vom Tode Farhads erfuhr, wollte sie auch nicht länger leben. Sie begab sich zu dem Felsen, von dem sich Farhad gestürzt hatte und folgte ihm in den Abgrund.

Schirin und Farhad wurden nebeneinander begraben. Aber zwischen den Gräbern wächst ein großer Dornbusch. Es wird erzählt, daß dieser Dornbusch die alte Hexe (der alte Teufel) sei, die/der (immer noch aus Neid) nicht zulasse, daß Farhad und Schirin wenigstens im Tode miteinander vereint seien.

(Anmerkung: Der persische Dichter Nesami schrieb ein Poem, in dem er die Geschichte von Schirin und Farhad abgeändert darstellt.)

Unter Chomenis Revolution

Unter der Revolution Chomenis hatten die Familien von Soran und Naschmil sehr zu leiden. Sie kostete ihnen fast den ganzen Landbesitz. Das Land von Sorans Vater, 64 ha, wurde von Chomeni enteignet. Es wurde unter die landarmen Bauern aufgeteilt. Chomeni versuchte, sich durch Landvergabe beim Volk beliebt zu machen, indem er das Land von Großgrundbesitzern verteilte. Paradoxerweise verkauften diese Bauern später das Land teilweise wieder. So konnte Sorans Vater einen Teil seines Besitzes zurückkaufen.

Sorans Vater behielt bei der Enteignung das große Haus in Mahabad. Er durfte auch seine Ziegelei behalten. In dieser Ziegelei arbeiten ganze Familien und auch die Kinder. Schon Vierjährige fertigen aus

Lehm Ziegel. Diese Arbeit ist die einzige Überlebenschance für die Familien. Sorans Vater, dem Kinderarbeit zuwider war, verkaufte die Ziegelei an seinen Partner, der damit Millionär wurde. Die meisten der Ghazis sind Philosophen, Denker, Dichter, Politiker und Künstler, aber keine Geschäftsleute.

Die Familie von Naschmil gehört im kurdischen Teil des Iran zu den begüterten Familien. Ihre Familie hatte Landbesitz, den sie verpachtete. Der Pächter mußte 20% seiner Einnahmen an den Landbesitzer zahlen. Die Familie von Naschmil bemühte sich, gute Werke zu tun. Ihr Vater war wegen seiner kommunistisch-sozialen Ideen so verschrien, daß ihn seine Familie, um ihn von den Geschäften fernzuhalten, zum Studium schickte. Er ist nun als Lehrer im Dorf tätig. Auch seine Frau arbeitet kostenlos als Lehrerin. Der Familienclan kommt für den Unterhalt auf.

Naschmils Familie wurde 1980 aus ihrem Haus, in dem die gesamte Sippe wohnte, vertrieben. Als sie eines Tages beim Mittagessen saßen, kamen Chomenis Leute und warfen sie hinaus. Sie gaben der Familie eine Stunde Zeit, das Haus zu verlassen, das sie sich als Kommandozentrale ausgesucht hatten. Sie ließen ihnen keine Zeit, ihre Möbel oder irgendwelche Gegenstände zu packen und mitzunehmen. Das Land der Familie, auf dem Getreide und Tabak angebaut wurden, wurde enteignet.

Der Familienclan mietete für Naschmils Familie ein anderes Haus. Als die Machthaber das Haus einige Jahre später wieder verließen, war alles zerstört. Nur ein Verwandter entging der Landenteignung, weil er auf seinem Land Obst- und Nußbäume angepflanzt hatte. Nach dem Koran ist das Land, auf dem Bäume stehen, geschützt. Die Bäume dürfen nicht abgeholzt werden. Die Enteignungen bezogen sich deshalb vorwiegend auf die Felder der Großgrundbesitzer und die landwirtschaftlichen Nutzflächen, und erinnern an die Bodenreform im Sozialismus.

Soran sagt, er möchte nach Mahabad zurückkehren. Naschmil, die nicht weniger Sehnsucht nach ihrer Heimat hat, und im Gegensatz zu Soran dort nicht direkt verfolgt wird, vertröstet ihren Mann auf eine spätere Zeit.

Mahabad ist sehr schön, erinnert sie sich. Eine große Allee, in der Mitte Grünstreifen mit Bäumen, führt mehrere Kilometer lang durch die Stadt. Wir nennen die Allee den "Boulevard". Im Sommer ist es heiß. Es gibt Stau- und Badeseen in unserer Gegend. Die Leute machen Picknicks, bringen Tee, Obst, gebratene Tauben und Hühner mit. Angeln und Jagen sind frei. Was die Natur bietet, das gehört allen, Vögel dürfen erlegt, Fische geangelt werden. Soran und Naschmil haben sich gewundert, als ich sagte, in Deutschland könne man nicht einfach zum Angeln gehen, dazu brauche man einen Angelschein.

Die Fische gehören allen in unserem Land, sagt Soran. Einen Schein dafür findet er geradezu unvorstellbar.

Das Überleben der Familien ist durch die gegenseitige Unterstützung gesichert. Die Mitglieder großer kurdischer Clans sind oft sehr gebildet. In fast jeder Großfamilie gibt es Ärzte und Rechtsanwälte, die aber im allgemeinen nach dem Studium arbeitslos sind.

In Hamburg leben Soran und Naschmil in einem Studentenwohnheim, das von Ehepaaren (meist mit Kindern) bewohnt wird. Es ist ein Wohnblock mit typisch norddeutscher Backsteinfassade. Jede Wohnung (zwei Zimmer) hat einen Balkon, im Garten gibt es einen Kinderspielplatz und Sitz- und Grillmöglichkeiten für die Erwachsenen, vor der Tür freie Parkplätze, da nicht alle Bewohner ein Auto besitzen. Soran und Naschmil haben natürlich kein Auto. Wenn nicht die Flure etwas studentisch genutzt und überfüllt wären, könnte man von komfortablen Wohnverhältnissen sprechen.

Neben dem Studium gibt Soran Privatunterricht in Mathematik, um die 2-Zimmer-Wohnung in dem Studentenwohnheim bezahlen zu können. Zeitweise war er als Vertreter der Kurden im Europa-Parlament tätig.

Zu Ehren Allahs - Bessmi Allah Alrahman Alrahim

Warum will ein Muslim kein "deutsches" Huhn essen? Warum muß es bei einem speziellen Schlachter gekauft werden? Das erklärte mir Naschmil:

Alles, was ein Moslem tue, tue er zur Ehre Allahs. Ob er sich setze oder aufstehe, es sei zu seiner Ehre. Dafür gibt es die Kurzform: *Bessmi Allah --- Im Namen des Gottes* ....

Es gebe 101 Namen, mit denen Gott bezeichnet würde. Alle würden von ihrer Tante aufgezählt, bevor sie zum Gottesdienst ginge, sagt Naschmil. Dabei hält sie einen *Taspih* in der Hand, der aus 101 Perlen besteht, drei mal 33 Perlen, dazwischen je eine kleinere. Bei jeder Perle wird ein anderer Name des Gottes gesagt.

Das Huhn, das ich in Deutschland kaufen würde, sei sicher nicht auf islamische Weise *(sibhe islami)* geschlachtet worden, also "Im Namen Allahs", wie es sich aber im Islam gehöre. Jedes Tier, das ein Muslim esse, müsse "Im Namen Allahs" geschlachtet worden sein. Das Aufsagen des Spruches bei der Schlachtung sei Bedingung. Der muslimische Schlachter sagt: "Bessmi Allah Alrahman Alrahim - Im Namen Gottes des Spenders, des Vergebers - "Allaho akbar" - Gott ist der Größte". Dabei sei eine bestimmte Schlachtweise anzuwenden, damit das Tier ausbluten könne. Vorwiegend in islamischen Geschäften würden solche Produkte verkauft. In manchen türkischen Geschäften gebe es diese auch, sichtbar an den Aufklebern *sibhe islami*.

Stolz auf den Islam

Die Araber halten am Islam fest, denn er hat ihnen Selbstbewußtsein gegeben. Der Islam hat sie zivilisiert, sie belehrt, ihnen Gesetze gegeben, ihnen Stolz und Zuversicht gebracht. Seit Mohammad sind die Araber selbstbewußt und stolz auf ihr Volk und seine Leistungen.

Wenn ich Araber wäre, wäre ich auch stolz auf den Islam, sagt Naschmil. Warum?, frage ich.

Mohammad war ein kluger Mann. Er hat den entrechteten Frauen geholfen, durch ihn konnte die arabische Welt überleben, sagt Naschmil. Zur Zeit Mohammads wurden die Frauen mißhandelt, es kam häufig vor, daß neugeborene Mädchen lebendig begraben wurden. Ein Grund dafür war die Tradition, daß die jungen Frauen nach der Heirat zu ihren Männern zogen. Das Familienoberhaupt sagte deshalb: Ein Mädchen wird nur die Kinder einer anderen Familie großziehen. Deshalb wollten sie keine Mädchen.

Da wäre das Volk ja ausgestorben, sage ich.

Ja, sagt Naschmil, das erkannte Mohammad. Er erkannte, daß das arabische Volk sich ausrotten würde. Deshalb erließ er Gesetze, die Mädchen und Frauen schützen sollten. Das Töten der Neugeborenen hörte auf.

Er brachte auch viele andere Gesetze unter das Volk. Sie mußten sich nunmehr zu bestimmten Gelegenheiten waschen. Seine Regeln verbesserten das damalige Leben.

Mohammad heiratete die reichste Frau Arabiens. Sie war viel älter als er und die Witwe eines jüdischen Kaufmanns. Sie konnte schreiben und lesen, im Gegensatz zu ihm. Von ihr hat er viel gelernt, erzählt Soran.

Mohammad hatte seine Mutter bei seiner Geburt verloren und seinen Vater, als er sechs Jahre alt war. Er wurde von seinem Onkel aufgezogen, der ihn als Schäfer bei seinen Schafsherden arbeiten ließ. Mohammad begegnete als Schäfer vielen Karawanen, die aus Jerusalem kamen. Bei den jüdischen Karawanentreibern hat er die jüdischen und christlichen Religionsgrundsätze kennengelernt. Der Islam stimmt in vielen Punkten mit dem Juden- und dem Christentum überein.

Die Gesetze, die Mohammad verkündete, bedeuteten einen großen Fortschritt für die arabische Welt.

Mohammad war auch ein Geschäftsmann. Die Pilgerreisen brachten und bringen Geld nach Mekka. Seine Regeln - eine davon lautet, daß jeder Pilger in Mekka ein Schaf schlachten müsse - bedeuteten einen Aufschwung für diese Wirtschaftsregion.

Wir aber lieben Mohammad deshalb nicht, weil wir gezwungen wurden, seine Religion anzunehmen, sagen Soran und Naschmil. Dieser Glaube bedeutet für uns, unsere Urväter zu verraten. Er erinnert uns an unsere besiegte Nation, an unser verlorenes Kurdistan.

Außerdem mißfallen mir als Frau verschiedene islamische Regeln, sagt Naschmil. Nach islamischem Gesetz gehören die Kinder eines Ehepaares zur Familie des Ehemannes. Nach der Heirat zieht die junge Frau zu der Familie ihres Mannes.

Naschmil erzählt, dass der Ehemann ihrer Schwester das sieben Monate alte Kind entführte, als sich ihre Schwester scheiden lassen wollte. Normalerweise sei es so, daß ein Sohn bis zum zweiten Lebensjahr bei seiner Mutter bleiben dürfe, eine Tochter bis zum siebenten Lebensjahr. Danach werden die Kinder in der Familie des Mannes großgezogen. Die Mutter muß auf ihre Kinder verzichten. Eine Frau spreche so nicht von „ihrem Kind", sondern von „seinem Kind". Sie sage nicht „mein Kind", sondern „dein Kind".

Soran berichtet, seine jüngere Schwester sei zwei Jahre lang von ihrem Ehemann quasi gefangen gehalten worden. Sie durfte ihre Eltern nicht sehen und das Haus nicht verlassen. Als ihr Vater sie zurückholte, war sie schwanger. Als das Kind geboren war, holte es der Vater ab. Das war sein „Recht".

Newroz, das kurdische Neujahrsfest - Ostersonnabend 2002

Die Perser und die Kurden feiern das **Newroz**-Fest am 21. März zum Frühlingsanfang. Das Fest geht auf eine kurdische Tradition zurück und wurde später von den Persern übernommen. Newroz heißt "Neuer Tag".

Kalender

Nach kurdischer Zeitrechnung entspricht das Jahr 2002 dem Jahre 5769. Nach kurdischen Annahmen wurde das kurdische Reich am 21.9.3767 v.u.Z. gegründet. Der islamische Kalender beginnt am 21.2.621. Um diese Zeit wurde der Islam verkündet.

Der 31.12.2002 unseres Kalenders entspricht somit beispielsweise den folgenden Tagen:

im islamische Kalender:	im kurdischen Kalender:
2002.12.31	3767.09.21
- 621.02.21	+ 2002.12.31
----------------	----------------
1381.10.10	5770.10.22

Dem Weihnachtsfest der Christen entspricht das Neujahrsfest der Kurden. Der höchste Feiertag der Muslime ist das große Schlachtfest, dessen Datum jährlich neu berechnet wird.

Die Legende vom Neujahrsfest (2002)

Vor 5770 Jahren lebte der mächtige *König Suhaak*, dessen Reich sich von Indien bis Griechenland erstreckte. Die Legende erzählt, daß er einen vom Teufel besessenen Diener hatte, der zwanzig Jahre ohne Lohn bei ihm diente. Als der Diener seinen Abschied nahm, wollte ihn der König belohnen. "Du kannst dir wünschen, was du willst", sagte er zu seinem Diener. Der wünschte, daß er den König auf seine Schultern küssen dürfe, und gab ihm zwei Küsse.

Weil er des Teufels war, wuchsen dem König an diesen Stellen Schlangen, die es jeden Tag nach jungen Menschenhirnen gelüstete. Aus Angst opferte der König jeden Tag zwei Jünglinge. Das ging so lange, bis ein Mann namens *Kaweh* zum König kam, er war Schmied und hatte schon 13 seiner 14 Söhne an den König verloren. Er bat den König, den letzten Sohn zu verschonen. Der König schlug die Bitte ab. Da schwor Kaweh dem leidgeplagten Volk, daß er ihn beseitigen werde. Er ging zum König, packte ihn an den Schultern, trug ihn auf einen Berg und fesselte ihn in einer Höhle. Als die Schlangen gewachsen waren, fraßen sie das Gehirn des Königs.

Als der König und die Schlangen tot waren, machte Kaweh ein großes Feuer auf dem Berg, um dem Volk des Landes seine Befreiung zu verkünden. Am Morgen nach der Befreiung brach *Newroz* an, der neue Tag für das Land. Dieser Tag fiel zufällig mit dem Frühlingsanfang zusammen. Seitdem feiern die Kurden den Frühlingsanfang als Neujahrstag. Sie begannen ihre Jahreszählung von neuem.

Ich bin zum Neujahrsfest der Iraner in Hamburg eingeladen, Perser und Kurden feiern gemeinsam. Gemeinsam ist ihnen der Feind, alle haben den Iran aus politischen Gründen verlassen. Während Kurden und Perser im Iran eher Feinde als Freunde sind, sind sie im Ausland keine Feinde mehr.

Zum Neujahrsfest im März 2002 gibt es ein riesiges Buffet in einem Hamburger Studentenwohnheim, wo die Studenten den Keller für ihre verspätete Neujahrsfeier gemietet haben. Es sind viele persische und drei (von den vier in Hamburg lebenden) kurdische Familien erschienen. Alle haben Nationalgerichte gekocht, und die zwei Tische, die als Buffet dienen, biegen sich unter der Vielzahl von Gerichten: Reis mit Safran und verschiedensten Gewürzen, Reis- und Fleisch-Variationen, Schüsseln mit gefüllten Weinlaubblättern, gefüllte Kürbisse, Soßen aller Art, Obstschalen und Getränke. Alkohol wird nicht ausgeschenkt, dafür fließt unaufhörlich Tee aus einem Samowar.

Sowohl die Speisen als auch die anschließenden Tänze und die Mentalität der Gäste erinnern mich an Griechenland, und wirklich bestätigen die Gäste, daß Griechen und Perser viele gemeinsame Bräuche haben, weil sie aus einem Schmelztiegel stammen.

Besonders hat mich die lockere, freundliche Atmosphäre, die Freude, ein Fest gemeinsam zu feiern, beeindruckt. Auch die Iraner kannten sich nicht alle, aber alle sprachen miteinander, als seien sie schon seit langem gute Freunde. Eine iranische Studentin, die an der Universität Hamburg Persisch und Soziologie studiert, sagte, daß die Iraner diejenige Volksgruppe in Deutschland sei, die sich den Deutschen am besten anpasse. Sie würden zwar ihr Volksgut pflegen, aber es läge in ihrer Art, sich gut anzupassen.

Die anwesenden Frauen waren sehr charmant und ungezwungen, die meisten von exotischer Schönheit. "1001 und eine Nacht" tat sich mir auf. Nur eine Frau trug ein Kopftuch, die anderen präsentierten ihr Haar so prächtig wie möglich.

Die anwesenden Kurden führten einen "Volkstanz" auf, eine Kette von Leuten, die gemeinsam tanzt. Besonders Soran zeigte, was in ihm steckt an Frohsinn, Spontaneität und Temperament. Aber auch die anderen Iraner zeigten Temperament. Frauen und Männer tanzten meist nicht zu zweit und schon gar nicht in der Kombination Mann und Frau. Die Frauen schienen besser mit Frauen tanzen zu können und die Männer mit Männern. Eigentlich tanzten aber alle allein. Während die Männer eher rhythmische Zuckungen in gekonnter Vollendung vollführten, tanzten die Frauen den Tanz der Verführung mit großer Hingabe und wehenden Armen.

Soran brachte Obstwein (nur für Spezialgäste) und zitierte den kurdischen Dichter **Mamosta Hämen**, indem er direkt aus dem Kurdischen übersetzte:

Weinkönigin, wende dich zu mir, komm zu mir mit einem Glas Wein.
Kunden wie ich sind sehr selten.
Die anderen Gäste sind froh und haben keine Sorgen.
Ich aber bin der Meinung, daß der Wein eine Sünde für sie ist.
Dieser Wein ist ein Medikament gegen Sorgen.
Dieser Wein ist nicht für die, die ohne Schmerz sind,
nicht für die, die nicht blaß und müde sind.
Warum sollen die Gewalttäter Wein trinken?
Diejenigen, die noch jemanden auf der Welt
haben, sollen keinen Wein trinken.
Diejenigen, die nicht Zielscheibe des Feindes geworden sind
und diejenigen, deren Schulter nicht von großer Last gebeugt wurde,
sollen keinen Wein trinken...
Diejenigen, die nicht am Pranger gestanden haben,
die nicht vom Schicksal geschlagen wurden, ...
die nicht benachteiligt wurden
und denen der Staub des Unglücks nicht die Schuhe verschmutzt hat...
Warum sollen sie hierher kommen und den schönen Wein trinken?
(gekürzt)

Kurdische Parteien

Bei einem anderen Anlaß erzählt mir Soran, der Großneffe des ersten Präsidenten der Kurdenrepublik von 1946 aus Mohabad, daß sich alle kurdischen Parteien, die für einen kurdischen Staat eintreten, geeinigt und zusammengeschlossen hätten. Er selbst wurde zum Führer der Navendi Sarbakhai Kurdistan, der Union der nach der Unabhängigkeit Kurdistans strebenden kurdischen Parteien, in Deutschland bestimmt. Er bastelt an der Internetseite für die deutsche Abteilung der PSK und ist voll engagiert, trotz seines Studiums und trotz finanzieller Sorgen.

Auch die KDPI, die Demokratische Partei Kurdistans, und die Komela Organisation kümmern sich um die Belange der kurdischen Bevölkerung im Iran.

Die Partei (PSK) der Unabhängigkeit Kurdistans hat ihren Hauptsitz in Schweden. Etwa 3 Millionen Kurden leben im Ausland. Die PSK hat unter anderem Mitglieder in Deutschland, den Niederlanden, Kanada, im Mutterland "Kurdistan". Die Idee ist, ein Land für die Kurden, ein Gesamtkurdistan, mit friedlichen Mitteln zu errichten. Die Mitglieder der PSK glauben nicht, daß Gewalt zum Erfolg führen könnte. Sie bauen auf die Vernunft und die Hilfe internationaler Gremien, insbesondere auf die UN.

Die PSK wurde 1986 gegründet. Viele von der PKK abgesplittete Mitglieder haben sich der PSK angeschlossen. Die PSK ist eine offizielle Partei im Ausland. Sie agiert über das Internet, vergibt auch Parteibücher, die Zugehörigkeit zur Partei ist aber lose und nicht beitragspflichtig. Im Iran kann die Partei nur inoffiziell agieren. Die Mitglieder der PSK halten es für dringlich, die Kurden in die Unabhängigkeit zu führen, da in der Nach-Schah-Zeit starke Bestrebungen festzustellen sind, Kurdistan und die Kurden eher zurückzuentwickeln als vorwärts zu führen. Dabe haben Drogen als Mittel der Zerstörung von Jugend und Gesellschaft ihren Anteil.

Die meisten jungen Leute in den Städten haben keinen Job. Sie sind leicht zu verführende Opfer. Das Drogenproblem schwappt vom kurdischen Teil des Iran zum kurdischen Teil des Irak über. Die Leute, die in Dörfern leben, beschäftigen sich in der Landwirtschaft und leben als Bauern. Die Gehälter der Lehrer sind sehr niedrig, sie müssen sich mir einer Zweitbeschäftigung über Wasser halten.

Im Iran ist es nicht erlaubt, auf kurdisch zu unterrichten, aber es ist immerhin erlaubt, kurdische Zeitschriften zu haben und auf kurdisch zu schreiben. Jedoch nicht in Schulen.

Der Vorsitzende der PSK, der bei Stockholm wohnt, sagt, er könne die Probleme der Kurden im Iran nicht lösen. Er könne das iranische Regime nicht ändern. Er sieht es deshalb als seine Aufgabe an, die Kurden in die Unabhängigkeit zu führen und eine eigene Politik zu betreiben, um die Probleme zu lösen. Zu bemerken ist noch, daß er mit einer Tochter von Mohammad Ghazi, des einzigen Präsidenten der Kurdenrepublik im Iran, verheiratet war. Sie wurde vor zehn Jahren in Schweden durch eine Paketbombe getötet.

Die Kurden sind *ein geschlagenes Volk*, denen schon verschiedentlich - in verschiedenen Ländern - Autonomieversprechungen gemacht wurden.

Im ersten Golfkrieg unterstützten kurdische Peschmerga-Gruppen das iranische Militär an der Nordfront. Iran konnte einen Sieg über die irakischen Truppen verbuchen. Bagdad revanchierte sich mit Giftgasangriffen auf das Hauptquartier der Kurdischen Partei PUK und weitere Dörfer in Süd-Kurdistan. 1987/88 wurden im Verlauf von acht Offensiven unter systematischem Einsatz von Giftgas Hunderte von Dörfern zerstört und nach kurdischen Schätzungen 180 000 Menschen verschleppt oder ermordet. Am 16. März 1988 wurde die kurdische Stadt Halabja von irakischen Bombern mit Giftgas (C-Waffen) angegriffen. Über 5000 Kurden, meist Frauen, Kinder und alte Menschen, starben qualvoll. Zehntausende wurden verletzt. Insgesamt wurden 17.000 Menschen getötet.

Im Koran gibt es eine Sure, die "Anfall" genannt wird. Saddam Hussein hat 1989 mit Bezug auf diese Sure (ethnische Säuberung = "Anfall") 182.000 Kurden aus Dörfern und Städten verschleppt. Es ist bis heute unbekannt, wohin diese Menschen gebracht worden sind.
(Quelle: Internet: www.pskurdistan.com)

Als einen Lichtblick betrachten es die Kurden heute, daß im Nordirak ein Kurdenparlament gewählt wurde und ihnen damit eine relative Autonomie eingeräumt wurde. Das Parlament steht unter der Schirmherrschaft von Danielle Mitterrand. Der amerikanische Außenmister begrüßte die demokratische Wahl dieses Parlaments.

Besuch von Sicherheitsbeamten

Überraschend standen eines Tages Sicherheitsbeamte vor Sorans Wohnungstür. Nur Naschmil war zu Hause. Sie wurde befragt. Glücklicherweise spricht sie sehr gut Deutsch. Sie macht gerade das deutsche Abitur. Ihr letztes Thema im Deutschunterricht war *Minna von Barnhelm*. Auch die Ringparabel kennt sie aus *Nathan dem Weisen*: "Alle Religionen sind gleich."

Naschmil war zum Weggehen angezogen, als die Beamten eintrafen. Diese wollten nicht glauben, daß sie ohne Kopftuch ausginge. Sie verlangten ihren Paß. Dort ist Naschmil mit Kopftuch abgebildet. Das sei nicht sie, sagten die Beamten. Naschmil erklärte, daß sie im Iran das Kopftuch außerhalb des Hauses hätte tragen müssen. Ohne Kopftuch zu gehen sei lebensgefährlich gewesen.

Sie erklärte, daß sie beide - Soran und sie - keine Islam-Anhänger seien. Zwar seien sie von Geburt an Muslime, aber nicht aus eigenem Willen. Sie würden den Islam nicht zelebrieren und die Moscheen deshalb auch nicht betreten. Wie kann ich aus der "Moschee" austreten?, fragt sie. Der Islam sei lebenslänglich. Sie sei dahinein geboren worden. Ablegen des Islam sei unmöglich und werde mit dem Tode bestraft. Bis heute. Soran sei ein politischer Flüchtling aus dem Iran, unter Lebensgefahr geflohen. Allah sei nicht *ihr* Gott, *Deutschland* aber jetzt ihre Heimat. Wenn sie die Möglichkeit hätten, ohne Gefahr in ihre Heimat zurückzukehren, würden sie gern nach Mohabad in Kurdistan zurückkehren, um ihr Heimatland wieder aufzubauen.

Das überzeugte die Sicherheitsbeamten, und es entspricht der Wahrheit.

Mustafa und die Scheidung auf persisch

Eines Tages hörte ich die Geschichte von Mustafa, einem Studenten der Medizintechnik an der Hochschule: Mustafa war elf Jahre alt, als er nach Deutschland kam. Das war 1982. Sein Vater lebte zeitweise in Deutschland und zeitweise im Iran, er war Kaufmann und hatte eine kleine Handelsfirma. Da sein Vater nicht wollte, daß sein Sohn im Iranisch-Irakischen Krieg "verheizt" würde, holte er ihn nach Deutschland. Alle Männer ab dem 13. Lebensjahr wurden nämlich im Iran zum Krieg eingezogen. Die Kinder wurden über die Minenfelder gejagt und mit Schlüssel um den Hals direkt in den "Himmel" geschickt. Sie waren nur "Kanonenfutter" im "Heiligen Krieg". Um nicht in den Krieg ziehen zu müssen, versteckten sich viele iranische Männer. Die Kurden zogen in die Berge. Auch sie wollten nicht am Krieg teilnehmen.

Mustafas Vater gab seinen Sohn auf eine Internatsschule in Deutschland. Er lernte dort, sich "durchzusetzen", wuchs mit Internatsdrill und ohne Familie auf. Er lernte Gewalt kennen und löste fortan damit alle Probleme. Bis zum 11. Lebensjahr hatte Mustafa in seiner Familie im Iran gelebt. Dort wurde er zum gläubigen Muslim erzogen, denn seine Familie war stark religiös. Was er nicht lernte, gab ihm seine Phantasie ein. In Deutschland lebte er in einem Glauben, der zum Teil seiner Phantasie entsprungen war.

Seit 1991 studiert er an der Hochschule in Hamburg. Seit zehn Jahren hat er eine persische Freundin, sie studierte mit ihm. Diese Freundin war fachlich tüchtiger als er und half ihm, wo sie konnte. Sie schrieb für ihn mit, gab ihm Unterricht, versuchte, ihn durch die Prüfungen zu schleppen.

Als Mustafa im Jahre 2000 zum ersten Mal in den Iran zurückflog, sagte seine Familie zu ihm, es sei nun an der Zeit zu heiraten. Sie hatten Kontakte zu anderen Familien aufgenommen und verschiedene Frauen gefunden, die als Bräute in Frage kamen. In 31 Tagen traf er 21 Frauen. Seine Familie war sehr aktiv.

Mustafa suchte die Frau für sich aus, die er für die beste Partie und die reichste hielt. **Farah** war ein Einzelkind und stammte aus einer bekannten persischen Familie. Ihre Eltern waren reich. Mustafa dachte, daß er nach der Heirat finanzielle Unterstützung für sein Studium und seine Familie von seinen Schwiegereltern erhalten würde. Er gab sich als Ingenieur und Techniker aus, obwohl er noch Student war. Leider konnten oder wollten die Eltern der Braut nicht überprüfen, welchen Beruf er wirklich ausübte. Seinen Unterhalt verdiente er nämlich in Hamburg als Bodybuilder. Auf den Hochzeitsvideos wird er als Ingenieur und Techniker tituliert, sehr zum Amüsement einiger Hamburger Studenten, die die Videos später ansahen.

Mustafa und seine Frau sind Perser. Im Iran gibt es sieben verschiedene Völkergruppen: die Asery, die Kurden, die Perser, die Balutschen, die Gileky, die Turkmenen, die Araber, der Größe ihrer Bevölkerungsstärke nach aufgezählt. Die iranische Amtssprache ist Persisch. Die Macht im Iran halten die Asery und Perser in den Händen.

Nach der Heirat nahm Mustafa seine Frau mit nach Deutschland. Sie zogen in ein Hamburger Studentenwohnheim. In der ersten Zeit wohnte auch Mustafas Bruder in dieser Wohnung. Farah verrichtete alle Hausarbeit und wurde wie eine Dienstbotin behandelt.

Farah begann, nachdem sie Deutsch gelernt hatte, mit einer Ausbildung in Deutschland. Die Familie der jungen Frau kaufte eine Wohnung in Teheran auf den Namen ihrer Tochter und den Namen ihres Ehemannes. Die Wohnung hatte einen Wert von etwa 400 000 Euro. Die Eltern sandten die Kaufpapiere an ihre Tochter nach Deutschland. Weitere Unterstützung schickten sie nicht.

Mustafa war enttäuscht, ja empört. Er nahm seiner Frau alle Unterlagen und Papiere ab. Er verlangte von ihr, daß sie Unterschriften unter Dokumente leistete, die sie nicht lesen konnte. Sie weigerte sich zwar zu unterschreiben, wurde aber von ihrem Mann handgreiflich dazu gezwungen. Die Auseinandersetzungen zwischen den Eheleuten begannen sich auszuweiten. Als Mustafa begriff, daß von den Eltern seiner Frau kein zusätzliches Geld zu erwarten sei, wurde er gewalttätig. Er hatte gedacht, daß der Vater seiner Frau die Familie in Deutschland finanzieren würde. Mustafa versuchte, weiterhin alle Probleme mit Gewalt zu lösen. Er quälte seine Frau und schlug sie. Mustafa drohte ihr: Wenn dein Vater kein Geld überweist, schicke ich dich zurück in den Iran. Er wollte sie auch deshalb nach Hause schikken, weil das seine persische Freundin von ihm verlangte.

Andere Iraner halfen der jungen Frau, eine Visaverlängerung in Deutschland zu bekommen. Zurückgeschickt zu werden, wäre eine große Katastrophe für die junge Frau gewesen. Sie hielt keine Dokumente in ihren Händen, im Iran hätte sie sich nicht scheiden lassen, nicht noch einmal heiraten, kein neues Leben beginnen können.

Farah beschloß, ihr Schicksal in ihre Hände zu nehmen. Sie war mehrere Male nach tätlichen Angriffen ihres Mannes ins Frauenhaus geflohen. Immer wieder war sie zurückgekehrt, da ihr Mann Besserung versprach. Nachdem sie eine Visaverlängerung erhalten hatte, entschloß sie sich, endgültig in das Frauenhaus zu gehen. Sie benachrichtigte die Polizei, die dokumentierte, welche Gegenstände sie aus der Wohnung entnahm und an anderer Stelle unterstellte. Einen Tag bevor sie endgültig ins Frauenhaus ging, wurde Mustafa wieder gewalttätig, er brach ihr im Streit den rechten Ringfinger. Nachbarn retteten sie. Sie schrie um Hilfe, die Nachbarn im Studentenwohnheim brachen die Tür auf. Ihr Hals zeigte Würgespuren und Blutergüsse.

Die Studenten bedrohten Mustafa, sie sagen, er würde im Gefängnis landen. Mustafa warf seine Ehefrau aus der Wohnung. Sie zog nun endgültig ins Frauenhaus.

Die junge Frau hat all ihr Geld und ihren Schmuck verloren, den sie zur Hochzeit geschenkt bekommen hatte. Es ist im Iran üblich, der Braut zur Hochzeit Goldschmuck zu schenken. Das Gold wird in Kilogramm gewogen. Der Wert ihres Schmuckes betrug mehrere tausend Euro. Ihr Mann hat den gesamten Schmuck entwendet.

Einige Zeit, nachdem Farah die Dokumente unterschrieben hatte, von denen sie nicht wußte, was darin stand, sah man Mustafa mit dem letzten Modell eines Mercedes fahren. Vermutlich hatte er die Wohnung in Teheran verkauft. Die Frau erfuhr nun auch, daß ihr Mann eine persische Freundin hat. Diese Freundin kontrolliert Mustafa und macht ihm Vorschriften. Mustafa und sie kennen sich länger als zehn Jahre, daher besitzt sie großen Einfluß auf ihn.

Farah hatte alles verloren, glücklicherweise hat das Ehepaar keine Kinder. Seit einigen Monaten ist Mustafa ohne Angabe einer Adresse verschwunden, er hat die Wohnung aufgegeben. Keiner weiß, wo er sich aufhält. Auch sein Visum für Deutschland ist abgelaufen. Farah hat inzwischen die Scheidung eingereicht. Das Gericht kann ihren Ehemann nicht vorladen, da es nicht weiß, wo er sich aufhält.

Die Mullah-Frage: Weil Mustafa und Farah im Iran geheiratet haben, muß das deutsche Gericht die Scheidung nach iranischem Recht vollziehen. Dazu gehört es auch, die Genehmigung zur Scheidung von einem Mullah einzuholen. Der Mullah verlangt, daß *zwei* Männer oder ein *Mann und zwei Frauen* Zeugnis für die Richtigkeit der vorgebrachten Anschuldigungen der Ehefrau ablegen. Sie müssen bestätigen, daß die Ehefrau von ihrem Mann mißhandelt und aus der Wohnung geworfen wurde. Die Zeugen bestätigten das. Sie erklärten auch, daß Mustafa zu ihnen gesagt habe, seine Ehefrau müsse alle Dokumente unterschreiben, die er ihr vorlege. Sie habe nicht zu fragen, worum es gehe. Er sei berechtigt, alle geschäftlichen und familiären Angelegenheiten allein zu entscheiden. Er lebe ganz in einer "Tradition", die er sich selber vorgegeben habe, er verweise auf islamisches Recht, das er sich selbst zurechtgelegt habe.

Farahs Chance besteht darin, in Deutschland nach iranischem Recht geschieden zu werden, dann kann sie mit gültigen Dokumenten ausgestattet in den Iran zurückkehren. Diese Dokumente erlauben ihr, dort ein neues Leben zu beginnen.

Reza aus dem Iran

Durch das Tor zur Welt kamen manche unserer Mitbürger unfreiwillig hereingestolpert: Nicht alle so unfreiwillig wie der Student Reza aus dem Iran. Rezas Familie spielte eine Rolle in der Regierung des Schahs von Persien. Nach dessen Sturz wurde Rezas Vater verhaftet und hingerichtet. Reza selbst konnte fliehen, lebte lange Zeit an der Grenze zu Afghanistan. Verkleidet als Schafhirte, konnte er über die Grenze entkommen. Dort erwarteten ihn ein (falscher) Paß und ein Flugticket zu seinem Bruder nach London.

Auf einer Zwischenlandung in Frankfurt am Main wurde Rezas Paß kontrolliert und als Fälschung erkannt. Es gab noch viele weitere falsche Pässe im Flugzeug, sagte Reza, aber ich wurde aus dem Flugzeug geholt. Man drohte mir, mich nach dem Iran zurückzuschicken, es sei denn, ich würde Asyl in Deutschland beantragen. So sagte ich das Wort "Asyl", und dann nahm das Schicksal seinen Lauf. Zunächst bekam ich nur eine Aufenthaltserlaubnis für Hamburg, ich durfte es nicht verlassen. Ich begann nach etwa einem Jahr, als ich genügend Deutsch gelernt hatte und auch mein Abitur anerkannt worden war, an der Hochschule in Hamburg zu studieren.

Reza war ein ausgezeichneter Student, einer der besten seines Semesters. Ab und zu brauchte er Hilfe, Gutachten, Unterschriften von mir als damaliger Studienberaterin. So habe ich Reza kennengelernt. Reza wollte nicht in Deutschland bleiben, sein Bruder wartete weiterhin in London auf ihn. Natürlich hätte er längst weiterreisen können mit seiner ordnungsgemäßen Aufenthaltserlaubnis für Deutschland, aber er entschloß sich, zunächst das Studium zu beenden und danach die Reise nach London fortzusetzen. So machte er es auch.

Die meisten iranischen Studenten berichteten über die Probleme in ihrem Heimatland und haben den Iran aus politischen Gründen verlassen. Die Informatikstudentinnen, die ich kennenlernte, waren alle sehr tüchtig, zielstrebig und arbeiteten nebenbei für ihren Lebensunterhalt. Manche erhielten auch etwas Geld von ihrer im Ausland lebenden Familie (meist aus Großbritannien). Sie führten ihr iranisches Leben auch in Deutschland, hatten iranische Freunde, kochten iranisch, hatten iranische Gewohnheiten und sprachen vorwiegend ihre Landessprache.

Von den iranischen Studenten, die ich im Laufe ihres Studiums kennenlernte - ein iranischer Student brachte einmal ein Buch über sein Heimatland vorbei, auf dessen Umschlag eine große blaue Kuppel einer Moschee aus gebrannten glänzenden Ziegeln prangt -, habe ich später kaum mehr einen getroffen (außer Langzeitstudenten, die nebenbei oder überhaupt nur arbeiteten). Fast alle hatten Verwandte, meist in Amerika oder Großbritannien. Dort sind sie nun wohl auch.

Anna und die Großmutter aus Kasachstan

Viele Studenten sprachen russisch in meiner Vorlesung. Ich war interessiert daran, von ihrem früheren Leben zu erfahren. Ich hatte nach meinem Diplom an der TU Dresden selbst ein Jahr in Moskau als Zusatzstudent an der Lomonossow-Universität verbracht und interessierte mich deshalb für Rußland, nicht für die sowjetischen Machthaber, aber für die russischen Menschen. Ich kannte die Schwierigkeiten, unter denen sie leben müssen. Ich war nach Jasnaja Poljana zu Tolstoi gepilgert, ich hatte das Grab von Boris Pasternak besucht und auch das Feld der Schlacht von Borodino. Ich habe auf diese Weise ein Verhältnis zu den russischen Menschen und ihrer Geschichte aufgebaut. Deshalb lud ich die russisch sprechenden Studenten zum Tee ein, der von "Leonid", meinem auf diesen Namen getauften Samowar, serviert wurde.

Lilia und Gregor zum Beispiel kamen aus Kiew und waren keine Rußlanddeutschen, wie ich anfangs vermutete, sondern russische Juden, die auf Einladung der deutschen Regierung nach Deutschland gekommen waren. Um diese Einladung zu erhalten, mußten sie einen Antrag an das deutsche Konsulat in der Ukraine stellen. Lilia und Gregor und später auch ihre Eltern und Geschwister erhielten die Aufenthaltsgenehmigung für die Bundesrepublik Deutschland.

Auch **Anna** sprach russisch im Unterricht. Sie ist eine sehr fleißige Studentin, die jetzt ihre Diplomarbeit schreibt. Auch sie lud ich zum Tee ein, sie brachte ihren Freund mit, der wie sie aus Kasachstan stammt. So erfuhr ich, daß Anna eine Rußlanddeutsche ist. Das Schicksal ihrer Vorfahren hat mich sehr bewegt, besonders die Erzählung ihrer Großmutter.

Anna aus Kasachstan

Die meisten Rußlanddeutschen feiern aufwendige Hochzeiten. Anna gehört zu ihnen. Anna war die einzige Studentin in ihrem Semester an der Hochschule, Fachbereich Elektrotechnik, Fachrichtung Nachrichtentechnik. Sehr häufig gibt es überhaupt keine Studentin in einer Seminargruppe der Elektrotechnik. Annas Mutter ist Russin, ihr Vater Deutscher. Sie kommen aus Kasachstan. Anna wohnte zunächst mit ihrem Freund, der ebenfalls aus Kasachstan kommt, Tür an Tür in einer Wohngemeinschaft in einem Studentenwohnheim in Bergedorf. Anna und ihr Freund Wolodja waren schon zusammen zur Schule gegangen und hatten danach gemeinsam einige Semester in Kasachstan studiert. Wolodja ist Anna nachgefolgt, wie viele Freunde und fast alle Verwandten. Die Rußlanddeutschen brauchen sich nicht einsam zu fühlen, höchstens unter den Deutschen, weil sie Sprachprobleme haben. Sie sprechen untereinander nur russisch, was das Erlernen der deutschen Sprache nicht fördert.

Annas Mutter hatte in Kasachstan Fernmeldetechnik studiert. Vielleicht hat das den Berufswunsch ihrer Tochter beeinflußt. Als die Mutter im Alter von 42 Jahren nach Deutschland kam, erhielt sie keine Anstellung, die ihrer Ausbildung entsprochen hätte. Das lag natürlich auch daran, daß sie kaum Deutsch sprechen konnte. Auch wurde ihr Diplom in Deutschland nicht anerkannt, es war zu spät für sie, ein weiteres Studium zu absolvieren. Außerdem brauchte sie sofort Geld. Sie begnügte sich mit einfachen Arbeiten in der elektrotechnischen Industrie, baut nun Stecker und Kabelverbindungen zusammen.

Anna war jung und tüchtig genug, um zu studieren, nachdem sie Deutsch gelernt und ihr Abitur nachgeholt hatte. Sie ist 23 Jahre alt, sehr schlank und hübsch. Sie will in Deutschland bleiben, was nicht selbstverständlich ist. Sie sagt, sie habe die vielen Übergänge schon satt, sie wolle endlich zur Ruhe kommen. Anna ist sehr schüchtern, sie hat Angst Deutsch zu sprechen, weil sie denkt, daß sie es nicht gut genug kann. Da an der Hochschule fast alle Prüfungen schriftlich abgehalten werden, spielt das keine Rolle. Sie hat ausgezeichnete Noten, denn sie ist intelligent und versteht, was sie lernt. Sie ist auch ausgesprochen fleißig und liebenswürdig.

Wolodja studierte zunächst auch an der Hochschule, seine Deutschkenntnisse waren aber zu mangelhaft, als daß er das Studium hätte bestehen können. Außerdem machte ihm das Studium keinen Spaß. Er sah sich nach einem Beruf um und geht nun auf eine Computerschule, auf der er zum Technischen Zeichner ausgebildet wird. Wolodja sitzt gern am Computer und arbeitet sich in die Software für das Zeichnen ein. Er kann stundenlang vor dem Bildschirm sitzen, ohne müde zu werden, und so ist anzunehmen, daß er den richtigen Beruf gefunden hat.

Anna und Wolodja erlebten auch schwierige Zeiten während ihrer Ausbildungszeit. Während der Übergangszeit vom Studium zur Berufsausbildung erhielt Wolodja beispielsweise keine Unterstützung vom Staat. Er hatte sich sozusagen zwischen die Stühle gesetzt. Anna arbeitete in dieser Zeit doppelt. Irgendwie schafften sie es immer zu überleben.

Aus Annas Familie sprach nur ihre Großmutter noch perfekt Deutsch, als sie nach Deutschland kamen, - ein altes Deutsch, das mehr als 200 Jahre in Rußland überlebt hat, überlebt bis zur Stalinzeit. Danach war Deutschsprechen verboten und wurde zum Wagnis.

Von ihrer Familie kann Anna keine Unterstützung erwarten, denn ihre Eltern kämpfen selbst noch um ihre Existenz in Deutschland. Sie bekommt aber ein Stipendium. Kürzlich machte sie ihr Hauptpraktikum in der Industrie. Sie konnte alle gestellten Aufgaben lösen und hinterließ in ihrer Firma einen so guten Eindruck, daß es für sie nicht schwer sein wird, nach dem Studium eine Anstellung zu finden. Bald wird sie ihre Eltern unterstützen können.

Anna hatte den Traum von einer Traumhochzeit. Ihre Vorstellungen waren sehr romantisch, für deutsche Begriffe vielleicht altmodisch, und standen, so könnte man denken, im Gegensatz zu ihrer technischen Berufswelt. Ihre Lebenseinstellung ist sehr konservativ. Ihre Hochzeit mit Wolodja sollte das Märchen ihres Lebens sein. Es wurde deshalb eine - unter Rußlanddeutschen übliche - aufwendige Hochzeit inszeniert, eine Kirche gefunden, die für die in Bremen wohnenden Eltern gut erreichbar war. Diese Gemeinde vermietet ihre Versammlungsräume zu einem annehmbaren Preis für Feierlichkeiten. 120 Gäste kamen, 150 waren eingeladen worden. Das Hochzeitskleid war ein Traum mit Stickerei und Schleppe und nicht geborgt.

Der Bräutigam mußte die Braut bei den Eltern abholen, wie es in Kasachstan üblich ist, obwohl er seit langem mit ihr zusammenwohnt, wie es in Deutschland üblich ist. Dabei bekam er viele Aufgaben gestellt, die er lösen mußte, er mußte sozusagen um die Braut kämpfen, aber mit Intelligenz. Weil sich die Aufgaben bei den Hochzeiten wiederholten, wußte er, daß im allgemeinen auch Bänder zu lösen sind, die die Braut vor ihm beschützten sollen, und deshalb hatte er schon vorausschauend eine Schere eingesteckt. Während und nach der Trauung wurden die Traumfotos gemacht. Die Braut auf der Wiese mit ausgebreitetem Schleier, der Bräutigam kniend. Die Braut lächelnd, er ihr zugeneigt. Mit Brot und Salz wurde das junge Paar nach russischer Sitte nach der Trauung begrüßt. Das Fest endete mit einem letzten Tanz des jungen Paares. Die Gäste hatten brennende Kerzen in Herzform aufgestellt, in dem das Paar nun bei gedämpfter Musik und erloschenem Licht in die Zukunft hinübertanzte.

Waren Sie zufrieden mit Ihrer Traumhochzeit?, fragte ich Anna. Sie sagte, die Hochzeit sei doch eher ernüchternd gewesen, weniger romantisch, als sie gedacht hatte. Das lag wohl daran, daß sie alle Gäste schon kannte und der Alltag nicht zu übersehen gewesen war. Auf den Hochzeitsfotos sah Anna auch eher streng und angestrengt als lustig und fröhlich aus. Der Preis der Hochzeit dürfte auch ernüchternd gewesen sein. Man heiratet nur einmal, sagt Anna, 23 Jahre alt. Ihr Ehe gibt ihr Sicherheit, das ist wohl das, was sie am meisten braucht.

Anna und Wolodja haben sich eine Zweizimmerwohnung in einem Hamburger Stadtteil gemietet, wo die Preise erschwinglich sind. Sie haben Möbelkataloge gewälzt und sich sogleich komplett eingerichtet, haben Wohnzimmer- und Schlafzimmermöbel gekauft, die Küche konnten sie übernehmen.

Anna und Wolodja hatten von Anfang an ein Auto, das galt ihnen als westlicher Lebensstandard, das war etwas, was man nach Kasachstan berichten konnte. Ein eigenes Auto und eine eigene Wohnung wären in Kasachstan für sie unerschwinglich gewesen. In Deutschland müssen sie dafür zusätzlich arbeiten. Sie klagen darüber, denn wenn sie arbeiten, geht Zeit verloren, die sie für das Studium brauchten. Sie sind aber nicht gewillt, auf ihre "Errungenschaften" zu verzichten. In Kasachstan, sagen sie, hätten sie während des Studium nicht nebenbei arbeiten können. Es gab keine Arbeit für Studenten. Es gab nicht genügend Arbeit für Leute mit Diplom und auch nicht für Leute ohne Diplom. Sie sind froh, daß sie in Deutschland leben dürfen.

Anna berichtet

Ich wurde 1976 in der Stadt Alexejewka in Kasachstan geboren. Meine Vorfahren väterlicherseits sind Deutsche. Die Stadt Alexejewka wurde, wie schon der Name sagt, von Fürst Alexej gegründet. Der Ort hat sich aus einer Pferdestation entwickelt, dort wurden früher die Pferde gewechselt. Als ich in Alexejewka wohnte, hatte die Stadt 25.000 Einwohner. Sie war eine Kleinstadt, heute hat sie nur noch

10.000 Einwohner. Der Bevölkerungsschwund liegt daran, daß Kasachstan nun wieder ein selbständiger Staat ist. In dem Paß jeden Bürgers der UdSSR war neben der Staatsbürgerschaft auch die Nationalität angegeben. Nach der Trennung von der UdSSR zogen die nunmehr kasachischen Bürger mit der Nationalität "Russe" nach Rußland, die "Juden" (Jewreij) nach Israel oder in die USA, die "Deutschen" (Nemezkaja Nationalnostj) nach Deutschland.

Nach Deutschland zu ziehen, war für uns ganz selbstverständlich, sagt Anna, waren unsere Vorfahren doch von den Russen diskriminiert und aus der Wolgarepublik deportiert worden. In meiner Jugend war die Unterdrückung der Deutschen nicht mehr so stark wie in den Jahrzehnten zuvor. Meine Eltern wurden noch als Faschisten bezeichnet, was wohl für die Russen eine Art von Synonym für Deutsche war. Mischehen hatten es besser als rein deutsche Ehen.

Ich konnte bereits studieren, was in früheren Zeiten Rußlanddeutschen nicht erlaubt war. Wir sind aber überall Ausländer. In der Sowjetunion hat man uns als "Deutsche" (Faschisti) beschimpft, in Deutschland werden wir als "Russen" bezeichnet.

Ist der Übergang nach Deutschland für Sie schwer gewesen?, frage ich sie. Sie sagt, er sei mit einer großen Verunsicherung verbunden gewesen. Sie habe ihr Selbstbewußtsein verloren. Das hänge auch mit der Sprache zusammen. Während ihrer Schulzeit war es schon wieder möglich, Deutsch in der Schule zu lernen, aber die Sprache richtig zu sprechen, das habe sie erst in Deutschland gelernt. Je länger sie in Deutschland wohne, umso mehr gewöhne sie sich ein.

Vermissen Sie ihre Heimat?

Sie antwortet, sie vermisse nichts in Deutschland. Sie bereue nicht, nach Deutschland gekommen zu sein, zumal ihre gesamte Familie und ihr Freund mit seiner Familie auch nach Deutschland gezogen seien. Viele ihrer damaligen Freunde hätten Kasachstan ebenfalls verlassen, und schließlich hätte sie hier auch schon neue Freunde gefunden. Aber meine Jugend vermisse ich vielleicht schon, fügt sie nach einer Weile hinzu, die Zeit als ich 17, 18 Jahre alt war, besonders das letzte Schuljahr in Kasachstan steht mir lebendig vor Augen.

Die Stadt Alexejwka liegt im Norden von Kasachstan, erzählt sie, dort gibt es riesige Wälder, die bis nach Rußland reichen. Im Süden von Kasachstan gibt es dagegen riesige Steppen. Wir sind oft in den Wald gegangen, haben Pilze gesucht, Feuer gemacht. Überall konnte man grillen. Im Winter haben wir mit der Schule Ausflüge in den Wald unternommen.

Haben Sie unter den politischen Umständen gelitten?

Sie sagt, sie hätte an Politik kein Interesse gehabt. Bis zur dritten Klasse sei sie - wie alle anderen Schüler auch - "Oktjaberjatka" gewesen, eine Art Vor-Pionier, und habe den Stern mit dem Bild von Lenin getragen. Danach sei sie termingemäß "Pionier" geworden und später sollte sie in den Komsomol eintreten. Das wurde aber schon abgesagt, da der Übergang zum Abgang eingeleitet worden war.

Wie geht es den Menschen in Kasachstan heute?

Die Menschen hätten Finanzprobleme sagt sie. Es herrsche momentan Chaos in Kasachstan. Jeder, der etwas möchte, einfach nur arbeiten möchte, ein einfaches Leben führen möchte, kann das nicht. Glück habe, wer eine Anstellung fände. Um eine Anstellung zu finden, müsse man Beziehungen haben. Ein normales Leben zu führen, sei schwer, man könne bestenfalls *überleben*.

Als Kasachstan wieder selbständig wurde, stand das größte Werk der Stadt ohne Auftraggeber da. Früher hatte das Werk für Moskau gearbeitet. Danach bekamen die Arbeiter kein Geld mehr für ihre Arbeit, sie wurden statt dessen mit Brot entlohnt. Noch später wurde das gesamte Werk geschlossen.

Welche Sprache wird in Kasachstan gesprochen?

Früher wurde Russisch gesprochen, sagt Anna. Jetzt wird der Gebrauch der kasachischen Sprache durchgesetzt. Auch viele Kasachen mußten erst Kasachisch lernen.

Die Bürger behalten ihre Nationalität, sind aber jetzt kasachische Staatsbürger. Wir wären nun Deutsche mit kasachischer Staatsangehörigkeit. Früher waren wir Deutsche mit sowjetischer Staatsangehörigkeit. Die Deutschen in Kasachstan müssen nun auch Kasachisch lernen.

Es gibt noch viele Rußlanddeutsche in Kasachstan. Wenn sie nach Deutschland ausreisen wollen, müssen sie jetzt erst eine Sprachtest in Deutsch bestehen. Sprachunterricht ist teuer, das Deutschlernen ist somit ein Problem. Durchfallen ist teuer, sagt Anna. Manche können sich den Unterricht nicht leisten.

Was sagen Sie zu den Studenten, die Terroristen wurden?

Einer, der hier wirklich studiert, wird kein Terrorist, sagt Anna. Das Studium war für diese Studenten nur eine Aufenthaltsmöglichkeit. Atta selbst war wohl ein religiöser Fanatiker.

Die Politiker müßten mehr durchgreifen, aber sie haben immer Angst, die "Menschenrechte" zu verletzen. Ich glaube, viele der Studenten wollen gar nicht studieren, sagt Anna, und müssen auch gar nicht studieren. Als Student kann man scheinbar 50 Jahre lang an der Universität bleiben. Es müßte überprüft werden, ob ein Student Leistungen erbracht hat. In Kasachstan war es Pflicht, daß jeder Student eine Anzahl von Prüfungen pro Semester absolviert. Ich denke, es wäre gut, die Studenten in regelmäßigen Anständen zu überprüfen und zu einem Gespräch mit dem Studienberater einzuladen. Auch sollte eine zeitliche Begrenzung für das gesamte Studium vorgegeben werden.

Während meines Studiums habe ich auch nebenbei gearbeitet. In den Ferien war ich bei einer Zeitfirma angestellt und habe zum Beispiel bei einem Pizzaservice gearbeitet. Das Geld habe ich für das Studium gespart. Während des Semesters war ich als Tutor an der Hochschule angestellt.

Sie haben begonnen, in Kasachstan zu studieren. Wie waren die Bedingungen dort?

Meine Eltern wohnten 100 km von meinem Studienort entfernt. An jedem Wochenende fuhr ich nach Hause und bekam Taschengeld und nahm das Essen für die nächste Woche mit. Ich bekam etwas Stipendium, die Miete im Wohnheim war billig. Eine Zugfahrkarte zu kaufen, war nicht nötig, da der Schaffner mich für den Betrag von umgerechnet einer DM ohne Fahrkarte reisen ließ. Das Geld steckten sich der Zugbegleiter und er in die eigene Tasche.

Was sagen Sie zu unseren Schulen?

In Kasachstan wurden wir zum Lernen gezwungen. Das war auch gut so. Schon im Kindergarten gab es Unterricht für Kinder ab drei Jahren. Jeden Tag haben wir etwas gelernt. Meine Schwester arbeitet in einem deutschen Kindergarten in Bremen. Daher weiß ich, daß die Kinder hier im Kindergarten meistens nur spielen. Es gibt sogar einen Raum im Kindergarten, der nur für die Kinder reserviert ist und den die Erwachsenen nicht betreten dürfen. Dort prügeln sich dann die Kinder, sagt meine Schwester.

In der deutschen Schule wird Lernen zu wenig gefordert. Wenn ein Kind nichts lernen möchte, lernt es nichts. Später kann das Kind aber auch nichts. Viele Anfänger haben deshalb beim Studium große Probleme, weil ihnen die Grundkenntnisse fehlen. Für die Studienaufnahme müßten Eignungsprüfungen durchgeführt werden.

Was ist das Wichtigste für Sie in Deutschland? Die Rechtssicherheit, antwortet Anna.

Bei dem Gespräch mit Anna erinnerte ich mich daran, daß auch der ehemalige Student Samir einmal ähnliche Kritik an der deutschen Jugend anmeldet hatte. Unsere Zukunft läge in einer Hand, die eine zweifelhafte Spaßgesellschaft bevorzuge und für die ernsthaftes Arbeiten kein Begriff sei.

Diese Bemerkungen junger Ausländer über ihre deutschen Altersgenossen sollten uns zumindest zu denken geben. Und mir fällt ein: Als ich einmal Studenten der Softwaretechnik, die bei mir "Analysis" hörten, im Wintersemester 2002 fragte, warum sie so schlechte Vorkenntnisse hätten, antworteten sie frei, sie hätten in der Schule nie etwas auswendig lernen müssen und deshalb wüßten sie auch nichts.

Ob das die richtige Erklärung und Auswendiglernen eine sinnvolle Lösung ist, sei einmal dahingestellt, sicher ist: Kopfrechnen ist unbekannt. Die Studenten sind auf den Taschenrechner fixiert. Um 0,25 mal 16 auszurechnen, zücken sie den Taschenrechner. Cosinus von 0 wird eingetippt. Ohne Taschenrechner geht überhaupt nichts. Wurzel-, Logarithmen-, Exponentialrechnung, einfachste geometrische Grundkenntnisse sind oft nur spärlich vorhanden. Manchmal glaubte ich, daß mich einige Studenten auch rein sprachlich nicht verstanden. Geometrische Begriffe erwiesen sich öfter als Fremdworte.

Selbstverständlich betrifft das nicht alle Studenten, aber viele. Für diese Studenten wäre das Studium leichter, wenn sie bessere Vorraussetzungen hätten. Für die Professoren wäre das Lehren auch einfacher, wenn sie bessere Grundkenntnisse voraussetzen könnten. Das würde Zeit sparen und die Anzahl der Wiederholer senken. Ich bedaure es, daß die meisten Studenten einen so schwierigen Studienstart haben.

Ein Professor der medizinischen Fakultät der Uni Hamburg erzählte, die Studenten erwarteten von ihm eine Vorlesungsshow. Aufmerksamkeit zu erringen, sei nicht einfach. Aber nur wer Aufmerksamkeit erringe, könne erfolgreich lehren. Um die Eingangsquote der Studenten in einigen schwach besuchten Studiengängen zu halten, werden offensichtlich auch ungeeignete Bewerber angenommen.

Annas Großmutter aus Kasachstan

Ich war sehr interessiert daran, etwas vom Leben der Rußlanddeutschen in der Sowjetunion zu erfahren. Anna war als eines der ersten

Mitglieder ihrer Familie aus Kasachstan ausgereist. Sie konnte sich nur an die jüngste Vergangenheit erinnern, eine fast völlig vom sowjetischen Alltag geprägte. Nur ihre Großmutter, die seit zwei Jahren ebenfalls in Deutschland wohnt, wüßte noch über die früheren Zeiten Bescheid, sagt sie. Einmal lernte ich sie bei ihr kennen.

Dabei erzählte sie mir die Geschichte ihrer Familie: Ihre Vorfahren seien vor etwa 250 Jahren nach Rußland ausgewandert, Katharina II. habe sie ins Land gerufen.

Tatsächlich waren schon seit Peter dem Großen europäische und speziell auch deutsche Fachleute gesucht. Viele von ihnen blieben in Rußland und bildeten die Anfänge des Stadtdeutschtums. 1762 erließ Katharina II eine Einladungsmanifest, in dem sie ihren deutschen Landsleuten und auch anderen ausländischen Kolonisten eine Reihe von Privilegien bei der Umsiedlung versprach. Ihr Aufruf fand vor allem in den hessischen Territorien Gehör, die durch den Siebenjährigen Krieg besonders in Mitleidenschaft gezogen waren. Zwischen 1764 und 1767 wanderten etwa 25.000 Deutsche nach Rußland aus. Ab 1785 trafen auch die ersten deutschen Kolonisten aus Danzig und dem Danziger Werder ein.

Ein Teil der Auswanderer siedelte sich in der Nähe von St. Petersburg an, ein anderer im Schwarzmeergebiet. Die meisten aber kolonisierten die Wolgasteppen in der Nähe der Stadt Saratow. Sie entwickelten eine blühende Region. Die Gesamtzahl der deutschen Siedler in Rußland betrug in der ersten Hälfte des 19. Jahrhunderts etwa 55.000.

(*Quelle: Informationen zur politischen Bildung, Nr. 267, 2000: "Aussiedler"; dort wird über die Auswanderung der Deutschen nach Rußland, die Entwicklung in der Sowjetunion sowie ihre spätere Zuwanderung und Integration in die Bundesrepublik berichtet.*)

Annas Großmutter sprach ausgezeichnet Deutsch, wenn auch etwas seltsam. "Henze" anstelle von "haben" zum Beispiel. Sie bezeichnete ihre Sprache als "Platt". Sie sprach also fließend Platt mit ungewöhnlichen alten Vokabeln. Ihre zwei ältesten Söhne sprächen auch Platt. Für die jüngeren Kinder war es schon zu gefährlich gewesen, Deutsch zu sprechen. Auch zu Hause wurde Russisch gesprochen. Das war zu fortgeschrittener Stalinzeit nach ihrer Deportation nach Sibirien.

Ihre Familie lebte bis 1941 in der Ukraine. Nimmt man an, Annas Großmutter spricht wirklich Platt, könnten ihre Vorfahren aus dem Umkreis von Danzig kommen. Aber auch Vorfahren in Mecklenburg und Pommern könnten ein Platt erklären, wenn man die Aussiedlerbewegung nach der Ukraine verfolgt.

Der Vater von Annas Großmutter wurde 1939 zur sogenannten Trudarmee, der Arbeitsarmee, eingezogen. Die Trupps der Rußlanddeutschen reparierten und bauten Straßen, Kanäle, Industrieanlagen, arbeiteten im Bergbau und in Rüstungsbetrieben. Die Trudarmee wurde zur Hilfsarmee der regulären Truppen unter Stalin. Die Arbeit war unvorstellbar schwer. Die Menschen starben an Unterernährung und Überlastung. Im Winter wurden die Leichen an den Einsatzorten der Trudarmee gestapelt, weil man den russischen Frostboden nicht aufhacken konnte. Als ihr Vater nur noch Haut und Knochen war und einer der bewachenden Kommunisten feststellte, er hätte nicht mehr lange zu leben, wurde er nach Hause geschickt. Man habe wohl keine Lust mehr auf Leichen gehabt, sagte sie.

Als er nach Hause kam, konnte er die Sonnenblumenkerne (die von Russen gern gekaut werden, weil sie sehr nahrhaft sind) schon nicht mehr in seinen Händen halten, sie rieselten hindurch. Seine Hände waren nur noch Knochengerippe, berichtet die Großmutter mit Wehmut. Der Vater lebte nicht mehr lange, die Kinder blieben ohne ihn zurück. 1941, nachdem Hitler in die Sowjetunion einmarschiert war, wurden sie nach Sibirien, in den Rayon Nowosibirsk, deportiert.

Die Familie ihres späteren Mannes, den sie in der Verbannung in Sibirien kennenlernte, kam von der Wolga. Sein Vater war etwa zur gleichen Zeit wie ihr eigener zur Trudarmee eingezogen worden. Eines Nachts hatte ihn der KGB geholt. Die Angst grassierte, viele Männer verschwanden, und nie mehr hat man von ihnen gehört.

Mit einem Erlaß vom 28.8.1941 wurde die Umsiedelung der Wolgadeutschen beschlossen, die man, wie fast alle der in der Sowjetunion lebenden Deutschen, pauschal der Kollaboration mit Hitler anklagte und zu Feinden erklärte. Kampf- und Sondereinheiten der Armee und des Innenkommissariates wurden in die 1924 gegründete Autonome Sozialistische Republik (ASSR) der Wolgadeutschen geschickt, um die gesamte deutsche Bevölkerung nach Kasachstan und Sibirien umzusiedeln. Im September wurden alle Wohnhäuser, das Vieh und Inventar von den Kommunisten beschlagnahmt. Nur wenige Nahrungsmittel und Kleidungsstücke durften sie mitnehmen. Mit Zügen und auf Schiffen wurden sie gegen Osten abtransportiert.

Insgesamt wurden 400.000 Wolgadeutsche, 80.000 Deutsche aus anderen europäischen Landesteilen und 25.000 aus Georgien und

Aserbaidschan nach Sibirien und Mittelasien deportiert. 50.000 Deutsche aus Leningrad und weiteren kleinen Siedlungsgebieten folgten in den Jahren 1942-1944. Ab Oktober 1941 wurde die gesamte arbeitsfähig männliche Bevölkerung aus den Verbannungsorten zur Trudarmee eingezogen, ab 1942 auch kinderlose Frauen, später auch solche, die keine Säuglinge hatten.

In ihrem Verbannungsort, einem Dorf bei Nowosibirks, wo Annas Großmutter seit 1941 lebte, mußte sie sich anfangs täglich beim Kommandanten melden, später wurden die Zeiträume größer und der Radius auf 6 km im Umkreis des Dorfes ausgedehnt. Hier lernte sie ihren Mann kennen, der dann auch zur Trudarmee eingezogen wurde.

Sie schlug sich durch. 42 Arbeitsjahre konnte sie im Alter von 68 Jahren nachweisen, als sie nach Deutschland kam. Insgesamt hatte sie sechs Kinder, ein Kind starb in Sibirien. Trotz ihrer zahlreichen Kinder mußte sie immer arbeiten. Arbeit war Pflicht. Nur vier Wochen arbeitsfreie Zeit gab es nach der Geburt eines Kindes. Sie arbeitete 15 Jahre lang in einer Schlachterei in Sibirien. Die Kälte, das Stehen in Gummistiefeln, habe ihre Gesundheit untergraben, sagt sie. Später konnte sie als Verkäuferin arbeiten, aber auch das war schwer. Ein Job in der Verwaltung war nur den Russen vorbehalten.

1956 wurde die Kommandantur in ihrem Ort aufgehoben. Ein entsprechendes Dekret war im Dezember 1955 erlassen worden. Die Deutschen durften aus Sibirien wegziehen, aber nicht in ihre früheren Wohngebiete. Dort waren ihre Häuser schon besetzt. Sie bekamen keine Entschädigungen für ihr Eigentum. Auch das gemeinschaftliche Eigentum an Grund und Boden erhielten sie nicht zurück. In den dreißiger Jahren hatte die Kollektivierung den Deutschen den Grund und Boden wieder gestohlen, den sie bei ihrer Umsiedelung aus Deutschland einst erhalten und seither bearbeitet und vermehrt hatten. 1931 war die ASSR der Wolgadeutschen zu 95 Prozent kollektiviert.

Die Deutschen blieben Vertriebene in Rußland, die nicht in ihre Heimatorte, ihre angestammten Siedlungsgebiete, zurückkehren durften. Oft wurden die Jüngeren für Nachfahren von deutschen Kriegsgefangenen gehalten. Die Bevölkerung hielt sie für Kollaborateure und machte sie für den Zweiten Weltkrieg verantwortlich. Das Schimpfwort "Faschist" galt lange Zeit als Synonym für "Deutscher".

Viele Deutsche suchten nun Arbeit in den Kohlegruben oder in der Industrie. Der soziale Status der Deutschen, die früher in ersten Linie Bauern gewesen waren, veränderte sich. Annas Großmutter hatte

Verwandte in Orenburg. Sie zog deshalb mit ihrer Familie in deren Nähe nach Kasachstan, was erlaubt wurde. Ihr Mann starb kurz nach der Übersiedelung. Vorher fuhr er noch einmal in seine Heimat an die Wolga. Er suchte sein Haus auf, das er selbst erbaut hatte. Die Bewohner waren ärgerlich und erklärten ihm, das Haus gehöre jetzt ihnen, er sei fehl am Platze und solle verschwinden. Weil der Mann aber so traurig vor seinem Haus stehen blieb, luden ihn die neuen Besitzer schließlich doch in das Haus ein und bewirteten ihn. Von jedem Baum pflückten sie etwas Obst und schenkten es ihm, gaben es ihm mit auf die Reise zurück nach Kasachstan. Der Mann hatte jeden Baum selbst gepflanzt und diese Bäume so sehr geliebt. In Sibirien und Kasachstan sah es mit dem Obstanbau schlecht aus. Dort konnte er nur von seinen Obstbäumen an der Wolga träumen. Ohne Groll fuhr er wieder nach Kasachstan zurück. Kurz danach starb er.

Annas Großmutter blieb mit ihren fünf Kindern allein zurück. Die Kinder wuchsen auf, sie arbeitete. Schließlich fand sie eine Anstellung in einer Versicherung. Mit den vier Schulklassen, die sie nur besucht hatte, war das anfangs schwer, denn bei einer Versicherung muß man lesen und schreiben können. Aber Annas Großmutter war klug, ihr fehlte es nicht an Intelligenz, nur an Bildung, sie arbeitete sich ein. Dabei dachte sie immer an ihre Rente, sagte sie. In Kasachstan hätte sie nun - umgerechnet - etwa 30 Euro Rente bekommen. Noch heute würden die Leute dort Gemüse, Kartoffeln, Möhren und Kraut im Garten selbst anbauen. Tomaten würden sorgsam für den Winter konserviert. Die Ernährung war und ist ein großes Problem für die Menschen in Kasachstan. Zur Zeit bekämen die Leute meist nur "Produkti", aber kein Geld als Bezahlung auf ihrer Arbeitsstelle. Den Strom könnten sie nicht mehr bezahlen. Er würde dann abgestellt. Sowieso werde Strom vom Elektrizitätswerk nur stundenweise geliefert. Als ihre in Deutschland lebenden Verwandten einen Besuch in Kasachstan machten und alle alten Freunde in ein Restaurant einluden, hätte es nur ein Thema gegeben: Essen. So seien die Beziehungen zu früheren Freunden gelockert. Ein hungriger Magen philosophiert nicht, erklärte mir die Großmutter. Sie weiß das aus eigener Erfahrung.

Sie ist froh, den Übersiedelungsantrag nach Deutschland gestellt zu haben. Ihre Enkelin Anna (sie sagt immer "mein Engel" zu ihr) ging zuerst nach Deutschland, danach folgte fast die gesamte Familie. Drei ihrer Kinder leben weiterhin mit ihren Familien auf dem Gebiet der ehemaligen Sowjetunion, zwei Söhne blieben in Kasachstan, ihre einzige Tochter lebt in Rostow am Don (in Rußland gelegen).

Annas Großmutter wohnt seit zwei Jahren in Bremen, in einer Region, in der in der Schule 60% der Kinder sogenannte Ausländerkinder sind. Sie habe sich immer gewünscht, am Wasser zu wohnen, aber nie geglaubt, ihren Traum erfüllt zu bekommen. Im Alter von 70 Jahren fuhr sie zum ersten Mal mit einem Schiff von Bremerhaven auf eine benachbarte Insel. Die Fahrt war ein Überraschungsgeschenk der Kirchengemeinde in Bremen, in der die Großmutter und andere Aussiedler kostenlos beim Umbau der Kirche putzten. Dieser Gemeinde ist die sie sehr dankbar. Für sie ist es wichtig, wieder ein Gotteshaus gefunden zu haben, gab Gott ihr doch oft im Leben den einzigen Trost.

Annas Großmutter bekommt eine Rente nach zweijähriger Berechnungszeit, in der sie Sozialhilfe erhielt. Die Rente ist aber nur wenig höher als die Sozialhilfe, was für sie von Nachteil ist, da sie nun nicht mehr in den Genuß weiterer Hilfen kommt, die einem Sozialhilfeempfänger zustehen. Trotzdem ist sie zufrieden. Sie wohnt vorübergehend in einer Notwohnung, in zwei kleinen Räumen. 200 Euro bleiben ihr von der Rente zum Leben, wenn sie alle anderen Kosten abgezogen hat. Diese 200 Euro teilt sie mit ihren zwei Kindern, die noch in Kasachstan leben. Ihre Tochter in Rostow kommt besser zurecht.

Von den zwei Söhnen, die in Deutschland - auch in Bremen - leben, wird einer zum Kraftfahrer umgeschult. Alle Familienmitglieder unterstützen sich gegenseitig. Annas Großmutter ist mit ihren knapp 71 Jahren sehr gesprächig (in Platt), sie ist eine lebendige, ja sogar schöne Frau mit ihren weißen Locken, die sie mit einem Kamm am Hinterkopf zusammengesteckt hat.

Sie habe Wasser in den Beinen, sagt sie, sie ruhe sich nicht so viel aus, wie ihr der Arzt empfehle. Sie läuft von ihrer Notwohnung zur Kirche, die nun ihren Lebensmittelpunkt bildet, putzt und hilft, wo sie kann. In einem Bastelkreis für Aussiedler und ausländische Mitbürger macht sie auch neue Bekanntschaften. Dort bildet sie sich weiter, hört Vorträge über Recht, Verwaltung und über die Gepflogenheiten ihres neuen Heimatlandes.

Mir hat Annas Großmutter sehr gefallen. Ist sie nicht eine bemerkenswerte Frau?

Die Welt der Rußlanddeutschen

sieht positiv aus, das heißt die Rußlanddeutschen sehen die deutsche Welt positiv. Viele erinnern sich auch ungern an das Land, das sie Heimat nennen. Sie wollen nicht zurückkehren.

Anna und ihr Mann gehören zu den Rußlanddeutschen, die überperfekt sein wollen. Sie haben ihre Vorstellungen von den "Deutschen" aus Kasachstan mitgebracht. Sie versuchen, diesen Vorbildern nachzueifern. Sie wollen aber auch den Lebensstandard haben, den die Deutschen selbst seit Jahrzehnten anstreben.

Durch Fleiß und Anspruchslosigkeit sind die Rußlanddeutschen im allgemeinen nicht arbeitslos. Die meisten finden einen Job, irgendeinen. Sie sind bescheiden, arbeitswillig und scheuen nicht vor Schwierigkeiten zurück, wenn es um Arbeit geht. Ihr Einsatzwille beim Aufbau ihres neuen Lebens in Deutschland ist bemerkenswert. Viele der Rußlanddeutschen bauen sich Häuser und unterstützen sich dabei gegenseitig.

Kasachstan ist die vergangene Welt von Annas Familie, die Welt, bei der ihnen die Tränen kommen. Sie brauchen, wenn sie nach Kasachstan zurückkehren, erst einige Tage, um sich einzugewöhnen. Der Unterschied zwischen ihrem neuen und alten Leben ist allzu groß.

Kürzlich war Annas Mutter in Kasachstan, um die Wohnung ihrer Mutter zu renovieren. Es fehle den Leuten an Initiative und an Möglichkeiten, sagt sie. Die Löhne seien so niedrig, daß das Geld bestenfalls zum Überleben ausreiche. Ohne Geld sind keine Initiativen möglich, ohne Initiativen ist kein Geld zu beschaffen. Ein Teufelskreis. Den alten "Kadern" geht es am besten. Die Mutlosen versinken im Alkohol (14 Liter Hochprozentiges gilt als Durchschnitt pro Person und Jahr). Wie sollen sie sich aus diesem Tal erheben? Die Rußlanddeutschen, einst nach Rußland verlockt und eingeladen, sind Opfer ihres Gastlandes geworden, persönlich, finanziell und ideologisch.

Die nach Deutschland Zurückgekommenen versuchen, sich hier zu integrieren, leben aber trotzdem hauptsächlich in ihrer rußlanddeutschen Gruppe. Die Rußlanddeutschen der ersten Generation haben Sprachprobleme. Die Jüngeren sprechen dagegen oftmals nicht einmal mehr aktiv Russisch. Der Integrationsprozeß braucht Zeit.

Annas Rezept für Pelmeni

Anna bereitete immer köstliche Pelmeni zu, wenn ich sie besuchte, sozusagen als Erinnerung an ihre Heimat und aus Gewohnheit. Besonders lecker ist die Füllung, die aus Hackfleisch besteht, aber auch die Kraut- und Kartoffelfüllung für "vegetarische Pelmeni" schmecken hervorragend.

Zutaten für den Teig (Nudelteig): Etwas Mehl zum Bestäuben, Salz, 500 g Weizenmehl, 3 Eier, 250 ml Wasser.

In die Mitte des Mehls eine Vertiefung drücken, dahinein die Eier, das Wasser und etwas Salz geben. Vom Rand her Mehl unter die die Eier-Wasser-Mischung rühren. Den Teig auf eine bemehlte Arbeitsfläche legen und mit der Hand 5 bis 10 Minuten zu einem glatten Teig kneten. Dann soll der Teig 20 bis 25 Minuten ruhen.

Zutaten für die Füllung: 750 g Hackfleisch gemischt, Salz Pfeffer, eine große Zwiebel. Die Füllung kann auch aus kleingeschnittenem Weißkraut mit Zwiebeln oder gewürztem Kartoffelbrei bestehen.

Form: Den Teig flach ausrollen und mit einem Becher runde Formen ausstechen. Die Füllung in die Mitte legen und die Ränder zusammendrücken, so daß eine Halbmondform entsteht, danach die Enden zusammendrücken.

Zubereitung: Die Pelmeni in kochendes Salzwasser geben und 8 bis 10 Minuten ziehen lassen. Die Pelmeni danach sofort aus dem Wasser nehmen und mit Butter servieren.

Lilia und Gregor - russische Juden aus Kiew

Von den Studenten und Studentinnen, die in meiner Vorlesung russisch sprachen, lud ich eines Tages **Lilia** zu mir ein, in dem Wunsch, mehr über das Leben der Rußlanddeutschen zu hören. Sie brachte ihren Kommilitonen **Gregor** mit, der ebenfalls meine Vorlesungen besucht hatte. Es stellte sich aber heraus, daß meine Gäste gar keine Rußlanddeutschen sind, sondern russische Juden aus Kiew, und daß sie - obwohl erst 22 Jahre alt - schon mehrere Jahre verheiratet waren.

In Rußland und auch anderen Ostblockstaaten war es üblich, früh zu heiraten. In Deutschland gibt es ja auch das Sprichwort: "Jung gefreit, hat nie gereut". Vielleicht ist der Grund für das frühe Eheschließen aber auch in der Tatsache zu suchen, daß alle Wohnungen im Ostblock von staatlicher Stelle vergeben wurden, und sich jeder so früh wie möglich für eine Wohnung anmelden wollte. Als Unverheirateter hätte man gar keine Chance gehabt, auf die Liste der Wohnungssuchenden zu geraten. Wirkliche Chancen, eine Wohnung zu bekommen, hatte ein Ehepaar aber erst, wenn es auch Kinder hatte.

Einige erklären das frühe Heiraten auch mit den mißlichen Umständen, die sich aus der herrschenden Moral ergaben. Unverheiratet konnte ein junger Mann nicht mit seiner Freundin zusammenleben, das wurde als unsittlich angesehen. Die Eltern waren meist sehr konservativ und forderten einen Trauschein, ehe sie das junge Paar aufnahmen, was auch allgemein so üblich war. Verheiratet konnte das junge Paar nur bei einem der Elternpaare wohnen oder abwechselnd bei beiden, was zu großen Problemen führte, da die Eltern meist nur kleine Wohnungen hatten und es keinen Platz für ein junges Paar gab. Die Probleme des Zusammenlebens zerstörten auf diese Weise viele junge Ehen in kurzer Zeit. Daß die jungen Paare auch meist schnell junge Eltern wurden, lag an ihrer Unerfahrenheit und daran, daß es in der Sowjetunion keine Verhütungsmittel, keine "Pille" zum Beispiel, zu kaufen gab.

Beim Tee am Samowar erzählten mir die jungen Leute ihre Geschichte: Lilia und Gregor hatten in Kiew nach dem frühen Abitur (nach 10 Klassen, Schulbeginn im Alter von sieben Jahren), mit 17 Jahren also, angefangen zu studieren.

Gregor berichtet, er sei nicht im Komsomol, dem sowjetischen Jugendverband gewesen, was einer "Heldentat" gleichkäme. Der Komsomolverband entsprach der Organisation der FDJ (Freie Deutsche Jugend) in der DDR. Mit 15 Jahren hätte er eintreten müssen. Gregor aber erklärte dem Komsomol, als er eintreten sollte, er fühle sich noch nicht reif, nicht gut genug für den Komsomol. Die Komsomolleitung gestattete Gregor, sich erst einmal zu bewähren, damit er später ein umso wertvolleres Mitglied des Komsomol werden könne. 1992 aber kam der Umsturz, viele Staaten, darunter auch die Ukraine, sagten sich von Rußland los. Gregors "Heldentat" zahlte sich aus, er hatte gute Karten in dem unabhängigen Staat, in dem er nun lebte, weil er nicht in den sowjetischen Komsomol eingetreten war.

Makaber ist die Geschichte, die Gregor von seiner Großmutter erzählt. Sie wurde nach dem Krieg beauftragt, alle Juden von Kiew auf eine Liste zu schreiben. Die Deportation der Juden in die Jüdische Autonome Republik nach Sibirien sollte vorbereitet werden. Die Großmutter, selbst Jüdin, stellte also die Liste auf und setzte am

Schluß ihren eigenen Namen auf die Liste. Nur der Tod Stalins verhinderte die Deporation.

Mit 19 Jahren heirateten Gregor und Lilia. Abwechselnd wohnten sie bei den Eltern oder Schwiegereltern. Sie sahen einer ungewissen Zukunft entgegen, denn auch nach dem Studium winkte ihnen keine Wohnung. Zum Kaufen hätten sie kein Geld gehabt. Mieten war zwar seit dem Beginn der neuen Zeiten (politischen Wende) möglich geworden, aber nicht mehr bezahlbar. Trennen oder Weggehen, so stand die Frage 1994. Auch wirtschaftliche Probleme müssen erwähnt werden. Gregor scherzte manchmal, Lilia könne so gut kochen, weil sie in Kiew gelernt habe, aus nichts etwas zu machen.

Gregor erzählte noch eine der lustig-makaberen Geschichten, wie sie vom Sozialismus geschrieben wurden. Sie handelt von einem seiner Klassenkameraden und von **Tula, dem Paradies.**

Zu Zeiten des Sozialismus durfte niemand wissen, daß man (falls vorhanden) Verwandte in westlichen Ländern hatte. Diese Verwandten waren besondern beliebt, mußten aber verschwiegen werden. Die Familie des Klassenkameraden hatte Verwandte in Amerika, die auch regelmäßig Pakete schickten. Nur sollte das niemand wissen, am besten auch nicht ihr Sohn, denn er könnte es in der Schule erzählen. So sagten die Eltern, wenn wieder ein Paket aus Amerika angekommen war, sie hätten ein Paket aus Tula (Rußland) erhalten. Im Paket waren Jeans und Schokolade und viele andere wunderbare Sachen, die es in der Ukraine nicht zu kaufen gab. Tula muß das Paradies sein, dachte der Junge. Er wolle nach Tula fahren, sagte er eines Tages. Seine Eltern gaben sich alle Mühe, ihn davon abzuhalten.

Gregor und Lilia haben den Gau von Tschernobyl aus nächster Nähe miterlebt, Kiew liegt nicht sehr weit entfernt von dem verunglückten Atomreaktor. Als die ersten ihrer Freunde starben, hätten sie angefangen, ans Auswandern zu denken. Sie wollten sich nicht weiterhin der Strahlung im verseuchten Gebiet aussetzen. Außerdem war Lilia schwanger. Sie hatten nichts zu verlieren.

Gregor erinnert sich an das Unglück, das einen seiner Freunde in Kiew traf. Dieser war mit seiner Freundin auf der Straße spazieren gegangen und mit Jugendlichen in einen Streit geraten, vielleicht wegen seiner Freundin, vielleicht aus anderen Gründen, auf alle Fälle aus Nichtigkeiten. Der junge Mann wird von den Jugendlichen erschlagen, solange wird auf seinen Kopf getreten, bis er tot ist. Niemand schreitet ein, niemand ruft die Polizei. Die Polizei wird erst später gerufen, sie sagt, sie könne nichts machen.

Das Leben eines Menschen ist nichts wert in Rußland, in der Ukraine, sagt Gregor. Auch deshalb wollte er seine Heimat verlassen und beantragte die **Übersiedlung** nach Deutschland.

Ihnen war bekannt, daß Deutschland den russischen Juden ein gewisses Einwandererkontingent zur Verfügung stellt, vermutlich als Teil der Wiedergutmachung. Lilia und Gregor beratschlagten. Sie sprachen weder Deutsch noch Englisch, aber sie waren jung und konnten lernen. Zwar wollten sie sich nicht gern von ihren vielen Freunden und Verwandten trennen, aber auch unter denen grassierte das Ausreisefieber. Lilia und Gregor sahen ihre Lage als aussichtslos an und griffen nach dem Strohhalm, der sich ihnen bot. Sie stellten als erste ihrer Familie Übersiedelungsanträge. Denen wurde auch nach mehr als einem halben Jahr stattgegeben. So begab sich die junge jüdische Familie auf Wanderschaft, wie den Juden schon in der Bibel verheißen war. Sie siedelten nach Hamburg über, wohnten anfangs in einer Sammelunterkunft. Kurze Zeit später wurde ihr Sohn Wolodja geboren. Sie bekamen Sozialhilfe und mieteten eine Wohnung.

Sie lernten Deutsch in der Volkshochschule, anschließend studierte Gregor an der Hochschule in Hamburg weiter. Viele der Grundlagenfächer, wie Mathematik, Physik, wurden ihm anerkannt, da er ja bereits in Kiew einige Semester studiert hatte. Er mußte nicht im ersten Semester anfangen.

Lilia hatte Probleme mit ihrem Kind, das anfangs kränkelte. Auch sie hatte Probleme mit ihrer Gesundheit. Nach einiger Zeit stabilisierte sich die Lage, und Lilia ließ sich ebenfalls an der Hochschule Hamburg immatrikulieren. Sie studierte immer ein Jahr hinter ihrem Mann her, was sich als günstig erwies, konnte Gregor ihr doch helfen, was sie sich allerdings mit fortschreitendem Studium immer mehr verbat.

Lilias und auch Gregors Eltern sind inzwischen nachgereist. Sie bekommen als russische Juden mit unbeschränkter Aufenthaltserlaubnis Sozialhilfe, aber keine Rente. Das Geld reicht nur knapp zum Leben, aber sie sind zufrieden. Um sich noch in das deutsche Arbeitsleben einfädeln zu können, sind sie schon zu alt. Außerdem müssen sie erst einmal Deutsch lernen. Daß sie ihre Kinder materiell nicht unterstützen können, bedauern sie.

Fast alle Freunde und Verwandte seien aus Kiew weggegangen, sagt Gregor, nach Deutschland, Amerika, Israel oder Australien. Seine gesamte Familie, die sehr groß ist, sei ausgewandert, allein sein Großvater mütterlicherseits hatte fünf Geschwister. Nur ein Freund sei noch in Kiew geblieben. Er habe das Diplom an der Universität gemacht und sei Ingenieur. Jetzt arbeite er bei einem Sicherheitsdienst in einem Supermarkt. Wozu hat er studiert?, fragt Gregor.

Juden waren in Rußland und in der Ukraine nicht immer beliebte Bürger. In früheren Zeiten waren sie häufig Pogromen ausgesetzt. Nach den Pogromen von 1881 wanderten viele Juden nach Palästina aus. Zu allen Zeiten waren Diskriminierungen zu verzeichnen. Manche Juden hätten aber vielleicht schon vergessen, daß sie Juden sind, würde nicht die Angabe ihrer Nationalität im Paß stehen: "Jewreij", Jude. In der Sowjetunion wurde "Jude" offensichtlich als Nationalität betrachtet, während "Jude" eigentlich als Anhänger einer Glaubensrichtung definiert ist. Die meisten russischen Juden empfanden keine Zugehörigkeit zur jüdischen Religion. Es gab zu sowjetischen Zeiten keine Synagogen mehr, Synagogen und Kirchen wurden als Lagerhallen verwendet oder abgerissen. Nur alte Leute erinnerten sich an jüdische Glaubensregeln. Auch die jüdischen Bräuche waren verlorengegangen.

Mit Glasnost öffneten sich Türen, und die Juden waren die ersten, die hindurchgingen, sie verließen die Sowjetunion. Ihr Judentum war ja in ihrem Paß dokumentiert.

Amerika, Deutschland, Australien betrachteten die Juden damals als sicheren Hafen. Juden, die nach Deutschland auswanderten, begaben sich in ein Land, in dem einerseits die Bürger Lichterketten für Ausländer bildeten und es andererseits - allerdings nur in Ausnahmefällen - zu Übergriffen auf Ausländer kam. Trotzdem bin ich sicher, daß Gregor und seine Familie mit Hamburg einen guten Griff getan oder Glück gehabt haben und daß sie in dieser Stadt auch weiterhin problemlos werden leben können.

Interview mit Gregor (25. Januar 2003)

Woher stammt Ihre Familie?
Meine Familie stammt aus Odessa, wo viele Juden wohnten. Meine Vorfahren hatten dort eine Zuckerfabrik. Sie übersiedelten nach Kiew, als mein Großvater stellvertretender Minister für Wirtschaft in der Ukraine wurde. Im Zweiten Weltkrieg ist mein Großvater als Mitglied der 6. sowjetischen Armee 1941 im Kessel bei Kiew gefallen.

Nach dem Krieg bekam meine Großmutter eine Anstellung im Ministerium für Kultur in Kiew. 1951 wurde sie beauftragt, eine Liste aller in der Ukraine lebenden Juden zu erstellen. Diese Juden sollten in die Jüdische Autonome Republik nach Sibirien gebracht werden. Der gesamte Ablauf der Aktion war geplant. Zunächst sollte den jüdischen Arbeitern und Angestellten gekündigt werden, danach waren Züge für den Abtransport organisiert worden. Nur der Tod Stalins verhinderte diese Aussiedelung aus der Ukraine. Stalin starb, ohne den Übersiedelungsbefehl unterschrieben zu haben. Die Aktion unterblieb.

Wie sah Ihr Leben in Kiew aus?

Unser Leben in Kiew bestand aus dem täglichen Versuch, irgendwie zu überleben. Mein spezielles Problem, schon als Schulkind, bestand darin, mich vor Überfällen zu schützen. Ich wurde oft zusammengeschlagen, in der Schule, im Pionierlager.

Weshalb wurden Sie geschlagen?

Die Ukrainer sind ein religiöses Volk. Die Ukrainer sagten, die Juden, das seien die, die Jesus verraten hätten.

Sind Sie auch religiös?

Nur bedingt. Ich glaube an Gott, aber das ist kein spezieller Gott der Juden. Im Paß war mir jedoch die jüdische Nationalität bescheinigt worden.

Haben Sie in Kiew erzählt, daß Sie Jude sind?

Ich habe nicht über meine "Nationalität" gesprochen, aber überall mußte ich meinen Paß vorlegen: in der Bibliothek, in der Schule, im Pionierlager, überall wurde notiert, daß ich die Staatsbürgerschaft der Sowjetunion besitze und nach Nationalität Jude bin.

Wie kam es zu Schlägereien?

Zu Zusammenstößen mit Juden kam es zum Beispiel nach vorlorengegangenen Fußballspielen der Kiewer Mannschaft. Das Stadion von Kiew, in dem diese Fußballspiele stattfanden, liegt in der Nähe der Kiewer Synagoge. Nach dem Spiel zogen die Zuschauer an der Synagoge vorbei und schlugen die betenden Juden zusammen.

Als Mundpropaganda-Losung war in der Sowjetunion folgende im Umlauf: "Schlagen Sie die Juden, retten Sie Rußland."

Ich erinnere mich an einen paradoxen Vorfall in der Breschnew-Zeit: Eine Lehrerin fuhr in einer sowjetischen Straßenbahn und las ein Buch von André Gide. Im Russischen wird Gide *Schid* (Shit) geschrieben, so wurden aber die Juden in Rußland genannt. Weil die

Mitfahrer dachten, die Leserin sei "Jüdin", wurde sie geschlagen. Man erklärte ihr, es sei Juden verboten, mit der Straßenbahn zu fahren.
Wo möchten Sie leben?
Ich möchte dort leben, wo die Meinungs- und die Glaubensfreiheit gewährleistet sind. Deutschland ist ein demokratisches Land. Ich konnte hier sehen und verstehen, was Demokratie ist. In Afghanistan möchte ich zum Beispiel schon deshalb nicht leben, weil Männer und Frauen nicht gleich behandelt werden. In Rußland wurden viele Afghaninnen ausgebildet, aber sie durften anschließend in ihrem Heimatland nicht arbeiten.
Was sagen Sie zu den in Deutschland lebenden Ausländern?
Meiner Ansicht nach besteht ein großer Unterschied zwischen Menschen, die in Europa erzogen worden sind, und Menschen, die in islamischen Ländern erzogen worden sind.

Alle Menschen sollen gleich behandelt werden, egal welchen Glaubens, welcher Hautfarbe, welcher Herkunft sie sind. Wenn das die Ausländer, die hier leben, nicht akzeptieren, sollen sie in ein anderes Land übersiedeln. Alle demokratischen Regeln, alle Regeln der europäischen Union müssen von den hier lebenden Ausländern ebenso wie von den Deutschen natürlich eingehalten werden. Innerhalb der Regeln sind sie frei. Deshalb finde ich die Idee einer "Leitkultur" auch gar nicht schlecht, wenn auch das Wort sehr unglücklich gewählt ist.
Sind Sie zufrieden mit ihrem Leben in Deutschland?
Ich bin relativ zufrieden. In der Ukraine habe ich keine Perspektive für mich und meine Familie gesehen. Meine Frau wohnte in einer Dreizimmerwohnung bei ihrer Familie. Das sah so aus: In einem Zimmer wohnte sie mit ihren Eltern und ihrer Schwester, im zweiten Zimmer wohnte ihr Onkel mit seiner Familie und im kleinsten Zimmer in der Mitte wohnten die Großeltern. Das ging so fünfzehn Jahre lang. Materiellen Wohlstand haben wir in der Ukraine nicht verloren.
Wie war ihr Übergang?
Wir wurden zunächst in einem Flüchtlingslager in Neumünster einquartiert. Das Gebäude, in dem wir wohnten, war eine amerikanische Kaserne, das Gelände ein geschlossenes Gebiet. Ich erinnere mich noch, welche Bedeutung eine D-Mark damals für uns hatte. Wir bekamen 10 DM Taschengeld. Weil das Essen für meine Frau zu fetthaltig war (sie war schwanger und vertrug dieses Essen nicht), gab sie ihr Taschengeld für andere Nahrungsmittel aus. Einmal kaufte sie ein Huhn und kochte es in der riesigen Lagerküche ganz allein. Einmal

hat sie Eiscreme für 2 DM gekauft. Das haben meine Eltern nicht verstanden. Deshalb ist es uns heute noch in Erinnerung. 2 DM für Eis! Das war für meine Eltern damals unvorstellbar. Nach drei Wochen in Neumünster kamen wir in ein Flüchtlingslager nach Pinneberg.

Meine Frau und ich besuchten Deutschlehrgänge, später studierten wir. Wir haben beide ein Diplom an der Hochschule in Hamburg, jetzt HAW, erworben. Unser Leben verläuft in ganz geordneten Bahnen.

Die schönsten Sozialwohnungen Europas

In Neu-Allermöhe-West wird viel Russisch gesprochen. Der neue Stadtteil Hamburgs ist das größte Wohnneubaugebiet von Europa. Alle Häuser stehen auf Pfählen, denn das Gebiet in der Elbniederung ist sumpfig und mußte mit Hilfe vieler Fleete entwässert werden. Früher war dieses Gebiet ein Paradies für Enten und Sumpfvögel. Neben Genossenschafts- und Eigentumswohnungen entstanden hier die schönsten Sozialwohnungen Europas, das sagte jedenfalls einmal der ehemalige Hamburger Bürgermeister Voscherau. Jetzt wohnen hier viele Menschen, insbesondere viele Rußlanddeutsche. Es gibt Wohnblöcke, in denen sogar nur Rußlanddeutsche wohnen. Neu-Allermöhe-West ist ihre neue Heimat.

Im Gegensatz zu Zeitungsmeldungen sind die Rußlanddeutschen meist ruhige Leute, eher ängstlich. Sie sprechen untereinander nur russisch, viele von ihnen können vermutlich gar nicht Deutsch. Auch die Kinder, die hier zur Schule gehen, sprechen zu Hause russisch. Die deutsche Sprache werden die älteren Leute so wohl nie richtig lernen.

Ich beobachtete, wie sich rußlanddeutsche Großmütter versehentlich auf die Privatbank des Hauses (mit Eigentumswohnungen) setzten, der ihrem Block gegenüberliegt und vor dem ein Schild "Privat" steht. Größere Verbrechen konnte ich nicht beobachten. Manchmal werden flüchtige Täter allerdings per Handzettel von der Polizei gesucht, diese sind aber vermutlich keine Rußlanddeutschen.

In der Dämmerung sitzen die Rußlanddeutschen auf den Balkons und denken an ihre alte Heimat. An Sommerabenden erklingen sehnsüchtige Melodien von den Balkons, auf denen einsame "Deutsche" aus Kasachstan sitzen. Mancher dreht seine Lieblingsmelodie zu laut (für die Nachbarn) auf, um sie besser verinnerlichen zu können. Ob Neuallermöhe-West ein Ersatz für ihre alte Heimat ist, für das Dorf inmitten der Birkenwälder, aus dem sie gekommen sind? Ist die Neubauwohnung mit Zentralheizung ein kompletter Ersatz für das Holzhaus, aus der die alte Frau von gegenüber stammt?

Ich sehe einen alten Mann auf seinem Balkon sitzen, er raucht dort regelmäßig seine Pfeife. Im Zimmer läuft unterdessen der Fernsehapparat weiter, auch nachts. Ob er gar nicht schläft? Am Fernseher schläft? Oder nicht zur Ruhe kommt?

Von manchen Balkons hängen bunte Plastikblumen herab, sie schaukeln im Wind, im Sommer und im Winter. Vorbeigehende Jugendliche bezeichnen sie als geschmacklos. In dem Haus mit den Eigentumswohnungen gegenüber stehen echte Bäume auf dem Balkon, es gibt Rosenbüsche und Blumenkästen mit Stiefmütterchen, die später mit Geranien bepflanzt werden. Ist das eine Frage des Geldes oder des Geschmacks oder der Gewohnheit?

Auf der einen Seite spielen die "privaten" Kinder im privaten Garten, auf der anderen Seite sitzen die Ausländerkinder auf den Balkons. Sogar der Kleinste sitzt dort, auf seinem Nachttopf.

Am Freitagabend wird gegrillt. Neben der evangelischen Kirche ist ein kleiner Park entstanden, in dem es auch Grillplätze gibt. Am Freitagabend ziehen die Rußlanddeutschen in großer Gruppe dorthin. Einer spielt Akkordeon. Alte russische Weisen erklingen sehnsuchtsvoll durch das ganze Wohngebiet. Die meisten von ihnen leben auch in Deutschland ihr russisches Leben. Sie haben sogar einen eigenen Laden (Kaluga), und es gibt in jedem Geschäft und auch auf der Sparkasse jemanden, der Russisch spricht.

Die Rußlanddeutschen bringen aber auch gewisse *neue Komponenten* nach Neu-Allermöhe. Sie laufen zu zweit oder zu dritt mit Käschern und Plastikeimern durch das Wohngebiet. Schon früh am Morgen sitzen sie an den Fleeten und angeln. Angler gibt es, aber keine Fische, soweit ich das überblicken kann. Sie sitzen immer an denselben Stellen und warten geduldig. Hier können sie die Eigenschaften trainieren, die nun am meisten von ihnen abverlangt werden und auch schon abverlangt wurden: Geduld und Wartenkönnen. Vermutlich ist es egal, ob sie auf auf ihren Balkons warten oder an einem Fleet warten. Kein Deutscher würde einen Fisch aus dem Fleet essen, wenn es denn welche gäbe. Vielleicht wollen die Rußlanddeutschen auch nur am Fleet warten, besser mit als ohne "Arbeit".

Blitzlicht

Daß sich noch nicht alle Rußlanddeutschen eingewöhnen konnten, zeigt folgende kleine Episode: Ich spaziere mit einem Gast aus Moskau durch Neu-Allermöhe und zeige ihm das Wohngebiet. Es dunkelt schon, trotzdem mache ich ein Foto: den (berühmten) Gast auf einer Bank am See. In 50 Meter Entfernung fährt ein Fahrradfahrer vorbei, als der Blitz des Fotoapparates aufleuchtet. Der Fahrradfahrer ändert die Richtung und kommt auf uns zu. Warum wir ihn fotografiert hätten, fragt er.

Mein Gast sagt, die Helligkeit des Blitzes reiche nur 5 Meter weit, er sei aber 50 Meter weit entfernt gewesen. Außerdem hätte *er* fotografiert werden sollen und nicht jemand auf einem Fahrrad.

Jetzt fällt uns erst auf, daß der Fahrradfahrer russisch spricht. Des Deutschen ist er kaum mächtig. Offensichtlich hat er Angst, er könnte fotografiert worden sein. Wir fragen den Mann, woher er komme.

Er sagt: "Aus Kasachstan". Er ist ein Rußlanddeutscher.

"Aber wovor hast Du Angst", fragt mein Begleiter. "Du hast wohl vergessen, daß Du in Deutschland bist."

Zugegeben, der Mann mit dem Fahrrad ist nicht ganz nüchtern. Das Blitzlicht muß ihn an seine Vergangenheit erinnert haben. Die war wohl schrecklich.

Nach wie vor beharrt er darauf, wir hätten ihn fotografiert.

"Kommst nach Deutschland und hast Angst", sagt mein Begleiter. "Warum bist du nicht in Kasachstan geblieben?"

Zu so detaillierter Auskunft ist der Mann nicht fähig.

Mein Gast beruhigt ihn und sagt, er solle sein Fahrrad lieber schieben. Darauf torkelt er davon. Später sehen wir, daß er es doch geschafft hat aufzusteigen. Einmal in Tritt gekommen, fährt er ganz aufrecht weiter, wohl immer noch überlegend, warum er fotografiert worden sei.

Die meisten Rußlanddeutschen brauchen nichts als Zuhörer, sie haben viel zu berichten von ihren Übergängen und veränderten Lebensumständen, und wie sie es geschafft haben zu überleben und wie sie es geschafft haben, nach Deutschland zu kommen. Mein Begleiter findet Anklang mit seiner stillen Art, und weil er zuhören kann. Einer der zuhört und ihre Sprache versteht, genügt ihnen schon.

In Allermöhe-West gibt es viele schöne Spielplätze und Fahrradwege. Bäume wurden gepflanzt. Das Wohngebiet ist gleichzeitig ein Naherholungsgebiet für die nach frischer Luft und Natur dürstenden Großstädter. Es ist landschaftsgärtnerisch vorbildlich angelegt. Auch zwei natürliche Badeseen gibt es und immer wieder Fleete, Wasser, wohin das Auge reicht.

Manchmal spazieren Entenpaare durch das Wohngebiet auf der Suche nach ihren alten Brutstätten. Sie sind völlig irritiert von den neugebauten Häusern und marschieren schnurstracks in eine Tiefgarage. Enten und Schwäne gibt es in großer Zahl auf den Fleeten. Im Frühjahr veranstalten Enteriche Jagden um ihre Partnerin, es geht dabei auf dem Wasser wild zu. Später bilden die Enten ein friedliches Bild, wenn sie mit ihren Jungen auf den Fleeten spazieren schwimmen, ein Entchen nach dem anderen, voran die Großen. Bleßhühner und Möwen runden das Bild vom naturnahen Gebiet ab. Manchmal fliegen Enten sogar an den Balkons im dritten Stock vorbei. Möwen schwirren um her, Wildgänse ziehen vorbei, auch Kraniche hin und wieder. Auch im Winter ist das Gebiet nicht tot. An kalten Wintermorgen sitzen die Enten in großen Gruppen auf dem Eis, kopflos, die Köpfe fest ins Gefieder gepreßt. Vor allem im Frühjahr und Herbst hat der Wind ein großes Betätigungsfeld in Neu-Allermöhe. Auf weiten Flächen kann er Anlauf nehmen und mit voller Wucht zuschlagen. Was nicht auf den Balkons verankert ist, fliegt davon. Im Sommer bewegen sich die Schaukeln im Wind.

Besonders gut sind die Sonnenuntergänge zu beobachten. Der Himmel über Neu-Allermöhe ist riesig, wie das auf dem flachen Land ist. Über einer weiten Fläche sieht man nur den riesengroßen Himmel. Die Sonne zieht ihre Kreise. Bei ihrem "Untergang" läßt sie den Himmel in allen Farben erstrahlen, vom Lila bis Dunkelrot, abgestuft in allen Spektralfarben, läßt den Himmel in Orange und Rot erglühen, wie es nur die Romantiker erfunden haben können.

Mein Kollege, der in Allermöhe eine Doppelhaushälfte gekauft hat, spricht, obwohl sein Haus an der Autobahn liegt, nur von seinem Fleetblick. Die Autobahn verschwindet hinter einem Damm und wird vernachlässigt, obwohl sie unüberhörbar im Hintergrund lärmt. Für ihn ist sie nichts weiter als eine schnelle Verbindung in die Stadt.

Im Bürgerhaus von Neu-Allermöhe finden viele Veranstaltungen statt, auch Deutschkurse. Es gibt Bürgertreffs, Tanzkurse, Ausstellungen, Konzerte. Zwei kirchliche Einrichtungen wurden gebaut.

Einen Abend mit Klemzmer-Musik, der Musik der Ostjuden, habe ich in Erinnerung. Die Musiker, waren Juden aus Rußland, die nun in Deutschland leben. Sie sangen in Jiddisch, Jiddisch ist die Sprache, in der die Lieder der Ostjuden geschrieben worden sind. Aber die Musiker konnten gar nicht Jiddisch, denn in der Sowjetunion haben sie diese Sprache der Ostjuden nicht gelernt, nicht sprechen dürfen. Nur noch einige Lieder ihrer Großeltern haben sie im Ohr, ohne daß sie je den Text verstanden hätten. Nun ist es für sie an der Zeit, Jiddisch zu lernen, damit sie verstehen, was sie singen.

Es scheint, als könnten die Ausländer die *Vorzüge Deutschlands* besser schätzen als die Deutschen selbst. Wenn ich durch Hamburg gehe, bemerke ich, daß die hier lebenden Ausländer die Möglichkeiten, die die Stadt bietet, besser nutzen. Während viele von ihnen am Sonntag in den schönen Grünlagen von *Planten und Bloomen* herumspazieren und die herrlichen Wasserspiele mit Farbeffekten und Musik bewundern, sitzen die Deutschen wohl in ihrem eigenen Garten, sofern es nicht regnet.

Auf allen öffentlichen Plätzen in Hamburg, an denen die Stadt kostenlose Vergnügen bietet, wird viel in fremden Sprachen gesprochen. So nutzen in Neu-Allermöhe vor allem die ausländischen Mitbürger im Sommer die Möglichkeit, an den nahen *Eichbaumsee* zu fahren, zu grillen, zu baden, sich zu erholen. Sie reisen mit großen Picknickkörben, Grill und vielen Tüten an. Die Familienclans lagern nach Abstammung getrennt im Gras, haben ihr Bier, ihre Würste, marinierte Fleischstücke, Kebab dabei und verbringen den ganzen Tag mit Kind und Kegel am See.

Aus den Massenquartieren ins Massenvergnügen! Das empfinden aber nur die Deutschen so. Die Ausländer freuen sich an den staatlicherseits aufgestellten Grillrosten am See. Kleine Imbißstuben wurden eröffnet, und so entwickelt sich neues Ferienleben. Abfallbehälter und WCs in ausreichender Zahl sorgen für Ordnung.

Als Deutscher fühlt man sich ein bißchen benachteiligt, wenn man am Eichbaumsee entlangspaziert, weil man auch mit der größten Anstrengung nicht so viele Familienmitglieder oder Freunde zusammentrommeln könnte, wie dort pro Familie lagern. Die Deutschen gehen statt dessen einzeln oder zu zweit, manchmal auch in Kleinfamilienstärke, am See spazieren. Es gibt auch einzelne Leute, die an verschwiegenen Plätzen ohne Kleidung herumliegen und -hüpfen, das sind vermutlich keine Ausländer. Mein Fazit: Ausländer leben in

Gruppen, Deutsche leben eher vereinzelt, vielleicht nicht vereinsamt, aber doch in diese Richtung tendierend. Ältere Deutsche sind einsamer als ältere Ausländer, bei denen es noch die Sippe gibt, die früher das soziale Netz bildete.

In Neuallermöhe-West wohnen auch viele ausländische Studenten. Wohnheimplätze sind hier preisgünstig. Mehrere Studenten wohnen in einer Wohnung, *Kommunalnaja Quartiera* heißt das auf russisch, WG auf deutsch. Die deutschen WGs sind aber weitaus komfortabler als die russischen. Jeder Student hat hier selbstverständlich ein eigenes Zimmer. Die Verbindung in die Stadt ist günstig, bis zum Berliner Tor (Hochschule) sind es nur 14 Minuten mit der S-Bahn.

Ein Student besucht mich eines Tages, um mit mir über seine Studienarbeit zu sprechen. Er wohnt nicht weit entfernt, in Wentorf bei Bergedorf. Als er meine Genossenschaftswohnung in Allermöhe betritt, sagt er, hier möchte er nicht leben. Er wohne in einem Zweifamilienhaus und erzählt von sich. Er sei gerade Vater geworden und seine Frau deshalb im Erziehungsurlaub. Zusammen bekämen sie - er, seine Frau und sein Kind - etwa 1500 Euro staatliche Unterstützung im Monat, die sich im einzelnen aus Stipendium, Erziehungsgeld, Kindergeld und Wohngeld zusammensetze. Wenn er mit dem Studium der Elektrotechnik fertig sei, würde es schwierig für ihn werden, eine Anstellung zu finden, bei der er sofort 1500 Euro Netto verdiene.

Eine polnische Studentin berichtet

Ich bin **Danuta** aus Poznan. Ich wohne in Allermöhe. Hier gibt es viele polnische Familien. Wenn ich Videofilme ausleihen möchte, kann ich in meiner Muttersprache sprechen. Einige Polen haben in Allermöhe kleine Geschäfte eröffnet. Ich habe nicht viele Beziehungen zu hier lebenden Polen, sondern vorwiegend deutsche Freunde.

Mein Vater arbeitete zwanzig Jahre als Bauleiter einer polnischen Baufirma in Deutschland. Er half dabei, viele Gebäude, wie zum Beispiel eines der Ministerien in Dresden, zu errichten. Mein Vater blieb in Polen wohnen und fuhr zwischen Polen und Deutschland hin und her. Er wäre vielleicht auch nach Deutschland übergesiedelt, aber meine Mutter wollte in Polen bleiben. Manchmal besuchten meine Mutter und ich ihn. So lernte ich Deutschland kennen.

Weil ich so oft in Deutschland war, besuchte ich in Polen eine Schule mit erweitertem Deutschunterricht. Unsere Schule pflegte einen intensiven Schüleraustausch mit einer deutschen Schule. Mehrere Wochen verbrachte ich deshalb auch als Austauschschülerin in Deutschland. Nach dem Abitur wurde ich Au-pair-Mädchen bei einer Lehrerfamilie in Deutschland, die war sehr kleinlich und achtete strikt auf meine Arbeitszeiten. Ich hatte zwei Kinder zu betreuen, wenn das Ehepaar arbeitete, auch der Haushalt lastete auf mir.

Die Familie hatte ein Haus gekauft, das sie nun abzahlte. Offensichtlich war dafür jeder Pfennig berechnet. So kam es, daß McDonald's-Besuche nicht im Budget enthalten waren und für die Kinder als größter Luxus galten. Das Haushaltsgeld war exakt ausgerechnet. Es war beispielsweise vorgesehen, wie lange ein Liter Saft reichen mußte. An den Nahrungsmitteln wurde extrem gespart. Ich weiß das deshalb so genau, weil ich auch einkaufen mußte. Selbstverständlich mußte ich streng abrechnen. Ich fühlte mich als billige Haushaltshilfe.

Das Leben für mich war nicht einfach, besonders da eines der Kinder behindert war. Ich hatte nur am Sonntag frei, bekam aber die Zeit, meinen Deutschkurs zu besuchen. Ich wollte die Sprachkundigenprüfung ablegen. Während des Jahres als Kindermädchen lernte ich meinen späteren Mann kennen, der damals gerade das Studium in Hamburg abgeschlossen hatte.

Zunächst studierte ich in Poznan, bewarb mich aber später an der Universität Hamburg. Zuerst wurde mein Antrag abgelehnt. Erst als ich das Vordiplom an der Universität in Poznan bereits gemacht hatte, wurde ich als Studentin von der Universität in Hamburg akzeptiert, was den Vorteil hatte, daß ich nicht im ersten Semester beginnen mußte, denn mein Vordiplom wurde anerkannt. Ich zog nach Hamburg. Hier mußte ich zuerst wieder Deutschprüfungen machen und erreichte schließlich einen Abschluß am Goethe-Institut, was nicht leicht war, obwohl ich mich schon lange mit der deutschen Sprache beschäftigt hatte.

Da mein Vater so lange in Deutschland gearbeitet und hier Steuern gezahlt hatte, bekam ich ein Stipendium über zwei Jahre zugebilligt. Das Studium in Deutschland dauerte dreieinhalb Jahre. Zeitweise arbeitete ich an der Hamburger Oper als Servicepersonal, als Platzanweiserin oder in der Garderobe. Die Arbeit war leicht, und ich konnte während der Vorstellungen lernen.

Wenn Sie mich nach den Auswirkungen des Attentats vom 11. September 2001 auf mein Leben als Ausländerin in Hamburg befragen, so kann ich dazu nur sagen, daß ich als junge Polin schon vor dem 11. September kein Visum für die USA bekommen habe, obwohl ich in Deutschland studierte und mit meinem deutschen Freund zusammenlebte, und er mit mir zur amerikanischen Botschaft nach Berlin fuhr. Man sagte, man könne noch nicht erkennen, daß ich in Deutschland fest verankert sei. Es bestünde die Gefahr, daß ich in den USA um Asyl nachsuchen würde, was natürlich vollkommen unbegründet war, denn ich war mitten im Studium und wollte mein Diplom in Hamburg machen. Es gab eine Zeit, da bekamen weder junge Polen noch junge Russen ein amerikanisches Touristenvisum. Nach dem 11. September habe ich es nicht wieder probiert, ein amerikanisches Visum zu beantragen. Mit scheint es auch nicht ratsam, im Moment dorthin zu reisen.

Die bulgarische Studentin Aneta

Die bulgarische Studentin **Aneta** kommt aus Nessebar. Nessebar ist ein berühmter Badeort am Schwarzen Meer, besonders bekannt ist die Altstadt mit ihren typischen Fachwerkhäusern. Im Sommer herrscht in der Stadt ein südliches Flair, und die Sonne scheint nicht unterzugehen. Es ist sehr heiß, überall gedeihen Pfirsiche und Wein.

Trotzdem hat unsere Studentin ihre Heimat verlassen. Die Situation in ihrer Heimat ist schlecht, sagt sie, die Leute leben von ihren Gemüsegärten. Die Arbeitslosigkeit ist hoch, aber auch wer Arbeit hat, kann davon nicht leben. Insbesondere leben die Rentner unter dem Existenzminimum. Viele lassen sich die Heizungen in ihren Plattenbauwohnungen im Winter plombieren, weil sie die Heizung nicht bezahlen können. Entweder heizen oder essen. Die Einwohnerzahl Bulgariens sei in den letzten Jahren gesunken. Viele junge Leute hätten das Land verlassen.

Die Studentin hat einen Deutschen geheiratet, den sie während eines Praktikums in Deutschland kennenlernte, und lebt seitdem in Hamburg. Sie besuchte das Studienkolleg und studiert nun Informatik. Sie hat ein Kind, das in den Kindergarten geht. Trotz familiärer Belastung ist sie sehr einsatzfreudig. Sie gibt sich Mühe, gut Deutsch zu sprechen.

Das Leben in Deutschland gefällt ihr, sie will nicht nach Bulgarien zurückkehren. Sie sieht aber unseren Lebensstandard sinken und die Lebenshaltungskosten steigen. Sie denkt, daß eine der Ursachen dafür in der Europäischen Union zu suchen ist, die immer mehr neue Mitglieder aufnimmt, die Unterstützung brauchen. Um den bulgarischen Lebensstandard anzuheben, müßte der deutsche Lebensstandard beträchtlich sinken, meint sie, und steht dem skeptisch gegenüber.

Die russische Studentin Jelena

Jelena kommt aus Lettland. Das Besondere ist, daß sie, seit Lettland ein unabhängiger Staat geworden ist, die Staatsbürgerschaft ihres Landes verloren hat. Um die lettische Staatsbürgerschaft zu bekommen, hätte sie eine Sprachprüfung machen müssen. Obwohl sie Lettisch sprechen kann, wie sie sagt, lehnte sie diese Prüfung ab. Insbesondere lehnte ihr Vater diese Prüfung als diskriminierend ab, da er zeitlebens in Lettland gewohnt hat. Er wurde in Lettland geboren, als Lettland noch eine Teilrepublik der UdSSR war. Er blieb dort wohnen, als Lettland unabhängig wurde, wurde aber nicht lettischer Staatsbürger. Niemand aus Jelenas Familie wurde das. Jelena bekam einen Alien (Fremden)-Paß, der nun besonders auf der Ausländerbehörde in Deutschland Aufsehen erregt.

Jelena hatte sich schon immer für Deutschland interessiert. Nach dem frühen Abitur bewarb sie sich als Au-pair-Mädchen in Deutschland. In einer Vorlesungspause erzählt sie aus ihrem Leben:

Ich lernte Deutsch und machte eine Sprachprüfung, als ich Au-pair-Mädchen war. Ich erfuhr auch, daß es möglich sei, sich in Deutschland zum Studium zu bewerben. Weil in Deutschland keine Studiengebühren erhoben werden, erschien mir dieser Weg als gangbar. Ich mußte zunächst das Studienkolleg besuchen, was zur Anerkennung meines Abiturs führte. Danach begann ich mit dem Studium an der Hochschule in Hamburg.

Das Studienkolleg ist eine sehr nützliche Einrichtung. Dank des Studienkollegs hatte ich keine Anlaufschwierigkeiten beim Studium, sogar weniger Schwierigkeiten als die deutschen Studenten, die meist in Mathematik und Physik große Probleme haben.

Vor kurzem habe ich in Hamburg geheiratet. Eines Tages werde ich auch die Paßschwierigkeiten überwinden. Lettin will ich nicht mehr werden, sondern Deutsche. Bis dahin bin ich ein "Alien", eine Fremde.

Jean-Claude und die „Küste der guten Menschen"

Einige Studenten der Hochschule kommen aus Afrika. Die Studenten aus Afrika haben meistens keine Probleme mit Mathematik und Physik, sie absolvierten ein klassisches Gymnasium, im allgemeinen nach dem Vorbild der früheren Kolonialmacht. Ein Student aus Kamerun konnte sogleich in dem Semester als Tutor für Mathematik eingesetzt werden, in dem er studierte. Nur mit der Computerpraxis und im Programmierunterricht hapert es meistens.

Anabella von den Kapverdischen Inseln

Anabella studierte Elektrotechnik an der Hochschule. Sie kam von der Republik Kap Verde. Sie zeigte uns viele Fotos von Strand und Palmen. Früher waren diese Inseln nicht besiedelt. Die Besiedelung begann mit ihrer Entdeckung durch die Portugiesen im 15. Jahrhundert. Die Insel Santiago wurde zum Stützpunkt für den Sklavenhandel. Ganz seltsam muteten Anabellas Fotos an, die sowohl schwarze als auch weiße Bewohner zeigten.

Anabella interessierte sich vor allem für Nachrichtentechnik, denn sie wollte nach ihrer Rückkehr in ihrer Heimat im Fernmeldewesen arbeiten. In dieser Branche gebe es genügend Arbeit und zu wenige Fachkräfte.

Niemals würde sie in Deutschland bleiben, sagte Anabella. In Deutschland sei das Wetter zu schlecht und die Leute zu kühl und deprimiert. In Kap Verde dagegen, scheint immer die Sonne. Die Leute sind fröhlich, auch wenn sie wenig Geld haben, sie lachen, sie haben Spaß. Oft sitzen wir am Strand, schauen auf das Wasser, gehen im Meer schwimmen. Am Strand ist die Stimmung am ausgelassensten. Das warme Klima ist wunderbar. Besuchen sie mich einmal, lacht sie zum Abschied.

Der Student aus Äthiopien

Der Student aus Äthiopien hat Probleme mit dem Programmieren. Das liegt auch an seiner Vorbildung. Wir kommen ins Gespräch. Er erzählt mir von seinem Heimatland.

Ewig herrsche Bürgerkrieg in Äthiopien, sagt er. Der Beruf vieler Leute sei der Krieg, die "Arbeit" das Kriegshandwerk.

Äthiopien habe kein gutes Verhältnis zu seinen arabischen Nachbarn. Das Land habe einst in der UN für die Bildung des Staates Israel gestimmt, das hätten ihnen die Araber übel genommen.

Der Streit innerhalb des Landes werde auch von außen geschürt. Die Äthiopier seien vorwiegend Christen, er selbst sei ein koptischer Christ. Die arabischen Nachbarn seien aber Muslime. Auch das führe zu Auseinandersetzungen. Gute Projekte des Landes würden jeweils verhindert, von der einen oder der anderen Seite. Die meisten Hilfsgelder gingen nicht an die Betroffenen.

Ich erinnere mich, eine Spendensammlung von Karl-Heinz Böhm im Fernsehen gesehen zu haben. Er sammelte Geld für Projekte in Äthiopien.

Ja, sagt der Student, der Österreicher sei ein bekannter Mann in seinem Heimatland. Er habe die Hilfsorganisation "Menschen für Menschen" gegründet, Äthiopien habe sein Hilfsangebot akzeptiert. Das Geld verwende er direkt zum Bau von Brunnen und Brücken. Er kümmere sich um Schulen und die Wasserversorgung. Die Fertigstellung der Arbeiten werde überwacht.

Leider nutze Äthiopien seine eigenen Ressourcen nicht, sagt der Student. Dabei habe das Land mehrere Flüsse, ein Arm des Nil entspringe in Äthiopien. Wasser sei das zentrale Problem der Region. Ägypten lebe allein vom Nil. Ungenutzt fließe das Wasser weiter in den Sudan, ohne wenigstens mit dem Wasser Strom erzeugt zu haben. Viele Möglichkeiten blieben unausgeschöpft. Unter den derzeit herrschenden bürgerkriegsähnlichen Zuständen sei es auch kaum möglich, vernünftige Projekte durchzuführen.

Er möchte in sein Land zurückkehren, betrachtet es aber kritisch.

Jean-Claude von der Elfenbeinküste

Jean-Claude ist ein Student der Elektrotechnik an der Hochschule in Hamburg. Er kommt von der Elfenbeinküste und will nach dem Diplom in sein Heimatland zurückkehren. Das Land wurde früher "Küste der guten Menschen" genannt. Die "Côte d'Ivoire" war 120 Jahre lang französische Kolonie. Er stammt aus Abidjan, der größten Stadt und Handelsmetropole der Elfenbeinküste, eine Millionenstadt mit moderner Infrastruktur.

Jean-Claudes Vater besitzt Kaffeeplantagen, sein ältester Bruder ist Kaffee- und Kakaoexporteur und besucht aus diesem Grunde regelmäßig Paris und ab und zu auch Hamburg. Die Kinder wohlhabender Familien werden zum Studium ins Ausland geschickt. So kam es, daß Jean-Claude in Hamburg Elektrotechnik zu studieren begann. Für ihn ist es wichtig, die deutsche Sprache zu erlernen und mit elektronischen Geräten und der Elektrotechnik näher bekannt zu werden.

Für einen Afrikaner ist es nicht leicht, in Deutschland zu studieren. Die Lebensgewohnheiten und Lebensumstände sind in Deutschland sehr verschieden von denen in seinem Heimatland. So vieles ist anders: das Wetter, die Sprache, die Mentalität der Menschen, die Essgewohnheiten (in Afrika ist es üblich, mit den Fingern zu essen). Das Leben findet dort vorwiegend auf der Straße statt, in Deutschland in geschlossenen Räumen und nach Zeitplänen, dabei ist *Zeit* für Afrikaner eher ein dehnbarer Begriff. Ohne Freunde und Familie müssen sich die Studenten behelfen, manchmal wird auch das Geld knapp. Sie versuchen, sich mit einfachen Jobs über Wasser zu halten.

Jean-Claude hat ein "französisches" Abitur gemacht. Französisch ist die Schulsprache an der Elfenbeinküste. Das Abitur war sehr anspruchsvoll, somit hatte er keine Probleme in Mathematik und Physik, nur in Computerwissenschaften und beim Computerpraktikum mußte er sich anstrengen.

Obwohl Jean-Claude Deutschland zu kalt findet, zeigte er immer gute Laune und viel Witz und Humor, sogar im Programmierpraktikum an der Hochschule. In Zukunft wird er sich mit Computern wohl vorwiegend als Importartikel beschäftigen.

Wir - meine Tochter und ich - besuchten die Elfenbeinküste, das Land von Jean-Claude. Die Unterschiede zwischen seinen Lebensumständen in Afrika und hier in Deutschland könnten nicht größer sein.

Reise an die "Küste der guten Menschen"

Jean-Claude hatte uns vorgeschlagen, die Elfenbeinküste zu besuchen. Sein Angebot verlockte mich, zumal ich Afrika noch nicht kannte. Er beteuerte, die Elfenbeinküste sei ein ungefährliches Land, was bis vor kurzem auch stimmte.

Sein Vater besitzt Kaffeeplantagen im zentralöstlichen Teil des Landes, wo es besonders warm und feucht ist. Seine Mutter lebt auf ihren eigenen Plantagen. Sie wohnen in der Nähe von Abendgouru, einer Stadt, über die die Geier ihre Kreise ziehen.

Unsere Reise fand 1998 statt. Wir flogen mit Air France von Paris aus.

Die Portugiesen waren die ersten Europäer, die das Land erreichten. Sklavenhändler hatten, vielleicht wegen der schlechten Erreichbarkeit des Landes von der See aus, vor allem in den Nachbarstaaten, ganz besonders in Ghana, gewütet. Die Côte d'Ivoire war von 1840 bis zum Jahre 1960 französische Kolonie. Die Küste des Landes zeigte sich für Hafenbau deshalb als ungeeignet, weil dem Land eine riesige Lagunenlandschaft vorgelagert ist. Erst der Bau des Vidri-Kanals in Abidjan im Jahre 1951, der die Ébri-Lagune mit dem Ozean verbindet, ermöglichte den Bau eines großen Hafengeländes. Die Bevölkerung Abidjans stieg seitdem von 60.000 Einwohnern auf 3,5 Millionen an.

Frankreich spielt auch heute noch eine bedeutende Rolle für das Land. Der "Vater" der Unabhängigkeit und erster Präsident des Landes Houphouet-Boigny war lange Jahre ein Gegner der Franzosen gewesen, hatte sich aber später mit ihnen arrangiert, war sogar der erste afrikanische Minister in einer europäischen Regierung (in Paris) geworden und nutzte nach der Unabhängigkeit die Hilfe der Franzosen zur Entwicklung des Landes. Zwanzig Jahre lang betrug die Wachstumsrate 10%. Houphouet-Boigny setzte zu Recht auf die Entwicklung der Landwirtschaft.

Als wir in Abidjan aus dem Flugzeug stiegen, empfing uns ein heiß-feuchter Wind. Das tropische Klima überwältigte uns. Ein Film kann die Atmosphäre eines solches Landes niemals wiedergeben, weil er den Eindruck des Klimas nicht so direkt vermitteln kann. Diese nie enden wollenden heißen Waschküchendämpfe empfingen uns und ließen uns die gesamte Reise über nicht los. Niemals gab es eine Möglichkeit im Kalten "Luft" zu holen, außer neben den Klimaanlagen, die das Problem aber mehr schlecht als recht lösten, aus denen das Wasser tropfte und die zusätzlich einen kaum erträglichen Lärm machten.

In Abidjan, dem "Paris" Afrikas, an einer großen Lagune gelegen, hatten wir mit Hilfe Jean-Claudes ein Zimmer mit Dusche in einem Hotel gemietet, einem Flachbaukomplex, nur durch eine Zufahrt zu erreichen und mit einem sehr stabilen Eisentor gesichert. Auch die Fenster hatten Gitter, und Bewacher waren in reicher Anzahl Tag und Nacht vorhanden. Niemand hätte uns ermorden können, aber wie ich nun weiß, auch nicht wollen. Wir hatten niemals Angst. Alle Afrikaner waren sehr freundlich und hilfsbereit, eher zu hilfsbereit. Manchmal fürchteten wir, von den Hilfskräften erdrückt zu werden.

Abidjan ist eine Millionenstadt mit Wolkenkratzern, Einkaufszentrum, Spitzenhotels. In *Plateau*, *Cocody* und *Deux-Plateaux* wohnen die Vermögenden, in *Treichville* die Armen, die Eingewanderten. Wohlstand zieht an. Obwohl wir am Anfang ängstlich waren, verließen wir unser gesichertes Hotel doch am Abend. Wir kannten uns bald aus und beobachteten von unserer Bar aus, im Freien sitzend, die jungen Afrikanerinnen, die ihre abendliche Küche am Straßenrand eröffneten. Wenn wir uns mit Jean-Claude trafen, brachte er auch oft einen seiner Brüder mit. Wir bekamen von Leuten, die uns kennenlernen wollten, Getränke spendiert. Sie traten dann auch an unseren Tisch und unterhielten sich mit uns. Wir waren ziemlich bald bekannt.

Auch in den Hotels, die wir in Grand Bassam und anderen kleinen Städten besuchten, manchmal nur, um dort zu essen, passierte uns Ähnliches. Der Hotelbesitzer kam an unseren Tisch, um mit uns zu plaudern, und duldete nicht, daß wir das Essen bezahlten. Oft erhielten wir auch Einladungen in die Stadt, aber wir waren doch sehr vorsichtig und schlugen sie aus. Nur Jean-Claudes Familie besuchten wir.

Sein ältester Bruder galt als Chef der Familie, er war ihr erfolgreichster Geschäftsmann. Natürlich war sein Vater weiterhin der Clanchef. Seinen Eltern bringe er größte Hochachtung entgegen, sagte Jean-Claude, nie würde er es sich erlauben, sie zu kritisieren. Sie hätten eine unangetastete Stellung, an der nicht gerüttelt werden dürfe.

Als wir zum ersten Mal bei seinem ältesten Bruder waren, bekamen wir eisgekühlte Getränke, saßen klimatisiert in einer großen Halle. Seine Frau unterhielt sich mit uns. Sie war Lehrerin. Ihr ältester Sohn ging aufs Gymnasium und lebte in einem Internat, der jüngste Sohn war erst Schulanfänger. Er hatte das Paradies auf Erden.

Das Haus bestand, wie die meisten Häuser der Reichen, aus einem Gebäudekomplex, umgeben von Mauern, im hinteren Teil mit Räumen für die Hausangestellten, mit einem großen, teilweise begrünten Hof, in dem die Hausmädchen Essen zubereiten. Der Sohn hatte nicht nur ein eigenes Zimmer, sondern ein zum Hof offener Raum war für TV und Spielen für ihn vorgesehen. Ein anderer, ebenfalls zum Hof offener Raum, war als Schulzimmer eingerichtet. Er wurde von einem Privatlehrer unterrichtet.

Unser Quartier in Abidjan war weitaus weniger komfortabel, aber gut genug für unseren Aufenthalt. Wenn wir zum Tor herausspazierten, fiel unser Blick auf große Bananenstauden. Vor dem gegenüberliegenden Gebäude (alles Flachbauten) hing immer Wäsche auf der Leine, am Weg sozusagen.

Die Märkte Abidjans waren eine nicht endenwollende Fundgrube an afrikanischem Leben, an Kunst und Kitsch. An den Marktständen feilschte meine Tochter mit den Marktfrauen um die Mangopreise. Gemüse und Obst gab es im Überfluß. Auch französische Supermarchés lagen auf unserem Nachhauseweg. Wir ließen das Taxi anhalten und gingen einkaufen. Die französischen Waren waren sehr teuer. Aber arme Leute kamen auch nicht hierher.

Am Stadtrand von Abidjan entdeckten wir eine Wäscherei am Fluß, die gegen Bezahlung Wäsche im Fluß wusch, wo die großen Wäschestücke auf Felsen am Ufer getrocknet wurden und kein Stück verwechselt wurde, was bei der riesigen Anzahl von Stoff- und Wäschestücken einem Wunder glich.

Abends gingen wir immer in eine Bar, manchmal allein. Ganz mutig schritten wir dann bei sinkender Sonne los, es wurde sehr schnell dunkel. Wir konnten nicht die langen Abende in unserem Zimmer vor röhrender Klimaanlage verbringen. Den Fernsehapparat, den es auch im Zimmer gab, haben wir nicht ausprobiert. Oftmals befanden wir uns aber in Begleitung von Mitgliedern der weitverzweigten Familie meines Studenten. Das war immer sehr lustig. Zum Beispiel das Essen am Wegesrand, im wahrsten Sinne des Wortes.

Eines Abends wollten die jungen Leute, die mit uns unterwegs waren, noch etwas essen. Sie hielten an einer der Straßenküchen an. Hier wurden Hühner auf Holzkohle gegrillt. Mindestens acht Männer beschäftigten sich mit dem Grillen eines Huhnes. Es wurden auch Soßen hergestellt, ohne die geht es wohl nie ab in Afrika. Mir verging der Appetit wegen der hygienischen Umstände. Natürlich gab es kein fließendes Wasser am Straßenrand. Die jungen Leute und meine Tochter verzehrten das Huhn mit größtem Appetit auf afrikanisch mit den Fingern. Ihnen ist es auch gut bekommen, ich blieb lieber hungrig. Es soll wirklich vorzüglich geschmeckt haben!

Einmal besuchten wir auch die Universität von Abidjan, die uns sehr gefallen hat. Mitten im Park standen große Vorlesungssäle mit weit offenen Türen, so daß man den Vortragenden vom Park aus sehen konnte. Unweit davon war der botanische Garten mit seltsamen Pflanzen und Bäumen, die wie statisch stabile Bauwerke auf ihren Wurzeln standen. Farbige Eidechsen schienen die Universität besonders zu lieben. Sie saßen überall und waren ein begehrtes Fotoobjekt.

Unser Geld tauschten wir im Hotel "Côte d'Ivoire" um. Das Hotel war sehr elegant, mit vielen Golfplätzen und anderen angeblich wichtigen Einrichtungen. In diesem Hotel konnten wir mit Hilfe unserer Kreditkarte auch Geld erhalten. Deshalb war es für uns sehr wichtig.

Ein ganz besonderes Erlebnis war der Besuch in der Firma eines Onkels von Jean-Claude, der ein Unternehmen besaß, das Stoffe herstellte und bedruckte. In der Vorhalle waren alte Holzmuster ausgestellt, mit denen früher die Stoffe mit Wachsdruckverfahren bedruckt wurden. All die herrlichen Stoffe mit den farbenfreudigen, für uns gewagten afrikanischen Mustern konnten wir bestaunen. Weil wir so begeistert waren, öffnete der Onkel einen riesigen Schrank, vollgelegt mit Stoffen aller Art, und sagte, wir könnten uns aussuchen, was wir haben möchten. Wir wählten grell-bunte Stoffe mit Fischen und Füßen und roten und blaugrünen Mustern. Die Stoffe werden immer in der Länge von drei *pagnes* abgeschnitten, was für eine Bluse, einen Rock oder das Stofftuch reicht, mit dem das Baby auf den Rücken gebunden wird.

Nach einigen Tagen in Abidjan gingen wir auf Wanderschaft, das heißt, wir fuhren mit Linienbussen durch das Land. Abendgouru war eine der Städte, die wir auf einer unseren Fahrten besuchten, weil Jean-Claudes Vater in der Nähe wohnte und ich unbedingt Kaffee- und Kakaoplantagen besichtigen wollte.

Abendgouru ist eine Stadt am zurückweichenden Regenwald. Auch deutsche Entwicklungshelfer sind dort zu finden. Sie arbeiten an einem Forschungsprojekt, das die für den Regenwald günstigsten Pflanzen herausfinden soll, um ein weiteres Zurückweichen des Waldes zu verhindern. Schuld an der Misere seien vorangegangene Abholzungen, wodurch die Temperatur angestiegen sei. Dadurch gehe der Wald immer mehr zugrunde. Zuviel Land würde gebraucht, zuviel Holz würde geschlagen, sagte ein Entwicklungshelfer aus Belgien, mit dem wir in Abendgouru bekannt wurden. Der Regenwald wurde bis auf einen kleinen Teil fast vollständig vernichtet. Allein zwischen 1977 und 1987 verlor die Elfenbeinküste fast die Hälfte ihres Waldes. Das ist die höchste Verlustrate weltweit. Obwohl die Nutzholzexportrate seit 1980 insgesamt um ein Drittel gesenkt wurde, ist die Exportrate von Hartholz genauso hoch wie die von Brasilien, obwohl Brasilien 20 mal größer ist als die Elfenbeinküste. Schiffe in Abidjan verladen unter anderem Mahagony und Samba für den Export.

Der Belgier war der Leiter eines europäischen Forschungsprojektes, das feststellen sollte, welche Fische sich in den Gewässern an der Elfenbeinküste am besten züchten lassen, um die Ernährung der Bewohner mit Eiweiß zu verbessern. Sein Wohnhaus glich einem Paradies, Campari auf der überdachten Terrasse, Blick auf eigene Kokospalmen und Mangobäume, exotische Blüten und Schmetterlinge im Garten. Der Boy servierte. Einen oder mehrere Boys zu haben, ist hier nichts Besonderes. Es gibt eine riesige Anzahl junger Leute, die Arbeit suchen. Sie sind froh, eine Anstellung im Haushalt zu finden. Als ich das erste Mal in ein Privathaus kam und ein Diener öffnete, wollte ich ihm die Hand geben. Wir Europäer sind nicht daran gewöhnt, vom Butler begrüßt zu werden.

Die Bevölkerung der Elfenbeinküste besteht aus vielen Bevölkerungsgruppen, die im Laufe der letzten vier Jahrhunderte von den umliegenden Ländern eingewandert sind. Entsprechend viele Sprachen gibt es. In Abendgouru lebt noch ein Volk mit seinem König. Diesen kann man als Tourist auch besuchen. Von ihm und seinem Hofstaat wird dann ein Ritual vollzogen, bei dem den Besuchern alles Gute gewünscht wird. Mitzubringen sind ein Huhn und Geschenke. Anmeldung ist erforderlich beim ansässigen Touristenbüro.

Wir sehen uns ein wenig in Abendgouru um. Frauen sieben Kaffeebohnen, die von den Plantagen auf Lastwagen gebracht werden. Am Himmel ziehen Geier hoch über uns ihre Runden.

In einer überdachten Bretterhütte lassen wir uns nieder. Es ist ein normales Restaurant. Will jemand Alkohol trinken, holt der Boy eine Flasche aus dem Dorfladen, wenn man ihm das Geld dafür gibt. Als Gericht gibt es wieder Fleisch, vermutlich Rindfleisch, in roter Soße, die drei Viertel der Schüssel füllt. Diese Schüsseln sind aus gebrannter brauner Keramik, auf Wunsch gibt es Löffel zum Essen. In vielen Restaurants wird auch Reis gereicht, auf dem Land meistens Maniok. Die Afrikaner nehmen einen Maniok- oder Reisklumpen in die Hand und tauchen ihn in die Soße. In der Schüssel befindet sich meistens viel Soße und nur wenig Fleisch. Wir tunken und löffeln.

Jean-Claudes Vater mußte ein bedeutender Mann sein. Sein Haus war ein typisches Haus vermögender Leute der Gegend: von Mauern umringt, hinter dem Haus ein großer Hof, in dem auch gekocht wird, der Hof umgeben von flachen Bauten, in denen das Personal wohnt, auch Frauen mit und ohne Kinder. In welchem Verhältnis die Frauen, meist jung und hübsch, zum Hausherren standen, konnte ich nicht erraten. Sie wurden uns als Verwandte vorgestellt und machten einen fröhlichen, aber sehr zurückhaltenden Eindruck.

Das Wohnhaus hatte mehrere Zimmer und überdachte Vorräume und Terrassen, von denen man auf die mit roten Blumen überwucherte Umfassungsmauer, das Eingangstor und in den Vordergarten blickte. Die Natur war hier überwältigend, überwucherte alles. Sie zu bändigen war eher ein Problem, als sie wachsen zu lassen.

Wir wurden in den größten Raum des Hauses geführt, in den Salon sozusagen. Dort waren so viele eigenartige Gegenstände aufgestellt, daß wir drei, meine Tochter, Jean-Claude und ich, kaum Platz finden konnten: Hühner, Schleier, Geschirr, menschengroße geschnitzte und angemalte Holzfiguren, Nippes, Deckchen, Glitzerware. Erst nachträglich bringe ich sie mit Woodoo, der übernommenen Religion und Beschwörerkunst der Vorfahren dieses Mannes in Verbindung. Wir waren mehr oder weniger sprachlos von diesem Raum, den wir in nichts einordnen konnten, was wir bis dahin gesehen hatten. Auch der im Vorraum des Hauses stehende Hochstuhl paßte nicht zu unseren Vorstellungen. Er war ein Hochsitz, aber für wen? Den Magier? Den Priester, den regionalen König? Wir Touristen setzten uns einfach darauf und machten Fotos.

Schließlich wurden wir von Jean-Claudes Vater empfangen. Er ruhte auf seinem Lager, umsorgt von einer hübschen jungen Afrikanerin, auch einer Verwandten, die offenbar das Sagen im Hause hatte. Er fühlte sich schon alt, empfahl sich bald und trug der Frau auf, uns angemessen zu bewirten. Das bewirten sah so aus: Alle verfügbaren Frauen kamen im Hof zusammen, um gemeinsam das Mahl zuzubereiten. Es sollte ein Huhn serviert werden und außerdem gekochte Bananen, die bei uns wenig bekannt sind und ein Grundnahrungsmittel in Afrika darstellen. Dieses Huhn wurde nun erst einmal eingefangen, geschlachtet, gerupft und zubereitet. Daß das lange dauern würde, war uns klar, allerdings nicht, wie lange. Das Ergebnis der stundenlangen Bemühungen der Frauen des Hauses sollte sich aber später als hervorragend erweisen.

Nachdem wir uns und alle Köchinnen beim Bananenstampfen fotografiert hatten, auch den süßen Kleinen mit den schwarzen Löckchen, der mit den noch lebenden Hühnchen spielte, zogen meine Tochter und ich mit unseren Kameras bewaffnet erst einmal ins Dorf, wo wir sofort Aufsehen erregten. Als wir einige junge Männer fragten, ob wir sie fotografieren dürften, lachten sie. Dann holten sie ihren

Fotoapparat und baten uns, uns ebenfalls fotografieren zu dürfen. Da staunten wir nicht schlecht. Recht hatten sie, wir zwei Weiße waren die eigentliche Attraktion. Wir jedenfalls waren in der Minderheit.

Am Brunnen sahen wir Frauen Wäsche waschen, offensichtlich war Waschtag. Fast alle Frauen des Dorfes waren versammelt. Als wir fragten, ob wir sie fotografieren dürften, auch mit dem Versprechen, ihnen später Fotos zu schicken, waren alle begeistert. Die Hauptsprache an der Elfenbeinküste ist Französisch. In der Schule wird in französischer Sprache unterrichtet. Jeder Elfenbeinküstler spricht aber auch noch mindestens eine weitere Sprache, nämlich die des Volkes, zu dem er gehört. Wir konnten uns also einigermaßen verständigen. Zugegeben, die Afrikaner sprachen viel besser Französisch als wir.

Die Frauen der Côte d'Ivoire faszinierten uns. Sie trugen knallbunte Kleider in den seltsamsten Farbkombinationen. Grün und blau, orange und lila, es gab nichts, was nicht zusammengepaßt hätte. Auch die Muster waren so ungewöhnlich für uns Europäer. Riesige Tiere gingen da spazieren, Kaffeebohnen, Fische, Fabelwesen aus Religion und Mythologie.

Unsere Dorffrauen stellten sich in Positur, einige wollten sich von ihrer Schokoladenseite fotografieren lassen, andere ihre kleinen Kinder, die ebenfalls zu Hauf herumrannten. Es war eine fröhliche Zeit mit diesen Frauen, die uns ihre Adresse gaben und uns gar nicht gehen lassen wollten. In Afrika ist es nicht selbstverständlich, daß sich die Menschen so ohne weiteres fotografieren lassen. Meine Tochter berichtete, daß Kenianer sich zum Beispiel nicht gern fotografieren ließen, daß sie sich sogar aggressiv wehren würden oder Geld fürs Fotografieren verlangten.

Der Vorteil an der Elfenbeinküste war, daß es nur ganz wenige europäische Touristen gab. Ich habe in diesen zwei Wochen, die wir mit Linienbussen über Land fuhren, keine Touristen getroffen, schon gar keine busfahrenden, und auch wir waren ja zu familiären Besuchen unterwegs, von einem Teil der Familie zum anderen. Wir wohnten immer in "Hotels", hatten aber einen Zielpunkt, nämlich Jean-Claudes Verwandtschaft. Da seine Familie, wie andere afrikanische Familien auch, sehr verzweigt war, hätten wir noch wochenlang durchs Land fahren können. Wir sahen auf unseren Reisen nur Franzosen im eigenen Wagen vorüberfahren, wahrscheinlich waren sie in erster Linie geschäftlich unterwegs, Relikte aus der Kolonialzeit. Wir waren die einzigen Weißen, die mit Rucksack mit dem Linienbus kreuz und quer durchs Land fuhren. Das brachte uns auch die Bewunderung der Afrikaner ein. Sie waren jederzeit bemüht, uns zu helfen, keiner dachte daran, uns zu bestehlen, was sicher leicht möglich gewesen wäre.

Als wir die Frauen am Dorfbrunnen genügend fotografiert hatten, gingen wir zum Haus des Vaters zurück. Das Dorf machte einen guten Eindruck. Dank der Kaffeeplantagen hatten sich viele Bewohner ansprechende Häuser gebaut. Von wirklicher Armut gab es keine Spur. Autos sahen wir allerdings auch nicht. Nur den Bus und Taxis. Die hinterließen große Wolken roten Staubes, denn die Straßen waren nur einfache Landstraßen, nicht gepflastert. Die Erde der Elfenbeinküste hat dieses wunderbare Rot, was wohl mit dem Eisengehalt der afrikanischen Erde zusammenhängt.

Im Vorraum des Hauses war der Tisch auf einer Terrasse gedeckt worden. Die Hauptfrau des Hauses brachte uns die Speisen. Keine Frau nahm Platz, alle bedienten nur, der Vater entschuldigte sich. So hatten wir ein Dinner zu dritt, mitten im afrikanischen Busch.

In dem Hotel in Abendgouru gab es Probleme mit der Klimaanlage. Sie kühlte kaum, es gab auch ein paar Mücken, aber keineswegs so viele, wie das Tropeninstitut Hamburg befürchtet hatte. Die Wasserleitung tröpfelte nicht einmal. Man stellte uns Brunnenwasser zur Verfügung. Meine Tochter verzichtete auf die Reinigung. Ich konnte darauf nicht verzichten. Ich weiß nicht, ob das Wasser wirklich hätte gefährlich werden können. Baden in stehenden oder Binnen-Gewässern ist in Afrika aber wegen der Gefahr von Bilharziose streng untersagt.

Wir fuhren wieder mit dem Bus zurück nach Abidjan. Eigentlich war das Busfahren auch ein großes Abenteuer, zwar nicht so groß wie in Kenia, wo es an der Tagesordnung war, daß der Bus unterwegs kaputt ging und der Passagier dann Stunden oder Tage bis zur Weiterfahrt wartete, wo es auch keine Fahrpläne gab und man tagelang auf die Abfahrt eines Schiffes oder Busses hoffen mußte. Die Busfahrten in Abidjan verliefen reibungslos, wenn man einmal im Bus saß. Allerdings wurde unterwegs öfter kontrolliert und angehalten. Auf unserer ersten Fahrt hatten wir keinen Paß dabei. Die Polizisten glaubten uns einzigen Weißen, daß wir Touristen seien, und ermahnten uns, ihn künftig mitzutragen.

Ab und zu wird beim Busfahren an einer der Raststätten eine Pause eingelegt. An jeder Haltestelle kommen Frauen und Kinder mit großen Schüsseln auf den Köpfen an den Bus und bieten gekochte Eier oder geröstete und ungeröstete Erdnüsse an. Vom Bus aus kann der Reisende gut in die Schüsseln fassen, sich herausnehmen, was er will, und danach das Geld an den Verkäufer geben. Das Gepäck wird auf dem Bus verstaut. Einmal sahen wir einen Bus mit einer lebenden Ziege auf dem Dachgepäckträger.

Die afrikanischen Frauen haben uns immer wieder in Erstaunen versetzt. Abgesehen von ihrem gewagten Aussehen fiel uns ihr außerordentlicher Fleiß auf. Nur Männer sahen wir herumlungern. Frauen waren immer beschäftigt. Es sieht so aus, als ob sie das Sagen hätten, ob auch im Staat, das kann ich nicht beurteilen, sicher aber in den Familien. Die Frauen planen und ordnen die Geschäfte. Sie sind sehr selbständig. Ja, ebenso selbständig wie europäische Frauen. Das hat mich sehr erstaunt. Die Frauen von der Elfenbeinküste stehen ihren "Mann" in der Familie. Man sieht auch nur Frauen Lasten auf den Köpfen tragen. Haben sie ein Geschäft, tragen sie ihre Waren auf dem Kopf zum Markt. Haben sie eine Garküche am Straßenrand, so bringen sie Geschirr und alle Eßwaren auf dem Kopf herbei. Sie können schwere Lasten auf dem Kopf tragen und dabei noch hübsch bunt aussehen und grazil dahergehen. Viele tragen außerdem noch ein Kleinkind auf dem Rücken, das wird in einem großen Umschlagtuch auf dem Rücken festgebunden wird. Die Frauen der Elfenbeinküste haben mir großen Respekt eingeflößt.

In Abidjan fuhren wir immer mit dem Taxi. Busfahren wäre dort zu kompliziert gewesen, außerdem waren die Busse in der Stadt überfüllt. Wir hätten uns nicht hineindrängen können. Mit dem Taxi fuhren wir von unserem Hotel zu einem Busbahnhof für die Überlandbusse. Davon gab es mehrere. Wenn wir zum Busbahnhof kamen, lief die letzten 100 Meter schon die erste schwarze Hilfskraft neben uns her. Mehrere Dutzend junger Männer wollten uns beim Ticketkaufen helfen (was auch nötig war) und dabei ein wenig Geld verdienen. Den richtigen Busschalter zu finden, war schwierig. Die Kartenverkaufsstelle war überfüllt.

Eigentlich sieht man den Schalter gar nicht, der ist ein sozusagen schwarzes Loch. Man steckte seine Hand hinein, die das Fahrgeld abgezählt bereithält und bekommt einen Fahrschein in die Hand. Dann zieht man die Hand wieder heraus, froh, daß sie noch dran ist. Fragen kann man nichts, da man den Verkäufer gar nicht sieht. Für Europäer ist das nichts, da hatten die Hilfskräfte schon Recht.

Der "Busfahrplan" schien für uns etwas seltsam geregelt. Der Bus fährt ab, wenn alle Sitzplätze besetzt sind. Wer keinen Sitzplatz bekommen hat, wartete auf den nächsten Bus. Da die Busse und die Autos sich nicht an die Regeln hielten, kam es zu Hauptverkehrszeiten oft zu Staus. Als wir an einem Sonntag von Grand Bassam nach Abidjan zurückfuhren, wollten die Taxis und Busse einander überholen, fuhren also ständig auf der linken Spur, auf der aber die anderen Autos (zweispurige Fahrbahn) entgegenkamen. So ging nach kurzer Zeit nichts mehr. Hin- und Rückfahrer steckten fest. Es dauerte eine Stunde, bis sich die Autos wieder entwirrten und auf der ihnen zugedachten Spur weiterfuhren.

Grand Bassam war unser Lieblingsort. Er war 1893 von den Franzosen zur Hauptstadt der Kolonie erklärt worden. Sechs Jahre später brach in der Stadt eine Gelbfieber-Epidemie aus, in deren Folge die Hauptstadt nach Bengerville verlagert wurde. Später erlebte Grand Bassam goldene Zeiten dank eines Werftbaus, bis im Jahr 1931 auch in Abidjan eine erbaut wurde.

Die Kolonialgebäude der Stadt und die Hotels liegen auf einer Landzunge direkt am Meer, die durch eine Lagune vom Rest der Stadt getrennt ist. Die Häuser in der Nähe des Strandes zeigen noch die ganze Kolonialpracht, auch wenn die meisten schon recht verfallen sind und nach Renovierung dürsten. Dieser Stil der Häuser ist nicht afrikanisch, er ist ganz europäisch und wird von den Afrikanern offensichtlich nicht angenommen. Überall wachsen Palmen, nichts als Palmen in großer Zahl. Von ihnen wird das Palmöl gewonnen. Die Straßen sind rot und staubig, aber es ist das Afrikarot der Erde, das den Europäer so fasziniert.

Nach Grand Bassam fahren die begüterten Abidjaner an den Wochenenden. Der Strand wird gesäumt von vielen Hotels, kleinen und großen. Alle bieten Übernachtungsmöglichkeiten, Speisen und Getränke an und haben einen abgeschlossenen Strandbereich, in dem es Liegen und Stühle gibt. Niemand setzt sich wie in Europa direkt an den Strand. Erst einmal wäre er zu heiß, man braucht Schutz vor der Sonne - und auch vor den vielen Strandbummlern und -verkäufern.

Wir wohnten in einem kleinen Hotel, geführt von einem Ehepaar, einer Französin und einem Afrikaner. Es gab nur wenige Zimmer, alle mit Blick zum Meer. Diese Häuser am Strand sind nur Sommerhäuser, also sehr leicht gebaut, aber da immer Sommer ist, gibt es keine Probleme. Die Klimaanlage schnurrte unerträglich. Es wird sehr früh ganz stockdunkel, dann sucht man besser sein Zimmer auf. Das Fenster zu öffnen, hätte keinen Zweck, es ist innen wie außen gleichermaßen unerträglich heiß bei fast 100% Luftfeuchtigkeit. Auch nachts kühlt es so gut wie gar nicht ab. Der Europäer schnappt nach Luft wie ein Karpfen auf dem Trocknen. Die schönen Postkarten und Fotos zeigen diese Hitze und Feuchtigkeit nicht. Die herrlichen Palmenwälder und die weißen Sandstrände - aber alles bei 35 Grad, stechender Sonne und hoher Luftfeuchtigkeit. Der Spaziergang am Strand wird so zur Anstrengung trotz phantastischer Szenerie.

Vor dem kleinen Hotel standen überdachte Tische, Liegen und Sonnenschirme, alles umzäunt und abgeschirmt von anderen Strandgängern. Laufend ziehen Händler vorbei. Junge Mädchen verkaufen Ananas oder Kokosnüsse, die sie geschickt mit einer Machete köpfen. Andere Händler winken von weitem, halten T-Shirts mit afrikanischen Mustern hoch. Der Käufer winkt zurück und begibt sich zum Zaun des Hotels, um den Kauf abzuwickeln. Es ist den Händlern verboten, den Hotelgarten zu betreten, es sei denn, der Hotelgast winkt ihn ausdrücklich herein. Auch junge Mütter mit Kindern auf dem Rücken laufen am Strand entlang und hoffen auf Käufer. Eine regelrechte Verkaufsprozession findet statt. Die Frauen tragen die Früchte, Ananas, Bananen, in großen Schüsseln auf dem Kopf. Sie bilden einen wunderschönen Anblick mit ihren bunten Kleidern und ihrem fröhlichen Temperament.

Weil eine der Schwestern von Jean-Claude in Daola wohnt, besuchten wir auch diese Stadt im Zentralteil des Landes. Die Fahrt dauerte mehrere Stunden, vorbei an Ständen aller Art. Wasser wird in Plastiksäckchen angeboten, auch Obstsaft und Kokosmilch. Wir entschieden uns für die Kokosmilch, weil wir nicht wußten, woher das Wasser stammte.

Da also überall Nahrungsmittel und Wasser verkauft wurden, liegen auch überall die Reste der Verpackungen herum. Mitten im Busch gibt es keine Müllabfuhr und keine Abfallkörbe. Das sollte aber eingeführt werden, denn wo etwas verkauft wird, können auch die Verpackungsreste wieder eingesammelt werden. Am Wegesrand, durch den Busch zieht sich eine Walze von Plastikmüll, der die schöne Landschaft verunstaltet. In Südafrika zum Beispiel hat sich eine Recyclingfirma etabliert, die diesen Plastikmüll gegen geringes Entgelt abkauft. Seitdem herrscht mehr Ordnung.

Der Bus hielt in Yassamoukro an. Der Umbau der Stadt zur Hauptstadt des Landes soll die einzige Sünde von Houphouet-Boigny gewesen sein, der aus diesem Ort stammt. Zu bestaunen war eine riesige

Kathedrale, dem Petersdom in Rom nachgebaut, weithin sichtbar von allen Zufahrtsstraßen.

Daloa ist eine kleine Stadt, in deren Nähe es einen Nationalpark gibt. Die Stadt ist ganz systematisch angelegt, die unbefestigten Straßen verlaufen rechtwinklig zueinander. Wir suchen das Gericht, sollen dort vom Familienoberhaupt empfangen werden. Die Schwester von Jean-Claude ist mit einem Richter verheiratet. Riesige Bäume stehen vor dem Gericht. Wir werden herumgereicht, müssen alle im Amtsgebäude begrüßen.

Dann geht es mit dem Auto nach Hause. Die kleine Stadt ist leicht zu überblicken, schnurgerade ungepflasterte Straßen, in denen das Auto Staubwolken aufwirbelt. Große Häuser haben auch Grünflächen, arme Häuser stehen mitten im Sand. Das Haus des Richters ist auch - wie alle reichen Häuser - eine Burg, umgeben von Mauern. Hier ist man völlig von der Außenwelt abgeschirmt. Der Butler bringt Erfrischungen. Die Dame des Hauses betreibt im Haus eine kleine Manufaktur mit einigen Hilfskräften. Alle versuchen, Geld zu verdienen. Die Frauen sind nicht weniger aktiv als die Männer. Der jüngste Sohn des Hauses wird zu Bett gebracht. Sein Kindermädchen trägt ihn zu diesem Zwecke so lange durch die Gegend, bis er eingeschlafen ist. Die junge Generation hat es gut, sie wird außerordentlich verwöhnt. Ob sie später auch einmal so fleißig sein wird, wie die Generation ihrer Eltern, ist noch abzuwarten. Die Schwester zeigt uns Hochzeitsfotos, ihr Mann ist viel älter. Die Hochzeit war riesig, mit Hunderten von Gästen. Sie muß ein Vermögen gekostet haben.

Wir bekommen wieder das obligatorische Huhn vorgesetzt. Meist gibt es auch einen Gang mit Fisch in der seltsamen Soße, die auch zum Huhn serviert wird. Getrockneter und gegarter Maniok wird gereicht. Wir bekommen Silberbestecke. Die Afrikaner essen lieber mit den Fingern, obwohl sich das Essen dafür nicht gut eignet, denn das Fleisch und auch der Fisch schwimmen jeweils in einer großen Schüssel voller Soße. Wir würden das Essen vielleicht als Suppe mit Einlage bezeichnen, die Afrikaner nennen es Fleisch oder Fisch mit Soße. Daß die Afrikaner ungeniert mit den Fingern essen, weil es hier üblich ist, betrachten wir als Freundschaftsbeweis. Auch Jean-Claude, der in Hamburg niemals mit den Fingern ißt, läßt hier das Besteck liegen.

Später gehen wir in unser Hotel. Wir erreichen es über eine lange staubige Straße. Es hat Tore und ist auch bewacht, aber weitaus weniger als in Abidjan. Wir trauen uns noch auf die Straße und machen einen Spaziergang. Überall stehen Palmen und Bananensträucher. Rote Erde. Auch am Abend ist es heiß. Nach kurzer Zeit ist es stockdunkel. In unserem Zimmer kämpfen wir mit einigen Mücken. Wir haben zwar vom Tropeninstitut Medikamente zur Malariavorbeugung erhalten, aber wir denken, es sei besser, sich nicht stechen zu lassen. Eigentlich fliegen die Mücken auch nur zur Nachtzeit, am Tag haben wir keine Probleme. In Abidjan am Meer ist es sowieso weniger schlimm, im zentralen Land geht es nicht ohne Mücken ab. Die Klimaanlage ist sehr alt, das Wasser fließ im Strahl heraus. Es ist bedrückend heiß und schwül. Die Afrikaner stöhnen auch, obwohl wir denken, sie müßten an das Klima gewöhnt sein.

Am Morgen gehen wir Kaffee trinken. Die "Bar" ist in einer alten Bretterbude untergebracht, das Holz war einmal bunt bemalt worden, es ist verwittert und baufällig zugleich. Wir holen uns Espresso vom Kaffee des Landes. Er ist der beste Espresso, den ich je getrunken habe. Wir sitzen vor der Bar auf wackligen Stühlen, die mit einem Holzzaun von der Straße abgetrennt ist. Wenn ein Auto vorbeifährt, hüllt es uns in eine Staubwolke ein. Wir fühlen uns trotzdem gut. Der Anblick der Bananenstauden entschädigt für alles.

Der afrikanische Richter und Schwager von Jean-Claude fährt uns zum Büro des nahe gelegenen Nationalparks. Dort wird heiß diskutiert. Irgendwie verschlägt es uns auf einen kleinen Lastwagen. Wir stehen dort hinter dem Fahrerhaus, denn zu sitzen ist unmöglich, es geht über Stock und Stein, der Weg dampft. Auch im Fahrerhaus, wo ich zuerst Platz genommen hatte, war es unerträglich und wie mir schien - neben der überalterten, zusammengeflickten Technik, aus der das Benzin tropft - auch zu gefährlich. Wir besuchen Aussichtspunkte, von denen Tiere geortet werden. Der Lastwagenchef hält uns das Fernglas vor die Augen. Schließlich erreichen wir ein großes Flußgelände. Ein Afrikaner zieht seine Netze zusammen, er zeigt riesige Fische. Im Fluß sind Flußpferde zu sehen. Sie lassen sich nicht stören, tauchen unter und auf, wie es ihnen beliebt, werden aber als sehr gefährlich beschrieben.

Wir wandern durch verlassene Dörfer, deren Hütten aus Lehm gebaut sind, finden Elefantenspuren. Ich bin froh, daß die Elefanten nicht gerade jetzt zum Wasser ziehen, sondern erst später. Wie könnte ich ihnen mit bloßen Händen gegenübertreten. Die Sache scheint mir zu gefährlich. Schutz von unseren Begleitern ist nicht zu erwarten. In der Hitze lassen sich die Tiere nicht blicken, erst als wir zurückfahren, beginnt das Leben der Tiere wieder. Mit dem Fernglas können wir noch einige Tiere ausmachen. Mehr Geduld würde mehr bringen, aber wir denken, daß unser Lastwagen so viel Lärm macht, daß die Tiere hier nicht unmittelbar vor der Kamera auftauchen werden.

Es geht zurück, wir streiten uns mit dem Lastwagenchef über den Preis, bezahlen dann aber vorsichtshalber doch die geforderte Summe. Ohne afrikanische Begleitung sind wir nichts als Touristen.

Wir fahren zurück an die Küste. Die unendlich langen, weißen Strände der Elfenbeinküste sind berühmt. Es sollen die schönsten der Welt sein. Sie sind wunderbar ausufernd, Palmenwälder im Hintergrund. Besonders die hintergelagerten Lagunen geben den Stränden einen einmaligen Charakter. Mit speziellen Kanus ist es möglich, durch die Mangrovenwälder zu fahren. Zu diesen Kanufahrten laden die Einheimischen ein, die damit etwas Geld verdienen können. Auch die Tierwelt Afrikas zeigt sich bei diesen Ausflügen. Sogar Elefanten gibt es dort. Überall sind Nationalparks gegründet worden. Es gibt nur wenige Besucher an den weiten Stränden, je weiter man sich von Abidjan entfernt desto weniger. Zugegebenermaßen schwindet der Komfort auch mit der Entfernung.

Wir fuhren mit dem Bus nach Westen, in Richtung Sassandra, der Küste entlang. Unser Ziel war Grand Lahou, was wir auch auf dem Busbahnhof kundgetan hatten. Es ging vorbei an Kaffee- und Bananenplantagen, vorbei an Hütten und Siedlungen - auf der roten Erde Afrikas. Nach einigen Stunden wurden wir an einer Straßenkreuzung abgesetzt. Die abzweigende Straße sollte nach Grand Lahou führen, aber weit und breit war kein Bus oder Afrikaner zu sehen, den wir hätten fragen können. Nach einiger Zeit kam ein Taxi, das mal nach Gästen schauen wollte. Das Taxi und wir hatten Glück. Wir fuhren nach Grand Lahou, wurden am Busplatz abgesetzt, das Taxi war ein Sammeltaxi, es hatte feste Routen. Dort standen wir und schauten ein wenig in die "Stadt". Sie sei kaum begehenswert, dachten wir anfangs. Hütten und Staub. Auch hier Müll in romantischer Lage. Neben dem Busbahnhof reihten sich viele typisch afrikanische Hütten, auch eine kleine Werkstatt. Zwei Männer stellten gebogene Stiele für Äxte her.

Neben einer Hütte spielten Kinder, die so hübsch anzuschauen waren, daß wir unseren Fotoapparat einfach zücken mußten. So kamen wir mit ihrer Mutter in Kontakt, die in der Hütte ganz klassisch den Maniokbrei in einer Holzschüssel mit einem Holzstock stampfte. Die Kleinen leckten den fertigen Brei aus Schüsseln und lachten über alle

Backen. Sie sahen gut ernährt aus und steckten voller Lebenslust. Ihre Mutter war stolz auf sie und sehr freundlich zu uns.

Vom Busbahnhof ging es weiter in Richtung Strand mit einem anderen Bus bis zur Endstation. Wir waren an der Lagune angekommen. Sie erstreckte sich, soweit das Auge reichte. Hinter der Lagune sahen wir den langen weißen Strand und das Meer. Auch ein Hotel gab es zum Übernachten. Wir wurden sofort zu Rundfahrten eingeladen. Es lagen mehrere Kanus an der Lagune. Sie sind ganz schmal und werden gepaddelt. Vor uns lag eine wundervolle Landschaft, eine weite Seenlandschaft vor dem Meer, Inseln, Mangroven. Wer nach Afrika kommt, muß sich Zeit nehmen. Er soll an den schönen Orten verweilen. Die Fahrten sind immer ein Abenteuer, denn niemand wird vorher sagen können, wie die Begegnung mit Land und Leuten ausfallen wird. In Afrika darf man nicht in Eile sein.

Am Schluß unseres Aufenthaltes war meine Tochter bei einer Tante meines Studenten eingeladen, die eine Suppenküche führte. Ihre Spezialität war "Buschtier", was immer das bedeutet. Hoffentlich Warzenschwein und nicht Affe. Wir sahen Leute mit toten Affen kommen, die offensichtlich auch zum Verzehr bestimmt waren.

Mit unserem ganz privaten Ausflug an die Elfenbeinküste waren wir sehr zufrieden, hatten wir doch wahrlich die Küste der guten Menschen kennengelernt. Nur der Rückflug machte noch Probleme, denn die Air France-Maschine war überfüllt und meine Tochter hatte nur einen Stand-by-Platz. Nach dreitägigem Warten nahm sie der Kapitän von African Airline mit. Ihm sei gedankt. Sie bekam einen Sitzplatz, den sie sich mit einer Stewardess teilen mußte, und landete wohlbehalten in Paris.

Daß es an der Elfenbeinküste nicht immer so friedlich zugeht, wie wir es während unseres Aufenthaltes erlebten, zeigen die Ereignisse vom September 2002.

Nach einem um einige Jahre verlängerten Studium machte Jean-Claude nun sein Diplom an der Hochschule. Er hatte anfangs Sprachprobleme, später Probleme mit den Computern, danach praktische Probleme mit den Meßgeräten. Umgang mit der Technik gehört nun einmal zum Studium. Er absolvierte ein halbjähriges Praktikum in einer Firma, die Motoren für Sägen, Rasenmäher und andere Geräte herstellt und schrieb Programme für Motorkennzahlen und die dazugehörige Datenauswertung. Mit den gesammelten Erkenntnissen kann er nun seine Diplomarbeit schreiben.

Nach seiner Rückkehr an die Elfenbeinküste wird er in das Ex- und Importgeschäft seines Bruders in Abidjan einsteigen. Nützlich wird ihm dabei die deutsche Sprache sein und ganz besonders seine technische Ausbildung an der Hochschule Hamburg. Exportieren wird er

Rohstoffe, Kaffee und Kakao, aber importieren wird er technische Geräte und Computer.

Jean-Claude hat gern in Hamburg gelebt. Alles habe ihm gefallen, sagt er, nur nicht das Wetter, und dabei schüttelt er sich ein wenig.

Interview mit Jean-Claude

Kennen Sie Studenten, die heute wegen des Attentats vom 11. September auf der Anklagebank sitzen?

Nicht persönlich, aber mein Freund hat mit Mounir El Motassadeq zusammen am Flughafen gearbeitet. Sie waren in einer Truppe, die die Flugzeuge nach ihrer Ankunft reinigten. In diesen Trupps arbeiten nur junge Leute, viele Studenten. Diese Reinigung galt als guter Studentenjob. Wie ich hörte, hat Mounir auch am Hafen gearbeitet.

- Sie meinen, man hat den Bock zum Gärtner gemacht?

Ja, nachträglich kommt mir das so vor.

- Wie könnte man Terror verhindern?

Man sollte das Geld, das für die Armeen weltweit ausgegeben wird, für die Terrorvermeidung verwenden. Mit diesem Geld könnte vermieden werden, was bekämpft wird.

- Haben Sie in Deutschland Diskriminierungen erlebt? War es sinnvoll für Sie, nach Deutschland zu kommen?

Kleine Probleme gab es ab und zu, aber ich habe in Deutschland viele deutsche und andere Freunde gefunden. Ich habe ein neues Land kennengelernt, ich weiß nun, wie in Deutschland gedacht wird, wie Geschäfte abgewickelt werden, ich habe eine weitere Sprache erlernt. Mein Aufenthalt in Deutschland wird mir viel nützen, wenn ich nach Abidjan zurückkehre.

- Wann werden Sie zurückkehren?

Ich möchte abwarten, bis sich die Rebellen zurückgezogen haben, die im September 2002 einen Aufstand begonnen und den Norden des Landes unter ihre Kontrolle gebracht haben.

- Wie kam es zu diesem Aufstand?

Die europäischen Kolonialmächte haben Jahrhunderte lang in Afrika geherrscht wie Könige. Zuerst kamen die Missionare, dann die Kolonialisten. Nach ihrem Abdanken haben die Kolonialherren immer die falschen, die korrupten Präsidenten unterstützt. Ich erinnere an Mobuto (mit dem Tigerfell), den Präsidenten von Kongo (früher Zaire), der das gestohlene Volksvermögen auf Schweizer Banken transferierte. Kongo ist reich an Bodenschätzen und war deshalb interessant für die ehemalige Kolonialmacht.

Die ehemaligen Kolonialmächte unterstützen die afrikanischen Herrscher, solange sie die Interessen der Europäer berücksichtigen. Ein weiteres Beispiel: Burkina Faso, das frühere Obervolta. Der junge Präsident von Obervolta hatte gute Ideen, er lehrte den Afrikanern, sich auf ihre eigene Kraft zu besinnen, nicht auf französische Hilfe zu warten. Durch einen vom Ausland unterstützten Putsch wurde er gestürzt. Ghana ist eine weiteres Beispiel, Lumumba wurde ermordet.

Der Aufstand der Rebellen an der Elfenbeinküste wurde in Burkina Faso vorbereitet. Unter den Rebellen gibt es Afrikaner aus Mali, Liberia, Burkina Faso und so weiter. Ursache scheint auch hier Machterhaltung und Fortführung der Geschäfte zu sein.

An der Elfenbeinküste gibt es noch viele französische Firmen. Nach und nach laufen ihre Verträge ab. Die Verlängerung der Verträge war nicht garantiert. Das gesamte Holzgeschäft der Elfenbeinküste lag bisher in französischer Hand. Alles Hartholz wurde von ihnen vertrieben. Unser Regenwald ist schon fast zerstört. Der Präsident der Elfenbeinküste strebte bei auslaufenden Verträgen eine öffentliche Ausschreibung an, wie das auch in Europa üblich ist.

Welche Folgen hat die Politik der ehemaligen französischen Kolonialmacht?

Die Menschen an der Elfenbeinküste beginnen, eine antifranzösische Stimmung zu entwickeln, was bisher nicht der Fall war. Die Franzosen unterhalten einen Militärstützpunkt. Die Bevölkerung will kein Militär mehr, sie will keine Buschrebellen in ihrem Land haben.

- *Was ist die Ursache des Aufstandes?*

Heute zählt nur der Profit, das Geld. Die Menschlichkeit ist auf der Strecke geblieben. Die Welt ist so: Der Mensch wird am Geldbeutel gemessen. Du kannst ein schlechter Mensch sein, aber wenn du Geld hast, bist du für alle interessant.

Die Europäer, die mehrere Jahre in Afrika gelebt haben, können nicht mehr in Europa leben. Sie leben in Afrika wie Fürsten. Sie haben Villen mit Swimming Pools, drei Hausangestellte, sie fühlen sich wohl. Sie wollen nicht zurückkehren.

Können Sie die Familienverhältnisse der Afrikaner und der Europäer vergleichen?

Die Deutschen leben sehr einsam, einzeln oftmals. Wenn du deine Eltern besuchen willst, mußt du sie vorher anrufen und dich anmelden.

Das ist in Afrika undenkbar. In Deutschland gibt keinen solch engen Familienzusammenhalt wie in Afrika. Dort leben die Familienmitglieder zusammen, sie unterstützen sich. Niemand würde seine Mutter ins Pflegeheim schaffen. Deine Mutter ist das Wichtigste in deinem Leben. Du würdest niemals deiner Mutter widersprechen oder laut werden in ihrer Gegenwart. Als junger Mensch wirst du zuerst einen Palast für deine Mutter bauen und erst danach ein Haus für dich selbst.

Wie war ihre Schulausbildung?

Die Schulausbildung an der Elfenbeinküste war sehr streng. Wir mußten viel lernen, unser Gedächtnis wurde trainiert. Ich erinnere mich, daß wir als Kinder Rechenaufgaben gestellt bekamen, die Antwort schrieben wir auf eine kleine Tafel, die wir hochhalten mußten, wenn wir die Aufgabe gelöst hatten. Das Abitur war sehr schwierig, nur etwa 30% bestanden es. Schon vor den Endprüfungen wurde aussortiert, nur ein gewisser Prozentsatz wurde zur Prüfung zugelassen.

Was sagen Sie zu unserer Schulbildung?

In Deutschland lernen die Schüler zu wenig. Auch ich bin hier faul geworden. Du darfst Formelsammlungen zur Prüfung mitbringen. Vor der Prüfung schaust du dir nur drei, vier Tage lang die Formelsammlungen an. Danach kannst du sie bestehen. Du mußt dir nichts merken.

Was würden Sie ändern?

Ich würde keine Unterlagen zur Prüfung erlauben. An der Elfenbeinküste durften wir zur Prüfung nur Stifte zum Schreiben mitbringen. Das war alles, auch an der Uni. Die Aufgaben wurden mit Lösungsbogen verteilt. Es ist ganz einfach: Wenn du deine Formel nicht kennst, kannst du deine Aufgaben nicht lösen. Du wirst gezwungen, die Formeln zu lernen. Du wirst gezwungen, dein Gedächtnis zu trainieren. Nach dem Studium weißt du etwas. Dasselbe gilt für die Schule. Ohne etwas auswendig zu lernen, weißt du später nichts.

Ich danke Ihnen, Jean-Claude, und hoffe, daß Sie bald nach Abidjan zurückkehren können.

"Ewige" Studenten und "ewige" Studentinnen

Da viele Studenten nebenbei arbeiten, verzögert sich häufig ihr Studium. Einige Studenten werden nebenbei Unternehmer und kommen nicht mehr zur Hochschule zurück, da ihnen ihr Unternehmen keine Zeit zum Studium läßt. Das Studium sollte sie eigentlich befähigen, ein Unternehmen zu gründen. Sie müßten aber ihre Firma schließen, um zu studieren. Von solchen Studenten soll in den nächsten Kapiteln berichtet werden, zunächst aber von Anna-Maria, der "ewigen" Studentin, und von unserem Taxifahrer, der sich erst nach Jahren von der Hochschule abmeldete.

Der Taxiunternehmer

Es gibt Studenten, die das Studium nicht beenden und trotzdem eine Anstellung haben, es gibt Absolventen, die trotz Diplom keinen Job finden und so weiter.

Zu meinen Bekannten gehört ein ehemaliger Informatikstudent ohne Diplom. Zunächst war er selbständig, seine Firma wartete die Tankstellenkassen von Ölfirmen. Er mußte die Kassen installieren und auch die Tankwarte in die Bedienung der Kassen einführen. Privat schrieb er auch Software. Deshalb hatte er keine Zeit, das Diplom zu machen. Direkt war er wohl an der Mathematik gescheitert. Er machte keine Anstrengungen, sie zu bestehen, und entwickelte im Laufe der Zeit einen Widerwillen gegen dieses Fach. Er wurde sozusagen allergisch gegen Mathematik, genauer gesagt, gegen Mathematikprüfungen. Deshalb blieb er ohne Diplom, obwohl er die fertige Diplomarbeit schon im Schreibtisch hatte, denn die hatte er während des Hauptpraktikums in einer Firma geschrieben.

Erst als er einer schönen Dänin begegnete und heiraten wollte, überlegte er, ob er sein Leben maximal gesteuert hatte. Er suchte und fand eine Anstellung bei einer großen Computerfirma, konnte er doch schon eine langjährige erfolgreiche Praxis nachweisen. Ein fester Job mit Renten- und Krankenversicherung war ihm nun doch lieber als die Freiheit im Job.

Dieser Student war, wie man sieht, nur an der Mathematik gescheitert, aber nicht am Leben.

Aus manchen Studenten wurden auch erfolgreiche Taxiunternehmer, so wie der ewige Student Bernd, von dem ich noch berichten möchte. Er ließ sich wohl deshalb so lange nicht exmatrikulieren, weil er als Student einige wichtige Vergünstigungen hatte, von der Krankenversicherung angefangen, bis zur Fahrkarte bei den Verkehrsbetrieben. Auch als Bernd das Studium schon als hoffnungslos ansah, gab er es noch nicht auf.

Bernd mußte während seines Studiums nicht nebenher arbeiten, seine Studienzeit fiel in die Zeit, als sein Vater noch genügend Geld verdiente. Auch ihm war Mathematik schwer gefallen, vielleicht auch wirklich zu schwer, vielleicht hatte er sich aber nur nicht intensiv genug damit beschäftigt. Bevor er zum dritten Male durchfiel (danach hätte er die Prüfung nur noch einmal mit einer Sondergenehmigung wiederholen können), wartete er lieber ab. Auf diesem Niveau blieb er etwa zehn Jahre lang stehen. Niemand forderte ihn auf, sich exmatrikulieren zu lassen.

In der Zwischenzeit war er zum Geldverdienen ins Taxigeschäft eingestiegen, zunächst als Fahrer. Als er genügend Geld gespart hatte, um ein Taxi auf Kredit kaufen zu können, wurde er selbständiger Unternehmer. Er stellte einen zweiten Taxifahrer an, denn ein Taxi muß Tag und Nacht rollen, wenn es Profit bringen soll. Nach einigen Jahren bestellte er ein zweites Taxi. Natürlich war er sehr fleißig, er selbst fuhr vor allem nachts. Da werden die meisten Taxis gebraucht, da ist der Verdienst am größten. Natürlich fuhr er auch feiertags und am Sonntag. Ich glaube, wenn er sich ebenso intensiv mit Mathematik beschäftigt hätte, hätte er auch die Prüfung bestanden.

Unternehmerisches lag Bernd auch von seinem Vater her im Blut. Äußerst gewissenhaft verwaltete er sein Taxiunternehmen. Er arbeitete unerlaubt lange, nur er kontrollierte sich. Unter eigener Regie zu arbeiten, machte ihm Spaß. Es hatte sich eingependelt: Tags schlief er, nachts fuhr er. Er kannte jeden Nachtclub von Hamburg und auch alle anderen Etablissements. Bordells bezahlen pro gebrachter Person, von manchen Unterhaltungsunternehmen erhielt er Freikarten. Wer Kneipentipps brauchte oder Theateröffnungszeiten wissen wollte, - Bernd kannte sich aus, auch in Trödelläden am Hamburger Hafen. Er konnte Sightseeing-Programme zusammenstellen, so daß, je nach Publikum, alle zufrieden waren.

Durch sein Taxigeschäft gewann er Einblicke in das Hamburger Leben. Er berichtete von einem Millionär, der sich regelmäßig das Essen bringen ließ, mal aus dieser, mal aus jener Gaststätte, meistens aber Pizza, und der seine Wohnung kaum verließ. Auch Kinder oder Hunde transportierte er auf Wunsch. Er war sehr zuverlässig.

Inzwischen hat Bernd die Dreißig schon weit überschritten. Mit sich selbst ist er zufrieden, bezüglich seiner Wohnungseinrichtung geriet er sogar ins Anspruchsvolle. Nur eine Frau, die das Leben mit ihm teilen will, hat er bislang noch nicht gefunden, ist er doch stets nachts unterwegs und muß am Tage schlafen.

Die Mathematik hatte er nach einigen Jahren schon völlig vergessen, aus dem Studenten ist ein junger Unternehmer geworden. Vermutlich hat er sich auch eines Tages von der Hochschule abgemeldet.

Ewige Studentin: Anna-Maria aus Siebenbürgen

Anna-Maria scheint die ewige Studentin zu sein. Irgendwann will sie auch das Diplom machen, sie hat sich das fest vorgenommen. Ihr Charakter spricht allerdings dagegen.

Anna-Maria kommt aus Siebenbürgen, sie gehört zur ungarischen Minderheit, die allerdings die Mehrheit in Siebenbürgen darstellt, nur gehört Siebenbürgen seit dem Vertrag von Trianon zu Rumänien. Sie stammt aus einem Dorf, in dem alle Leute ungarisch sprechen, abgesehen von den drei Dorfpolizisten, die Rumänen sind. Das Dorfleben ist ganz bürgerlich, bürgerlicher als in einer Großstadt. Hier kennen sich alle, am Sonntag geht es im Sonntagskleid zur Messe. Es würde der Gemeinde auffallen, wenn ein Dorfbewohner fehlte.

Die dörfliche Tugend und die Überwachung durch die Dorfpolizisten, diese zweifache Bewachung also, waren Anna-Maria schon lange zuwider. Bis zum Abitur - das sie in der nahe gelegenen Kreisstadt ablegte - mußte sie es aushalten. Dann lockte die Welt. Sie heiratete, wie das in Siebenbürgen üblich ist, wenn man nach Ungarn übersiedeln möchte und noch ledig ist, einen Ungarn aus Ungarn und zog danach ein Land weiter.

In Budapest fing sie an, Jura zu studieren. Das erschien ihr sehr aussichtsreich. Nachdem die Scheinehe geschieden war, heiratete sie einen Budapester in guter Position. Sie war sehr glücklich, eine Zeit lang. Aus dieser Ehe entstammt ihre einzige Tochter. Eine Weile setzte Anna-Maria mit dem Studieren aus, aber zu Hause zu sein, war ihr zu langweilig. Immer noch lockte die Welt.

Diese kam in Gestalt eines Hamburger Journalisten zu ihr, der für ein berühmtes Hamburger Journal in Budapest recherchierte. Die Zeitschrift unterhält ein Büro in Budapest. Uwe war im allgemeinen allein zu Haus und zog es deshalb vor, am Abend in Budapester Gaststätten zu sitzen. Die besten sind die, die von Einheimischen frequentiert werden. Sie sind am billigsten und haben die beste Küche. Das bleibt einem Journalisten nicht verborgen.

In einer solchen Gaststätte lernte er Anna-Maria kennen, die sich mit ihren Freundinnen verabredet hatte. Anna-Maria war ziemlich hübsch und immer noch jung, auf alle Fälle zehn Jahre jünger als unser Hamburger Journalist. Außerdem kannte sie sich in Budapest aus, so etwas ist für einen Journalisten von Nutzen. Er traf sich also öfter mit Anna-Maria, die für Deutschland schon lange schwärmte. Sie hatte nur Positives darüber gehört. Ungarn sind im allgemeinen sehr deutschfreundlich, vielleicht allzu sehr, schon oft hat ihnen ihre Beziehung zu Deutschland geschadet, wie man an der ungarischen Geschichte ablesen kann. Im ungarischen Parlament wurde bis 1848 deutsch gesprochen, auch die Erinnerung an die Donaumonarchie bringt Affinitäten. Deutschland galt lange Zeit als Land der Träume für Ungarn. Später begannen sie, auch von den USA zu träumen, und Englisch steht nun an erster Stelle bei den Fremdsprachen.

Anna-Maria konnte sich Deutschland gut vorstellen. Hamburg mit den vielen Brücken - das Venedig des Nordens - erschien ihr besonders reizvoll. Außerdem hing der Haussegen bei Anna-Maria schon seit langem schief. Als sie Uwe, den Hamburger Journalisten, kennenlernte, dachte sie bereits über ihre Scheidung nach. Das Scheidungsinteresse des Ehepaares war beiderseitig, Anna-Marias Mann hatte sich eine Frau gewünscht, die zumindest Hausfrau ist, wenn sie schon kein Geld dazu verdient, wie das im Ostblock üblich war. Die meisten Ungarinnen sind sehr häuslich, kochen und backen gern, können stundenlang über neue Kochrezepte reden, können auch tagelang bügeln und im Haushalt tätig sein. Die Familie hat in Ungarn einen hohen Stellenwert, die Familie ist noch immer die Grundeinheit, auf der die Gesellschaft aufbaut.

Anna-Maria war aber zu viel Häuslichkeit zuwider, dazu war sie nicht nach Ungarn gezogen. Sie wollte die Welt kennenlernen, dazu war sie von Rumänien ausgezogen, und deshalb hatte sie ihre Heimat aufgegeben. Ihre Kleinstfamilie war ihr zu wenig, außerdem hielt sie sie vom Studium ab. Immer noch wollte sie ihr Diplom machen. So kam ihr Uwe gerade recht. Sie erzählte ihm von ihren Problemen, später auch von ihrer Scheidung. Uwe beriet Anna-Maria und unterstütze sie mit Rat und Tat. Sie trafen sich nun fast täglich, schließlich zogen sie zusammen, Anna-Maria brachte ihre Tochter mit. Sie ging auch wieder zur Universität.

Erst als die Zeitschriftenredaktion ihren Journalisten nach Hamburg zurückbeorderte, stellte sich heraus, daß Uwe verheiratet war und seine Familie in Hamburg lebte. Anna-Maria war sehr böse. Sie warf Uwe vor, er habe ihr nicht die Wahrheit gesagt, im Gegensatz zu ihr, die sich ihm völlig offenbart hatte. Sie könne kein Vertrauen mehr zu ihm haben. Trotzdem zog sie mit Uwe nach Hamburg, als er ihr das Angebot machte, sie zu begleiten. Anna-Marias Tochter zog auch mit. Uwe mietete eine Wohnung in Hamburg, in die sie zu dritt einzogen. Zwar hatte er ein schlechtes Gewissen, aber von Anna-Maria konnte er nicht lassen.

Anna-Maria begann, wieder zu studieren, diesmal Soziologie, denn Jura konnte sie in Deutschland nicht fortsetzen. Ungarische Gesetze paßten nicht auf Deutschland, sie wollte aber in Deutschland bleiben.

Nach einigen Jahren ließ sich Uwes Frau scheiden, und der Journalist und Anna-Maria konnten heiraten. Ihre Ehe stand aber von Anfang an unter keinem guten Stern. Immer noch nahm Anna-Maria Uwe übel, daß er ihr einst nicht die Wahrheit gesagt hatte.

Sie gehört nicht zu den Seßhaften. Immer wieder lockte die Welt. Wenn der Journalist keine Zeit hatte, fuhr sie auch allein in Urlaub. Als Studentin konnte sie sich das leisten. Auf einem Trip nach Spanien lernte sie einen feurigen Spanier kennen und lieben. Fortan war Spanien ihr Ziel. Sie entschloß sich, in Barcelona weiterzustudieren und leitete den Studienplatzwechsel ein. In Europa ist das kein Problem, internationale Kontakte sind Alltag, Sprachenlernen ein Muß.

Sie wechselte kurz entschlossen zum nächsten Semester auf eine Universität nach Barcelona. Ihre Tochter nahm sie mit, persönliche Dinge und Möbel verkaufte sie. Schließlich brauchte sie auch etwas Anfangskapital. Ihrem Journalisten sagte sie die Wahrheit, er bedauerte, sie zu verlieren. Er liebe sie immer noch, sagte er, und schickte ihr Geld. Jeden Monat 1500 Euro netto, das hätte ihr sowieso zugestanden bei seinem Einkommen. Er wollte sich nicht erst verklagen lassen, er zahlte gleich. Außerdem war er ein verantwortungsvoller Mensch. Sie selbst hatte kein Einkommen, mußte aber von etwas leben. Er gab auch die Hoffnung nicht auf, Anna-Maria könnte eines

Tages, vielleicht nach Studienabschluß, zurückkehren. Diese sagte aber, es sei ihr zu kalt in Hamburg. In Ungarn beginne der Frühling schon im März, und bis Oktober sei das Wetter warm. In Spanien sei das Wetter einfach besser. Dagegen konnte auch der Journalist nichts sagen, das stimmte.

Anna-Maria mietete in Barcelona eine Wohnung, in die sie mit ihrem Spanier und ihrer Tochter einzog. Den Spanier kannte sie nur von ihrem einwöchigen Urlaub, aber er sei ihre große Liebe, sagte sie, und das glaubte sie auch. Nach wenigen Wochen schon, stellte der Spanier fest, daß ihm das Leben mit Anna-Maria zu aufwendig war. Er hatte Finanzprobleme, er stammte aus einem spanischen Dorf, wo das Leben billiger war. Anna-Maria hatte in Hamburg nicht sparen müssen, sie setzte ihren Lebensstil in Barcelona fort, nur war er dort mit dem Geld, das sie von ihrem deutschen Ehemann erhielt, nicht fortsetzbar.

Zunächst mietete sie deshalb eine kleinere Wohnung, die weniger Miete kostete. Ihr Spanier aber hatte zu diesem Zeitpunkt schon längst die Flucht ergriffen. Er war zurück aufs Land gezogen, woher er stammte, und zurück zu seiner Familie. Neueste Meldungen besagen, daß Anna-Maria nach Beendigung dieses Semesters nach Deutschland zurückkehren möchte, möglicherweise will sie nach Frankfurt gehen. Immer noch will sie ihr Diplom machen.

Junge Unternehmer in Deutschland

In der Zeit, als die Informatiker von der Industrie händeringend gesucht wurden, hatten die Hochschulen nur noch Studenten in den ersten Semestern. Spätestens im Industriepraktikum wurden die Studenten der Softwaretechnik und der Technischen Informatik abgeworben. Vom fünften Semester an waren deshalb die Studenten an der Hochschule in Hamburg rar.

Viele Studenten arbeiten, müssen arbeiten und gründen deshalb auch öfter kleine Unternehmen. Als ich einen Computer bei der Firma "Bitfactory" kaufen wollte, wurde ich sehr freundlich begrüßt. Ich traf auf ehemalige Studenten von mir. Sie kannten noch meinen Namen. Sie hatten bei mir in der Vorlesung "Algebra für Informatiker" gesessen. Ich fragte, wann sie denn das Diplom machen würden. Sie sagten, sie hätten im Moment keine Zeit dazu, aber vielleicht später. Manche Studenten geben auch ganz auf, wenn sie außerdem noch familiäre

Verpflichtungen eingehen. Von zwei Deutschen, die an der Hochschule in Hamburg studierten, möchte ich berichten.

Junger Unternehmer in Hamburg

Zu Ostern erhielt ich eine E-mail von den Virgin Inseln in der Karibik. Mein ehemaliger Student Jens schrieb, er sei dienstlich unterwegs. Jens begann als Student eine kleine Unternehmung. Es hat sich so ergeben, sagt er. Das Unternehmen begann nicht so, wie es in Hochglanzbroschüren eine Zeit lang angepriesen wurde: mit Kapital von einer Bank und einer Gründungszeremonie. Es gab keine Start-up-Firma aus der Taufe zu heben, die Firma startete so nebenbei. Seine Unternehmung begann nämlich mit einer Idee, und so sollte es auch sein. Ganz solide, ganz altmodisch. Kenntnisreich. Zuerst die Idee, dann die Firma.

Jens hatte noch keine Zeit, sein Studium zu beenden. Ob er je die Zeit dazu finden, ist fraglich. Schließlich hat auch Bill Gates kein Diplom gemacht und ist gut vorangekommen.

Als Student interessierte er sich schon immer für Handys. Neben dem Studium der Elektrotechnik arbeitete er bei verschiedenen Firmen, die sich mit Handys beschäftigten, ja sogar als Handyverkäufer beim technischen Kaufhaus Brinkmann. Aber das war zu Beginn seiner Laufbahn. Er war einer der ersten, der vom Handy ins Internet ging. Er entwickelte Verbindungskabel, die bei ihm genau ein Zehntel des üblichen Preises kosteten. Manchmal erschien er mit einer Pappschachtel voller Bauteile, die er an Kommilitonen weitergab, damit sie für ihn Kabel bauten. Die Kabel verkaufte er über das Internet. Der Handel blühte langsam, aber stetig auf. SMS-Nachrichten waren für Schüler schon unerläßlich geworden, allseitige Erreichbarkeit ein Muß für Geschäftsleute. Der Internethandel brachte Kontakte, weitere Aufträge kamen hinzu. Er schrieb Programme, baute Rechnernetze, entwickelte eigene Software dafür. Er wurde zu einem Netzwerkexperten. Aufträge über Datenbanken gingen ein. Für ein großes Unternehmen, das vorwiegend langlebige Batterien herstellt, entwickelte er Software und Datenbanken für ein Spiel, bei dem Jugendliche auf Island Aufgaben mit Hilfe von Freunden in Hamburg per Datenfernübertragung mittels Handy, SMS und Internet lösen sollten.

Der junge Mann, der nicht genügend Platz in dem Reihenhaus hatte, das ihm seine Tante vererbt hatte, baute die Garage zum Büro um und rückte seinen Schreibtisch dorthin. Die Garage war auch gleichzeitig Lagerplatz für seine Kabel- und sonstigen Bauteile. Ein Beispiel, das an Bill Gates erinnert. Nur daß es in Hamburg nicht allzu viele glückliche Studenten gibt, die eine Garage als Werkstatt verwenden können, da sie im allgemeinen gar keine Garage besitzen und auch keine Eltern haben, die über eine Garage zu viel verfügen.

Schon im dritten Jahr machte unser Freund mit seinem kleinen Unternehmen eine halbe Million Mark Umsatz.

Jens ist ein echter Hamburger, das heißt, er wurde in Hamburg geboren und seine Eltern auch. An der Hochschule in Hamburg begegnet man nicht allzu vielen "echten" Hamburgern.

Da seine Mutter als Lehrerin an einer Waldorfschule tätig war, lag es nahe, daß auch er diese Schule besuchte. Hier wurde er zur Kommunikation erzogen, was ihm im späteren Leben viel nützte. Weniger effektiv war die technisch-wissenschaftliche und mathematische Ausbildung, die ihm an dieser Schule zuteil wurde. Nach dem Abitur hatte er diesbezüglich Nachholbedarf. Er wollte deshalb auch an einer Fachhochschule studieren und nicht an einer Universität. Er verzichtete von vornherein auf eine wissenschaftliche Laufbahn, die Praxis hatte für ihn eine größere Anziehungskraft.

Zwar gibt es Studenten an der Hochschule, die später zur Universität umsteigen, den wissenschaftlichen Weg einschlagen und promovieren, aber das sind Ausnahmen. Viel öfter kommt es vor, daß Studenten von der Universität Hamburg oder Hamburg-Harburg zu uns überwechseln, weil sie fachliche Probleme in den dort sehr fundiert gelehrten Grundlagenfächern haben oder ihnen der gelehrte Stoff zu theoretisch erscheint.

Jens heiratete sehr früh. Noch als Waldorfschüler hatte er seine spätere Frau kennengelernt. In der sowjetischen Umbruchzeit, als die Sowjetunion zugrunde ging und Rußland wieder entstand, suchten viele Russen Kontakt zum Westen. Sie wollten die neue Freiheit ausnützen. Die Waldorfschule von Jens hatte auf russischen Wunsch Kontakt zu einer Oberschule in Irkutsk in Sibirien aufgenommen, deren Schüler Deutsch lernten und gern in Verbindung mit einer deutschen Schule treten wollten. Irkutsk war weit entfernt, so daß sich die Kontakte zunächst auf Briefe beschränkten mußten. Später wurde aber ein Schüleraustausch organisiert, die sibirischen Schüler wurden nach

Hamburg eingeladen, wo sie bei Gastfamilien wohnten. Die Hamburger fuhren nach Irkutsk.

Jens hatte für die russischen Schüler in Hamburg ein Programm gestaltet, damit sie recht viel anschauen und erleben konnten. Tanja stach besonders durch ihre Fröhlichkeit hervor. Sie war liebreizend und sprach gut Deutsch. Eine Klassenkameradin von Jens lud Tanja privat für den nächsten Sommer wieder nach Hamburg ein. Leider hatte sie die Angelegenheit vergessen und war bereits in Urlaub, als Tanja auf dem Flugplatz in Fuhlsbüttel landete. Diese stand nun auf dem Flugplatz und war ratlos. Sie hatte aber verschiedene Telefonnummern von Waldorfschülern dabei. Auch Jens hatte ihr als Organisator des Aufenthaltes im letzten Sommer seine Telefonnummer gegeben. Für alle Fälle, wie er sagte. Ein solcher Fall war nun eingetreten, wenn auch ein Jahr später. Tanja probierte ihre Telefonnummern durch, bei Jens hatte sie Glück, er war zu Hause. Jens fuhr zum Flugplatz und holte Tanja ab. Er lud sie zu sich nach Hause ein, bis ihre Freundin aus dem Urlaub zurückgekehrt sein würde. Für ihn und seine Familie war das kein Problem.

Tanja und Jens verbrachten schöne Sommertage in Hamburg, gingen zum Hafen, zum Fischmarkt und machten Ausflüge an die Nord- und Ostsee. Er zeigte ihr all das, was ihm an seiner Heimatstadt gefiel. Tanja gefiel das auch alles, besonders gefiel ihr aber Jens, den sie erst jetzt richtig kennenlernte. Zwei junge Menschen erobern Hamburg. Wie kann das enden?

Tanja zog nicht zu ihrer Freundin um, als diese wieder nach Hamburg zurückgekehrt war, sondern blieb bei Jens wohnen. Sie war nicht nur fröhlich, sie war auch sehr hübsch, 18 Jahre alt und sehr intelligent. Sie hatte nach ihrem frühen Abitur - in Rußland gehen die Schüler nur zehn Jahre zur Schule - begonnen, Musik zu studieren. Ihre Eltern waren Musiklehrer und gaben auch Konzerte (Geige und Klavier). Tanja folgte den Fußstapfen ihrer Eltern, sie ging auf das sibirische Konservatorium in Irkutsk, um Pianistin zu werden.

Mit der sommerlichen Begegnung begann eine sehr romantische Liebe, die durch die große Entfernung noch verstärkt wurde. Sehnsucht unterstützt, ja potenziert die Gefühle. Dem großen Abschiedsschmerz folgten viele Briefe und ebenso viele, aber teure Telefonate. Nächstes Jahr in Irkutsk! Tanja schickte eine offizielle Einladung, Jens sammelte seine Papiere.

Der sibirische Sommer ist ein großes Erlebnis. Nach langen kalten Monaten beginnt der Sommer fast unmittelbar. Die Natur hat es eilig, sie muß den kurzen Sommer voll ausnützen. Der Frühling fällt auf einen Tag. In der kurzen Zeit der Wärme will sich die Natur voll entfalten. Das Grün bricht fast unvermittelt aus allen Zweigen, es explodiert förmlich. Ein Erlebnis für Jens. Auch die Gastfreundschaft der Sibirier war für ihn ein Erlebnis, überall wurde er wie ein König begrüßt - und nicht nur deshalb, weil er aus dem Westen kam. Tanja und Jens besichtigten das sozialistische Monumentalbauwerk: den Staudamm und das Wasserkraftwerk bei Irkutsk und fuhren zum Baikalsee, dem größten Binnengewässer der Welt. Die Würfel waren längst gefallen, Tanja und Jens wollten sich nicht mehr trennen und beschlossen zu heiraten, da sie so die wenigsten Probleme bei ihren Besuchen haben würden. Nach dem Abschluß des Konservatoriums sollte Tanja nach Deutschland ziehen. Um die Wartezeiten soweit wie möglich abzukürzen, wollten sie gleich heiraten.

Als Jens nach Hamburg zurückgekehrt war, ging er auf die Jagd nach den für die Heirat nötigen Papieren. Das stellte sich als schwieriger heraus, als er gedacht hatte. Die Wünsche der deutschen Seite schienen ihm kaum erfüllbar. Als er auf der russischen Botschaft nach einem Visum Schlange stand, wo alle dort Wartenden ihre Probleme darlegten, hörte er, daß viele Deutsche, die einen Ausländer aus dem Ostblock heiraten wollten, nach Dänemark auswichen. Dort waren weniger Papiere nötig. Danach war es vergleichsweise leicht, die Heirat von der deutschen Seite anerkennen zu lassen. Jens entschloß sich spontan zu einer Heirat in Dänemark. Er besorgte alle nötigen Papiere, und im nächsten Sommer heirateten sie dort.

Ihren Hochzeitstag verbrachten sie in Odense, wo Christian Andersen gelebt hatte, dessen Märchen Tanja auf russisch gelesen hatte. Märchentag, Märchenhochzeit oder nur Hochzeit mit Märchen. Tanja und Jens waren glücklich, auch ohne Hochzeitsgäste. Ein Jahr später beendete Tanja ihr Studium in Irkutsk und zog nach Hamburg.

Schwierigkeiten gab es noch einmal, als sie Deutsche wurde und doch gern Russin geblieben wäre. Andere Probleme gab es nicht. Tanja gab nun privaten Klavierunterricht, Klavierlehrerinnen waren rar in Hamburg. So war ihr Arbeitsproblem mehr ein logistisches. Sie mußte Schüler finden, sich bekannt machen.

Tanjas Eltern, die nun weit entfernt von ihrer Tochter wohnten, zog es in deren Nähe. Sie zogen nach Kaliningrad um, dem früheren

Königsberg. Sie kauften sich mit der Hilfe ihrer Tochter und ihres Schwiegersohnes dort ein Reihenhaus. Ein solches Haus war für deutsche Verhältnisse spottbillig, die Preise lagen unter dem, was in Hamburg allein an Gebühren bei einem Hauskauf zu zahlen gewesen wäre.

Tanja und Jens fuhren oft im Sommer an die Kurische Nehrung, lernten die deutsche und die polnisch-russische Geschichte dieses Gebietes kennen. Tanjas Eltern kamen jährlich für drei Monate nach Hamburg, das war die Höchstdauer für ein Visum. Da sie in Kaliningrad keine Arbeit finden konnten, niemand dort Geld hatte, das er für Konzerte hätte ausgeben können, begannen sie, ein wenig in Deutschland zu arbeiteten, gaben Konzertabende in Altersheimen, machten Musik in Kulturhäusern und bei verschiedenen festlichen Gelegenheiten. Mit dem verdienten Geld konnten sie die folgenden Monate in Kaliningrad wieder überleben. Das Geld reichte meist gerade bis zum nächsten Jahr. Auf Wiedersehen in Hamburg! Manchmal waren sie auch auf die Hilfe ihrer Kinder angewiesen. Die Fahrkarte von Kaliningrad nach Hamburg bekamen sie immer geschenkt.

Ich hatte Tanja kennengelernt, als ich eine Übersetzerin für die Vorträge eines russischen Kosmonauten suchte, der an der Hochschule vortragen sollte. Für sie als Musikerin war es nicht leicht, die technischen Termini zu verstehen. Sie meisterte aber die Übersetzung mit Bravour, denn sie war nicht ängstlich und sehr charmant. Das Publikum war zufrieden und der Kosmonaut auch.

Als Tanja schwanger wurde, erinnerte sich der werdende Vater wieder an die Hochschule und sein Studium. Die Firma lief inzwischen schon fast ohne ihn, jedenfalls der etablierte Teil. Er rief mich an und fragte, wann das nächste Semester beginne. Er wolle nun das Diplom machen, das sei er seinem Kind schuldig, und erkundigte sich, welche Prüfungen er noch absolvieren müsse, denn inzwischen hatte sich die Studienordnung schon zweimal geändert. Er war einige Jahre im unternehmerischen "Abseits" gewesen.

Junger Bauunternehmer

Wenn ein Student endlich das Studium beendet hat, hat er eine neue Sorge: Er muß eine Anstellung finden. Falls er keine findet, wird er meist "selbständig".

Bernhard hat an der Hochschule studiert, nicht Informatik, was jetzt in aller Munde liegt, sondern Bauingenieurwesen. Das interessierte ihn. Sein Diplom war gut und seine praktischen Fähigkeiten sind sehr gut.

Schon vor Beendigung des Studiums begann er, zu arbeiten. Seine Mutter hatte nur ein geringes Einkommen. Sein Vater gilt seit seiner Geburt als verschollen. Bernhard bekam Stipendium, aber davon konnte er nicht leben. Am Anfang des Studiums war das noch möglich, weil er bei seiner Mutter wohnte, aber als der neue Lebenspartner bei ihr einzog, mußte er ausziehen. Das Leben wurde für ihn härter.

Er bekam eine kleine Wohnung von einer Baugenossenschaft. In sie aufgenommen zu werden, hatte ihn große Mühe gekostet. Seine Bemühungen gingen so weit, daß er ihr Grüße aus dem Urlaub schickte. Sie hatten schließlich ein Einsehen, vielleicht auch Mitleid. Die Wohnung - 33 m^2 - lag unweit des Fachbereiches Bauwesen der Hochschule in City-Nord. Er brauchte nur wenige Minuten zu Fuß, mußte aber dennoch, wie jeder Student, eine Monatsfahrkarte der Hamburger Verkehrsbetriebe kaufen, das war so Vorschrift.

Seine Wohnung war äußert bescheiden. Sie bestand aus zwei halben Zimmer, in dem einen halben Zimmer hatte er seinen Computer untergebracht, in dem anderen halben seine Matratze zum Schlafen. Das Bad war nur ein Schlauch in der Plattenbauwohnung, um zur Toilette zu gelangen, mußte er durch die Dusche steigen, die inmitten des Schlauches aus einem umrandeten Abflußloch bestand. Dieses System hatte Platz beim Bauen gespart. Den zweiten Schlauch, den die Wohnung bot, hatte er zum Schrankzimmer erklärt, da genügte eine lange Stange mit Bügeln für die Kleidung. Solche Wohnungen gibt es in Hamburg, und Bernhard war heilfroh, sie zu haben.

Für einen Schrank und andere Möbel hatte Bernhard weder Geld noch Platz, Besuch konnte er eigentlich nicht empfangen, da der nicht wußte, wo er sich hinsetzen sollte. Bernhard mußte nun eine Wohnung bezahlen, und, obwohl die Miete sehr gering war, war sie für ihn doch zu hoch. Er überlegte sich deshalb, wie er zu Geld kommen könnte.

Im Hauptpraktikum hatte er bei einer Firma gearbeitet, die Ausführungspläne für Bauunternehmen erstellte. Er hatte dort - in der Praxis - gelernt, mit dem Zeichenprogramm AutoCAD zu arbeiten und Bewehrungspläne zu zeichnen. Er mußte anhand der vorliegenden Statik errechnen, wie viele Stahlmatten in die jeweiligen Decken oder Wände gelegt werden müßten, damit diese den statischen Anforderungen an das Gebäude genügten. Bernhard empfand diese Aufgabe als spannende Arbeit. Er hatte direkt mit der Baufirma zu tun, nach seinen Plänen wurde gebaut. Der Bauleiter entnahm die zu leistende Arbeit direkt Bernhards Plänen und erwartete auch, daß Bernhard genügend Baustahl und Stahlmatten bestellt hatte, damit zügig gearbeitet werden konnte, denn das Bestellen des Baustahls gehörte auch zu Bernhards Aufgaben. Anfangs hatten ihm die Kollegen der Firma geholfen. Als er sich eingearbeitet hatte, arbeitete er selbständig. Da die Baufirmen meist erst in letzter Minute die Aufträge für die Ausführungspläne vergaben, war bei Auftragsübernahme Eile geboten. Oft mußte Bernhard die ganze Nacht durcharbeiten, am Morgen wurden die Pläne ausgedruckt und kopiert. Sie sollten rechtzeitig auf der Baustelle sein. Nach seinen Plänen wurde auch der Baustahl bestellt. Wie aber kann der Baustahl bestellt werden, wenn die Pläne noch nicht fertig sind, wie können die Pläne rechtzeitig erstellt werden, wenn der Auftrag erst in letzter Minute eingeht. Bernhard hatte nicht selten die Sekretärin einer stahlliefernden Firma mit seinem Charme zu überzeugen, daß Lieferfristen verkürzt werden könnten, daß Stahlmatten umgehend zu liefern seien. Bernhard schaffte das.

Die Arbeit war ein spannendes Unterfangen. Bernhard war davon begeistert und machte sich deshalb selbständig. Er gründete eine Ein-Mann-Firma, wurde Freiberufler. So konnte er nebenher arbeiten und Aufträge annehmen. Nur war die Frage, was nun nebenher lief, das Studium oder die Arbeit. Hatte er einen großen Auftrag angenommen, so waren natürlich die Bewehrungspläne, die Zeichnungen, die Stahlmatten vorrangig. Denn hier ging es um das wahre Leben, die Praxis. Da entwickelte sich das Bauen zur Haupt- und sein Studium zur Nebentätigkeit. Eigentlich sollte das für einen Studenten umgekehrt sein. Bernhard wollte nur arbeiten, um studieren zu können. Ein "bißchen" Arbeit gibt es nicht, mußte er feststellen. Nur alles oder nichts.

Längere Zeit keinen Auftrag anzunehmen, um eine Zeitlang durchgehend zu studieren, erwies sich als ungünstig, da er dann schnell von der Liste der auftragnehmenden Privatunternehmer verschwunden wäre. Mühsam beendete Bernhard sein Studium, aber er schaffte es, später als er gewünscht hatte, aber noch früh genug, um zum Zivildienst eingezogen zu werden, für den er sich einst entschieden hatte. Wegen seines Studiums war er zunächst zurückgestellt worden. Hier nun war guter Rat teuer. Bernhard beschloß, seine Firma weiterlaufen zu lassen, dreht es sich beim Zivildienst doch nur um etwa ein Jahr, wenn man den Urlaub abzog. Er durfte nur nicht allzuviel verdienen, aber das Rechnungslegen konnte er auch etwas verzögern.

Bernhard war frohen Mutes, beides zu schaffen. Hätte er ein ganzes Jahr mit seiner Tätigkeit ausgesetzt, hätte ihm anschließend niemand mehr ein Bauvorhaben angeboten. Bernhard meinte zwar, daß es so viele junge Leute ohne Arbeit gebe, die gern einmal etwas Geld (Sold) beim Zivildienst verdienen würden, und daß man ihn, der gerade am Berufsanfang stand und nun aus der Bahn geworfen wurde, davon befreien sollte. Aber ihm wurde von den zuständigen Dienststellen erklärt, es gehe hier um die Gerechtigkeit. Alle müßten gleich behandelt werden. Den Zivildienst müsse er ableisten wie jeder andere.

Es soll sogar junge Bauern gegeben haben, die, um zu demonstrieren, daß sie in ihrem Ein-Mann-Betrieb unabkömmlich seien, ihre Kühe vor die Kaserne brachten. Bernhard hatte nur einen Computer, der auf ihn wartete, und andere Probleme, als über Gerechtigkeit nachzudenken. Er entschloß sich einfach, sein Arbeitspensum zu verdoppeln.

Bernhard wurde einer Sozialstation zugewiesen, die alte Menschen in einem Hamburger Stadtteil betreute. Seine Aufgabe war es, für sie einzukaufen, nach dem Rechten zu sehen und eventuell auch Staub zu saugen oder aufzuräumen. Pflegerische Arbeiten, Ankleiden und Waschen mußte er nicht übernehmen. Dazu gab es eine Pflegerin.

Bernhard hatte sich schon vor einiger Zeit einen alten VW für 2000 DM gekauft, er war so schlecht wie er billig gewesen war. Bisher war er zur Hochschule gelaufen, nun beschloß er aufs Auto umzusteigen. Am Morgen rief er alle seine Schützlinge an, für die er einkaufen sollte, und fragte nach ihren Wünschen. Dann erstellte er eine Liste. Er ging immer in denselben Supermarkt einkaufen. Das Geld für die Einkäufe legte er einstweilen aus. Seine Pfleglinge zahlten dann später, meistens sogar recht großzügig, so daß etwas Geld für das Benzin auf diese Weise wieder hereinkam.

Bernhard wurde schnell in dem Supermarkt bekannt. Wenn er kam, wurde sogar meist eine Kasse extra geöffnet, denn er hatte es eilig und viel zu transportieren. Einige seiner Pfleglinge bestellten Mineralwasser gleich kistenweise. Eigentlich war die Tätigkeit eines Zivildienstleistenden so berechnet, daß er die Einkäufe mit dem Fahrrad erledigen konnte. Er hätte also für jeden "Patienten" einzeln einkaufen gehen müssen. Wie er aber die Mineralwasserkisten mit dem Fahrrad transportieren sollte, das konnte ihm niemand erklären.

Die Chefin der Pflegestation sah geflissentlich über das Auto hinweg, wenn Bernhard damit vorfuhr. Die Zivilstation hatte auch ein Auto, aber das beanspruchte die dauerangestellte Pflegerin.

Die Chefin verteilte nur Fahrradaufträge an die Zivildienstleistenden, dafür bekam Bernhard auch Kilometergeld, aber natürlich kein Benzin für sein Auto. Das mußte er selbst bezahlen. Allerdings bekam er auch die Zeit nach Fahrrad berechnet, Bernhard sparte auf diese Weise einige Stunden Zeit pro Tag. Die verwendete er, um seine Kleinstfirma aufrechtzuerhalten. Den Computer hatte sich Bernhard erst gekauft, ebenso einen Plotter, damit er die Zeichnungen gleich zu Hause ausdrucken konnte. Per Datenleitung wurden sie dann zum Kopieren geschickt. Nicht selten schickte er danach seine Zeichnungen per Kurier zum Bauunternehmer und auf den Bau. Beim Computer- und Plotterkauf hatte er sich mächtig verschuldet. Bernhard war darauf angewiesen, weitere Aufträge anzunehmen und sie termingerecht zu erledigen.

Häufig wurde Bernhard nachmittags zur Zivilstation bestellt, um Telefondienst zu machen, Arbeiten am Computer zu erledigen, den Drucker zu reparieren oder neue Software zu überspielen. Er machte sich nützlich, wo er konnte, und hatte dadurch einige Narrenfreiheit in der Zivilstation, die wiederum seine Ein-Mann-Firma am Laufen hielt. Immer war er im Streß, selbst wenn er Telefondienst hatte, überlegte er, wie er die Stahlmatten so in seine Bauten legen konnte, daß am wenigsten Abfall entstand. Über Architekten konnte er stundenlang fluchen.

Manchmal mußte Bernhard einen Pflegebedürftigen im Park spazieren fahren. Das gehörte auch zu seinen Aufgaben. Dabei spielten sich komische Szenen ab. Er hatte immer sein Handy dabei, damit er von seinen Baufirmen jederzeit angerufen werden konnte. Manchmal verlief das so: In der einen Hand hielt er das Handy, mit der anderen schob er den Rollstuhl. Er sagte zu seinem Bauleiter: "Wir treffen uns heute um vier." "Was machen wir um vier?", wollte die Oma wissen, die er schob. Bernhard: "Das betrifft nicht Sie." Die Oma erstaunt: "Mit wem haben Sie denn gesprochen?" Von Mobiltelefonen hatte sie noch nichts gehört. Bernhard nützte also jede Minute, um am Bauhimmel zu bleiben, um nicht unterzugehen.

Er erlebte es auch, daß seine Pflegebedürftigen verstarben. Einmal war er sogar zu einer Trauerfeier für eine Verstorbene eingeladen, für die er gut gesorgt hatte. Einerseits war Bernhard gerührt davon, eingeladen zu werden, andererseits wollte er sich nicht durch allzu viele Gedanken an den Tod betrüben lassen. Als junger Mensch schob er Gedanken an den Tod weit von sich, aber der Zivildienst brachte es mit sich, daß er damit in Berührung kam.

Manche Patienten verließen ihre Wohnungen kaum noch, Bernhard bedeutete ihre einzige Abwechslung. Sie warteten schon am Morgen auf ihn. Manche Wohnungen waren renovierungsbedürftig, manche Patienten pflegebedürftig. Nicht alles war erhebend, was Bernhard in dieser Zeit sah. Er sah, daß sich mancher zu Tode rauchte, mancher zu Tode trank. Eine alte Frau bestellte die Zigaretten stangenweise bei ihm. Bernhard kaufte immer reichlich Zigaretten ein, damit er nicht so oft danach laufen mußte. Die Zigaretten ließ er dann im Kofferraum seines Autos. Als die Frau schon gestorben war, hatte er immer noch Zigaretten ihrer Lieblingsmarke im Auto.

Sein Nachfolger im Zivildienst war ein junger Mann von 18 Jahren, ohne Auto. Vielleicht hätte ich auch *vor* dem Studium den Zivildienst ableisten sollen, dachte Bernhard, da wäre es für mich einfacher gewesen. Damals, so erinnerte er sich, hatte es aber gerade einen numerus-clausus-freien Studienzugang im Bauingenieurwesen gegeben, ein Jahr später wären seine Abiturnoten nicht mehr gut genug gewesen, um sofort anzukommen.

Das Doppeltarbeiten zeigte schon seine Auswirkungen. Er mußte sich nun endlich wieder ganz um sein Geschäft kümmern. Den Urlaub hatte er an das Ende des Zividienstes gelegt. Froh war er, daß er diesen bezahlt bekam und auch noch ein Extrageld zur Überbrückung. So konnte er einen Teil seiner Schulden abzahlen. Bernhard stieg nun wieder in die Bau- und CAD-Branche ein.

Bernhard hatte nur wenige Kommilitoninnen, und nur kurzzeitig hatte er eine Freundin. Für sie war sein Arbeitsprogramm nicht erträglich, und sie suchte und fand einen Freund, der mehr Zeit für sie hatte. Manchmal lud Bernhard auch Gäste zu Spaghetti ein. Er war inzwischen ein gewiefter Nudelkoch geworden. Er kaufte fertige Soße und Hackfleisch und zauberte ein prima Nudelessen. Davon ernährte er sich hauptsächlich. Wenn er Besuch hatte, so knitterte sich dieser irgendwie in sein Schlafzimmer. Es war eng, aber lustig.

Eines Tages freundete sich Bernhard mit einer Versicherungsmaklerin an, er wurde ihr williges Opfer. Sie organisierte seine Kranken- und Altersversicherung, auch sein Hausrat wurde versichert, denn Computer und Plotter waren unersetzlich für ihn. Außerdem steuerte sie eine Katze zu seinem Haushalt bei. Es war eine wunderschöne Katze von einer Nordseeinsel mit einem herrlichen dichten schwarzen Fell. Bernhard mochte diese Katze, aber sie richtete in seiner Miniwohnung eine ziemliche Zerstörung an. Am liebsten schlief sie in seinem Bett, was ihm aber nicht gefiel. Bernhard baute ein Laufbrett vom Arbeitszimmerfenster nach unten, so daß die Katze Auslauf hatte. Da er im Erdgeschoss wohnte, war das kein Problem. Die Katze ging und kam, wie sie wollte. Das Zusammenleben lief sich ein, wenn sich die Enge der Wohnung nun auch noch mehr bemerkbar machte.

Als Bernhard und der Katze die Wohnung endgültig zu klein geworden war, begab er sich wieder zu der Baugenossenschaft. Sie hatten ein Einsehen und vermittelten ihm eine Wohnung nahe am Hafen, nicht weit vom Kai, an dem das Museumsschiff *Rickmer Rickmers* liegt. Die Wohnung war auch nicht groß, aber ein entschiedener Fortschritt, und er dachte nicht daran, so bald wieder auszuziehen.

Nur die Katze zog aus. Sie machte nämlich ihren Verdruß über den Umzug deutlich, sie wurde unausstehlich, jedenfalls empfand es Bernhard so. Da sie nun - aus dem dritten Stock - nicht mehr auf die Straße konnte, und den ganzen Tag in Bernhards Wohnung verbringen mußte, wo ihr nicht gestattet wurde, in das Schlafzimmer vorzudringen, vertrieb sie sich die Zeit mit Zerreißen von Zeichnungen, pinkelte in die Dusche, was eigentlich als intelligent anerkannt werden müßte, Bernhard aber störte. Sie machte ihm durch ihr wildes Verhalten unmißverständlich klar, daß sie in dieser Wohnung nicht wohnen wollte. Bernhard überlegte, was er tun konnte. Nach reiflicher Überlegung brachte er die Katze auf einen Bauernhof, was wirklich eine Sternstunde für die Katze war. Sie hatte sich durchgesetzt, ihr Leben war nun wieder in Ordnung.

Bernhards Leben war anfangs nach dem Umzug noch ganz in Ordnung. Er liebte es, sich in die kleinen Cafés an der Ecke zu setzen, aus gesellschaftlichen Gründen ging er auch, sofern das sein Budget erlaubte, in eine der kleinen Gaststätten essen, die am Hafen zu finden sind. Viele von ihnen werden von Ausländern betrieben, er konnte unter anderem zwischen spanischer, portugiesischer, griechischer Küche wählen. Dort traf er Nachbarn von seiner Straße. Mit der Zeit kannten sich die Leute und sprachen ein paar Sätze zusammen, was Bernhard sehr angenehm war, da er ja zu Hause allein in seinem Ein-Mann-Büro arbeitete. Er war zufrieden. Seine Arbeit fand er nach wie vor spannend, und sie hielt ihn in Atem. Ab und zu konnte er ein

Bauwerk retten, wenn zum Beispiel ein Architekt nachträglich in einem Stahlträger eine Öffnung geplant hatte oder eine tragende Wand zum Einsturz gebracht werden sollte. Besondere Leistungen wurden auch besonders honoriert. Aber im allgemeinen lief das Geschäft schlechter als am Anfang. Manchmal bekam er Aufträge, die hätten schon gestern erledigt sein sollen. Das war zum Beispiel der Fall, als ein Bauingenieur durch Herzinfarkt aus einem Projekt ausschied. Dieser hatte sich mit 60 Jahren noch die Pläne für ein ganzes Heizwerk aufgebürdet. Die Überlastung und die Angst, die Arbeit nicht zu schaffen, hatten ihn wohl umgebracht. Er zeichnete noch mit Hand, ohne Computer.

Bernhard zeichnete zunächst hinter dem Bau her, es war ein Wettlauf mit der Zeit. Tag und Nacht saß er am Computer. Bei diesem Bauvorhaben gab es noch einen zweiten Toten. Die Baufirma versuchte nämlich, die Preise zu drücken. Sie war bei der Auftragsvergabe hartem Wettbewerb ausgesetzt gewesen, Preisdumping war angesagt. Sie sparte, wo sie konnte, besonders bei der stahlliefernden Firma. Der Baustahllieferant hatte sich ebenfalls mit dem Bau verkalkuliert, nach Fertigstellung des Werkes mußte er Konkurs anmelden. Der Firmenbesitzer konnte das nicht verwinden und erschoß sich.

Bernhard lernte, daß Arbeit ein Risiko ist, nicht nur ein Vergnügen, wie er anfangs gedacht hatte, und daß zur Arbeit nicht nur Kompetenz und Einsatzfreude gehören, sondern auch harte Kalkulation und konsequente Wirtschaftlichkeitsberechnung. Wegen der schlechten Konjunkturlage im Bauwesen mußte er viel mehr arbeiten als früher. Aufträge wurden von der Baufirma im allgemeinen an den billigsten Anbieter vergeben, so unterboten sich die kleinen Firmen für Nachfolgeaufträge untereinander.

Er hatte zudem eine Bauhaftpflichtversicherung über eine Bausumme von 2 Millionen DM zu bezahlen, da er anderenfalls keine Aufträge bekommen hätte. Er hatte also diese Haftpflichtversicherung, Miete, Telefon, Internetanschluß, Autosteuer und –versicherung, eine private Rentenversicherung, Krankenversicherung und seine Hausratversicherung zu bezahlen. Allein, um auf Null zu kommen, mußte sich Bernhard schon tüchtig anstrengen. Dabei stand er ständig unter dem Kreuzfeuer der Baufirmen, arbeitete nächtelang, um Termine zu halten, die von vornherein eigentlich gar nicht zu halten waren, da er die Aufträge zu spät bekam und die Baufirma im schlimmsten Fall sogar schon mit dem Bau begonnen hatte.

Zeitweise war Bernhard verzweifelt. Deshalb versuchte er, eine neue Arbeit zu finden und studierte die Zeitung. Eine Maklerfirma, die Neubauten für ein Baubüro vertrieb, suchte einen Bauingenieur, der Grundstücke als Baugrundstücke begutachten und als solche umschreiben lassen konnte, um diese dann mit Bauvertrag zu vermarkten. Bernhard, der gern etwas hinzulernen wollte, bewarb sich und wurde unter vierzig Bewerbern ausgesucht. Er bekam 1500 DM Grundprovision pro Monat, wohl für das verbrauchte Benzin, wie er sagte, denn er mußte viel herumfahren. Er sollte Provision pro Verkauf bekommen, die Lage war aber schlecht, so daß die Leute im allgemeinen nur nachfragten, aber nichts kauften. Außerdem war es Bernhard unangenehm, Kleinfamilien mit geringem Einkommen einen Bauvertrag aufzuschwatzen, womit sie sich nach seiner Meinung vollkommen übernahmen und fürs ganze Leben verschuldeten. Deshalb kündigte er nach drei Monaten wieder.

Nun mußte er wieder Baupläne zeichnen, womit er aber nur das Allernötigste verdiente. Aber immerhin könne er überleben, sagte er, und es komme wenigstens etwas Geld herein. Die Frage, ob er nicht Sozialhilfe beantragen sollte, stellte er sich nicht, er hätte dann nämlich alle seine teuren Versicherungen kündigen können. Bernhard, der aus armen Verhältnissen stammt, wollte unbedingt arbeiten. Er wollte auch seine Mutter nicht enttäuschen. Sie war noch nicht fünfzig Jahre alt, als die Ärzte eine unheilbare Krankheit feststellten, die mehr und mehr zur Bewegungsunfähigkeit führte. Als Bernhards Geschäfte nicht mehr so gut liefen, saß sie schon im Rollstuhl und konnte kaum noch laufen. Für seine Mutter wollte er erfolgreich sein, einer, der aus eigener Kraft das Studium gemeistert hat und gut vorangekommen ist.

Bernhard hätte vielleicht bessere Chancen auf dem Computersektor gehabt. Mit Computern kannte er sich von Berufswegen aus. Er konnte sich aber bisher nicht entschließen, sein Fachgebiet zu wechseln. Er müßte sich umstellen. Darüber denkt er gerade nach.

III. Hochschulwelt

Hochschule im Wandel

Wir haben auch einen Bestsellerautor unter den Professoren in Hamburg. Er war Professor am Englischen Seminar der Universität Hamburg. Neben dem Bestseller „Campus", den ihm die Uni Hamburg übel nahm, schrieb er auch einen über „Bildung", wo in einem Buch zusammengefaßt wird, was der Mensch alles wissen muß. Mathematik kommt dabei allerdings nicht vor.

Ich erinnere mich an einige seiner Artikel über das Hochschulwesen. Unvergessen bleibt mir ein Zeitungsartikel, in dem über die „Topfpflanzen" berichtet wird. Sie waren nämlich das einzige, so stand zu lesen, worüber in einer Sitzung eines Hochschulgremiums entschieden werden konnte. Alle anderen Fragen blieben ungelöst.

Die Gremien an der Hochschule, in denen Entscheidungen getroffen werden sollten, setzten sich aus Professoren, Mitarbeitern, aufgeteilt in wissenschaftliche und sonstige Mitarbeiter (WIMI und SOMI), Studenten und andere zusammen. Gute Ideen konnten sich häufig wegen der Abstimmungslage nicht durchsetzen. Auch behinderten sich die Professoren selbst, indem sie sich in eine gelbe Liste und eine HLB (Hochschullehrerverein)-Liste aufspalteten. Niemand konnte mir Neuling aus Ostdeutschland wirklich erklären, was die "gelbe" Liste bedeutet.

Da ich nicht die gesamte westdeutsche Hochschulentwicklung miterlebt habe, ist mein Verständnis für das Hochschulwesen beschränkt. In der ehemaligen DDR, in der ich bis zum Jahre 1984 lebte, gab es weder Fachhochschulen noch die 68-iger Revolution.

Die Fachhochschulen sind nicht hierarchisch strukturiert. Obgleich ich die Gremien als demokratisches Werkzeug anerkenne, bezweifle ich doch, daß erfolgreich geforscht werden kann, wenn keine klaren Kompetenzbereiche und hierarchische Strukturen vorhanden sind.

Der neue Briefbogen mit dem Namen "Hochschule für angewandte Wissenschaften", den die Fachhochschule Hamburg nun angenommen hat, trägt auch das Logo "Reform Fachhochschule". Wir sind also ein Reformhaus, ein reformiertes Haus, ein reformierfreudiges Haus, ein immer wieder zu reformierendes Haus. Das Konzil der Hochschule wurde zum Beispiel in einen großen Senat umgewandelt, in dem aber nicht mehr die Professoren die Mehrheit haben, wie im früheren Konzil, sondern die Stimmen setzen sich zu je einem Drittel aus Professoren-, Mitarbeiter- und Studentenstimmen zusammen. Mit dieser Neuerung hat sich die grüne Wissenschaftssenatorin in Hamburg verabschiedet. Sie hat die Wahl verloren, aber das Gesetz gibt es nun.

Der neue Wissenschaftssenator der Hansestadt (parteilos) wollte zeigen, daß das neue Gesetz alles andere als modern ist. Er setzte ihm sein *Hochschulmodernisierungsgesetz* entgegen. Damit soll die Gremienlandschaft endlich in ein modern gemanagtes Unternehmen überführt werden. Kern des Gesetzes ist das Mißtrauen gegen die Gremienhochschule. Als Witz betrachten es die Hochschulmitarbeiter allerdings, daß behauptet wird, das Gesetz biete der Hochschule eine größere Selbständigkeit als früher, da ein externer Hochschulrat berufen werden soll, der die wesentlichen Planungsentscheidungen für die Hochschule trifft, also zum Beispiel die Entscheidungen über die Errichtung neuer Studiengänge. Die Mitglieder dieses Hochschulrates werden zur Hälfte von der Behörde und zur Hälfte von der Hochschule selbst bestimmt, es sind aber nur zwei Hochschulmitarbeiter dabei. Weitere Querelen sind vorprogrammiert.

Das gute alte Diplom wird bald durch *Bachelor* und *Master* abgelöst werden. In der Informatik ist das schon geschehen. Wir passen uns an, Europa und die Welt muß sich einig werden. Allerdings sind Bachelor und Master für Fachhochschulen andere als die entsprechenden Abschlüsse für Universitäten. Das wird dann im Ausland doch nicht erklärbar sein. Nicht einmal in Palästina weiß man, was man mit dem Fachhochschulgrad anfangen soll, denn eine Universitäts-Graduierung ist es nicht, eine andere kennen sie nicht. Fachhochschulen sind unbekannt, und mit einem solchen Abschluß kann ein Fachhochschulabsolvent zum Beispiel nicht an einer palästinensischen Universität arbeiten, was unsere palästinensischen Studenten sehr bedauern. Mit den Umbenennungen wird die Verwirrung noch größer.

Allerdings können wir einfach das Zeugnis ins Englische übersetzen, da heißt die zur Hochschule umbenannte Fachhochschule dann "University of Applied Sciences". Durch Übersetzen zum Uni-Diplom? Das versteht kein Palästinenser und ein anderer auch nicht.

Die ausländischen Absolventen legen Wert auf die englische Variante des Zeugnisses.

Lob der Technik

Ich hatte den Eindruck, daß "die Technik" in der Bundesrepublik vor allem kritisiert, aber nicht genügend gewürdigt wurde. Möglicherweise hat das der Innovationsfreudigkeit unserer jungen Studenten und Absolventen geschadet.

Daß keine moderne Wissenschaft, kein Fortschritt in der Entwicklung ohne "Technik" möglich ist, ist unumstritten.

Viele Techniker konnte ich beobachten, für die die Arbeit das Gerüst ihres Lebens war. Ich erinnere mich, mit welcher Begeisterung uns ein Bauingenieur in Hamburg die neue Autobahntunnelröhre unter der Elbe zeigte, mit welcher Freude er von seiner Arbeit berichtete. Ich habe auch Kartographen in einem Institut erlebt, die scheinbar nur die Kartographie glücklich machte. Es ist schön, Menschen zu begegnen, die ein Ziel haben und eine Aufgabe erfüllen wollen.

An der Hochschule wurden zwei Professuren eingerichtet, die sich mit "Technikfolgenabschätzung" beschäftigen. Das Negative der Technik steht hier zur Debatte. Bekanntlich soll man "rohe Kräfte nicht sinnlos walten" lassen und sich die Folgen seines Tuns vor Augen halten. Das stimmt. Leider hat unsere Betrachtungsweise zu einer gewissen Technikfeindlichkeit geführt, die permanent im Raum schwebt. Die Menschen haben die Erfindungen und die Technik oft mißbraucht, ich brauche keine Beispiele zu nennen. Daran ist aber nicht die Technik schuld. Besser wäre es gewesen, diese zwei Professuren als Professuren für Zukunftsentwicklung einzuführen. Ich frage mich, ob es vergleichsweise Professuren für Politikfolgenabschätzung an den politikwissenschaftlichen Instituten der Universitäten gibt.

Frauenförderung - auf die eigene Kraft vertrauen

Frauenförderung muß offensichtlich sein. Das beweist Alice Schwarzer.

Als Frau aus dem Osten kenne ich aber schon die Nachteile der Frauenförderung. Es wurde gefördert wegen des Aushängeschildes. Nicht jede Frau, die die Förderung traf, war auch dafür geeignet. Meine Chefin an der TU Dresden war eine Frau, die auch gefördert worden war, nicht unbedingt zum Vorteil der Studenten. Kurioserweise fühlte sie sich trotzdem diskriminiert. Ein Beispiel: Der Kronleuchter in ihrem Zimmer hatte zufällig weniger Arme als der im Zimmer eines ihrer männlichen Kollegen. Das ist kein Scherz. Zumindest diese Art von Diskriminierung hat sich selbst abgeschafft, unter anderem deshalb, weil es keine Kronleuchter mehr in Dienstzimmern gibt. Die Frauenförderung in der DDR war ein Schlagwort, nicht mehr. Das beweist die Statistik.

Es gibt auch Frauen (zum Beispiel in den USA), die finden die Frauenförderung diskriminierend für Frauen.

Im Moment scheint es noch notwendig, Frauen zu fördern. Ich denke aber, die Frauen sollten sich selber fördern und auf ihre eigene Kraft vertrauen, keine Nische suchen, ihre tatsächlich vorhandenen Talente ausnützen und nicht die Quote im Auge haben. Es wäre auch ein Fehler gleichzusetzen, was nicht gleichzusetzen ist.

Obwohl es in meinem Fachbereich Elektrotechnik und Informatik nur zwei Professorinnen gab, konnte von Diskriminierung nicht die Rede sein. Es hat sich in den letzten dreizehn Jahren keine Frau beworben, die für eine Professorenstelle an unserem Fachbereich geeignet gewesen wäre. Nicht wenig hat wohl dazu auch das Image der "Technik" beigetragen.

Professor an der Hochschule

Elbchaussee

Einer meiner Kollegen wohnt auf der Elbchaussee, in einer Gegend, in die man nicht häufig eingeladen wird.

Dieser Kollege hatte lange Jahre in Bremen gewohnt, jahrzehntelang war er dreimal pro Woche nach Hamburg gefahren, um sein Vorlesungen an der Hochschule zu halten und seinen Betreuungs- und sonstigen Pflichten nachzukommen. Seine Frau war Ärztin, im Laufe der Jahre stieg sie die Erfolgsleiter aufwärts.

Zusammen hatte das Ehepaar ein sehr gutes Einkommen, ein Einkommen, für das ihnen die Bank genügend Geld lieh, um ein Haus an der Elbchaussee abzahlen zu können. In Hamburg zu wohnen, das war schon lange der Traum meines Kollegen, besonders aber auf der Elbchaussee. Kinder hatte das Ehepaar keine. Störungen im Geldverdienen waren nicht zu erwarten. So schlugen sie zu und kauften das Haus mit Blick auf die Elbe.

Das Haus steht gerade oberhalb des Punktes, wo sich die großen Schiffe drehen müssen. Ein sich wiederholendes Schauspiel, das auch ich beobachten konnte, als ich auf der weißen Ledercouch Platz genommen hatte, von der man einen herrlichen Blick auf das Hafen-Panorama hat. Das Haus hat sieben Keller, es ist stufenförmig in den Hang gebaut, ein Meisterwerk der Baukunst. Von mehreren Terrassen hat man einen phantastischen Blick auf die Elbe. Das Obergeschoß ist zu Höchstpreisen vermietet, was zur Finanzierung des Hauses beiträgt. Dort gibt es auch einen Turm, der noch erhabenere Ausblicke bietet. Ein solches Haus zu renovieren, zu modernisieren und zu betreuen, ist ein Lebenswerk.

Obwohl das Haus an der vielbefahrenen Elbchaussee steht, ist der Lärm der Straße nicht zu hören, da es etwas von der Straße zurückgebaut und am Abhang steht. Der Garten ist daher eine Rutschpartie, wenn auch eine schöne. In den vielen Kellern können Gäste, Werkstätten und Sammlungen Platz finden.

Paradox ist, daß sich mein Kollege das Haus erst leisten konnte, als er in Pension ging und gar nicht mehr nach Hamburg hätte fahren müssen. Er hätte ruhig in Bremen wohnen bleiben können. Als Krönung und zum Ende seines Arbeitslebens in Hamburg zog er auf die Elbchaussee und blickt nun täglich auf das Hafengelände und auf das bunte Treiben auf der Elbe, täglich, stündlich wenden die Schiffe vor seinen Augen, immer und immer wieder.

Der Mann aus Husum

Die Fürsorge des Professors galt, neben der Fürsorge für seine Gattin, ganz den Studenten. Seine Frau, die nicht einmal Auto fahren konnte, war auf seine Hilfe angewiesen. Er war ein Kavalier der alten Schule, öffnete den Damen die Wagentür. Er meinte, es sei nicht nötig, daß seine Frau Auto fahren lerne, er fahre sie, wohin sie wolle. Vielleicht meinte er auch, ein Auto in der Familie reiche aus. Zu seinen Eigenschaften gehörte nämlich auch die Sparsamkeit im Materiellen. Am Geistigen war er dagegen sehr interessiert, zu seiner Bildung war ihm kein Buch zu teuer. Für die Studenten war er immer da, auch in den Ferien hielt er seine Sprechstunden regelmäßig ab.

Anfangs hatte er in Verwaltungsgremien mitgewirkt, aber als dort bekannt wurde, daß er auch wirklich meinte, was er sagte und dieses auch in die Praxis umsetzen wollte, wurde er nicht mehr gewählt. Allzuviel Innovation und Veränderung war wohl unerwünscht. Er zog sich aus der Selbstverwaltung der Hochschule zurück und widmete sich ganz seiner Wissenschaft und den Studenten.

Er publizierte mehrere Bücher. Später wurde auch das Internet sein Forum. Er vermittelte mit seiner Homepage seine Gedanken und eröffnete auch einen Shop im Internet, wo er seine Fachbücher verkaufte. Zu Hause hatte er ein eigenes Büro, in dem er allerdings der einzige Mitarbeiter war.

Bei den Studenten war er sehr beliebt, denn er war überaus freundlich und entgegenkommend, fast empfand er väterliche Gefühle für seine Studenten. Das blieb nicht unbemerkt. Er vergab viele Diplomarbeiten, hielt extra Seminare dafür ab, machte sich mehr Arbeit, als er sich hätte machen müssen. Die Arbeit wurde mehr und mehr zu seinem Leben, obwohl er sich immer stärker von der Hochschule zurückzog. Die Studenten blieben aber bis zu seiner Pensionierung seine willkommenen Partner. Sein In-Sich-Zurückziehen lag wohl auch am Verlauf seines Lebens. Das Unglück hatte sich ihn scheinbar zum Partner gewählt.

Knut war ein schweigsamer, schwermütiger Mann, einer vom Norden. Gegenüber den Halligen, nicht weit von Husum, stand sein Elternhaus. Wenn Theodor Storm die Stadt Husum als die *graue Stadt am Meer* beschreibt, so stammt Knut aus dem "grauen Dorf am Meer".

Die Leute dort sind meist zuverlässig, schweigsam und aufrecht. Sie sagen nicht viel, aber sie meinen, was sie sagen. Sie sind nicht spontan, sondern eher ein wenig vorsichtig, lieben es, Geld zu haben, ohne damit zu prahlen. Sie gehen ihrer Arbeit in Ruhe nach. Sie gelten als schwerfälliger Menschenschlag, wenig beweglich, einmal gesagt, gilt immer. Große, gewichtige Typen. Ihre Vorfahren werden Dänen gewesen sein, bis zum letzten Jahrhundert war Schleswig-Holstein dänisch. Viele Leute sprechen dort noch diese Sprache.

Sie lieben es, am Ort zu bleiben. Reisen ist nicht ihre Sache. In Husum ging Kollege Knut zur Schule. Es ist die Stadt Theodor Storms, der dort Amtsrichter gewesen ist. Sein Wohnhaus ist erhalten und wird liebevoll gepflegt. Es steht Besuchern offen und beherbergt die Thedor-Storm-Gesellschaft.

Wer die ausgestellten Dokumente und die Briefe Theodor Storms genau liest, der erfährt, daß Theodor Strom die "falsche" Frau geheiratet hatte, was er schon kurz nach seiner Heirat erkannte. Er blieb jedoch seiner Frau "treu", das heißt, er ließ sich nicht scheiden. Eine

Scheidung kam wohl für einen Amtsrichter damals nicht in Frage. Auch für ihn galt: Einmal gesagt, das gilt. Kurz nachdem er geheiratet hatte, fand er die Richtige. Auch sie blieb ihm ein Leben lang treu. Er ihr ebenso. Erst als seine erste Frau verstorben war, heiratete er die ewige Braut. Sie hatten noch ein gemeinsames Kind.

Theodor Storms Werke charakterisieren die ostfriesische Welt an der Nordsee. Der Schimmelreiter scheitert am Aberglauben der Menschen. Die Menschen, die sich von den Sturmfluten an der Nordsee bedroht fühlten, ersannen vielerlei Mystisches, das ihnen die Angst nehmen sollte. So ersannen die Menschen damals den Brauch, ein lebendes Wesen beim Deichbau zu opfern, damit er bei Sturmflut nicht breche. Ich sehe den Schimmelreiter vor Augen, zerbrechend an der Angst und am Aberglauben der Menschen. Vielleicht wurde diese Angst, die Theodor Storm beschrieb, von Generation zu Generation weitergegeben. In Friesland trieb der mystische Glaube Blüten.

Knuts Familie hielt sich von alledem zurück. Seine Eltern waren keine besonders frommen Leute. Zumindest gehörten sie keiner spiritistischen Vereinigung an. Sein Vater war Bauer, der dem kargen Boden an der Nordsee Ernten abtrotzte. Oft aber war das Klima zu rauh und die Erde zu feucht vom vielen Regen, als daß Kartoffeln, Rüben oder Futtermittel hätten wachsen können. Der Landbesitz der Familie war groß, aber das Land war schlecht. Sie wohnten in einem alten Familienbesitz, der von Generation zu Generation vererbt worden war, der aber zusehends verfiel, da die Landwirtschaft nicht genügend Ertrag brachte. Trotzdem war die Familie bodenständig, und die Landwirtschaft war bei den Söhnen in guten Händen. Nur Knut zog es hinaus aus seinem Dorf, weil er geistig sehr interessiert war. Notgedrungen mußte er sich auf der Suche nach Bildung von seiner Scholle verabschieden. Er blieb ihr aber immer so nahe wie möglich.

Knut studierte in Hamburg, weiter südlich als bis Hannover ist er kaum gekommen. Er war schon Ende der 30iger, als er eine Buchhändlerin heiratete, sie war ein Jahr jünger. Außer Buchhändlerinnen und Klassenkameradinnen hatte er keine Freundinnen getroffen. In seinem Studienfach der Ingenieurswissenschaften waren Frauen rar.

Das Ehepaar hatte ein Kind, das aber im Kindesalter verstarb. Vielleicht hätte sich Knut weltweit nach Hilfe für sein Kind umsehen müssen. Die weite Welt war aber nicht sein Feld. Er versuchte, sein Kind zu beschützen, vielleicht zu sehr. Das Sterben des Kindes war sein Alptraum. Das Ereignis stürzte Knut in tiefste Finsternis. Er war verzweifelt. Vielleicht fand er Trost in der Religion, denn er wurde nach dem Tod seines Kindes ein eifriger Studierer der Bibel und galt in seinen Kreisen als bibelfest. Den Tod seines Kindes konnte er nicht überwinden, er wurde ein einsamer Mensch.

Er begann, Bücher zu schreiben, Bücher, in denen er die Entwicklung der Menschheit analysierte. Er machte die Fehlentwicklung der Menschen an ganz konkreten Punkten fest. Die zehn Gebote der Bibel wurden in Gebote der Gegenwart umgeschrieben, in Gebote des Konsums und der Dummheit. Diese Schriften waren wahrlich kein Vergnügen. Die neuen Bücher verkaufte er wie schon seine Fachbücher über das Internet.

Das Haus, in dem Knut wohnte, war ein Erbstück eines Onkels und schon sehr alt. Das Haus wirkte wie ein altenglisches Haus mit dem Geist von Novalis zwischen den Wänden, sagten die Kollegen. Esoterik zum Anfassen. Die Zeit war im Haus stehen geblieben. Er sei dem alten Haus verhaftet, sagt er, dort habe sein Kind gespielt, er sehe es vor Augen. Wer aus dem Norden stammt, der bleibt, wo er ist.

Wir sind hier nicht auf dem Basar

Die ausländischen Studenten sind überwiegend sehr höflich, höflicher als die deutschen, und zugleich ängstlicher, wirken eher depressiv als aggressiv. Die meisten von ihnen sind froh, daß sie in Deutschland leben dürfen, und versuchen, sich den deutschen Regeln unterzuordnen.

Unter den Schafen gibt es die im Wolfspelz. Ein Kollege kann ein Lied davon singen. Er hatte das Pech, einem ehrgeizigen Studenten aus dem Iran zu begegnen, der unbedingt ein "gut" als Diplomnote bekommen wollte. Ausgerechnet die Diplomprüfungsnote von 2,7 des Kollegen war schuld, das nicht "gut", sondern "befriedigend" als Gesamtnote herauskam.

Es ging dem Studenten darum, die Prüfungsnote von 2,7 auf 2,3 zu verbessern. Er wurde also bei unserem Kollegen vorstellig und versuchte, ihn durch Lob und Schmeicheleien über seine Vorlesung umzustimmen. Dieser war allerdings nicht dafür bekannt, Noten nachträglich abzuändern, denn er gab sich große Mühe bei der Notenerteilung und versuchte, so gerecht wie möglich zu sein.

Der Ton des Studenten ging vom Loben zum Fordern über, er beschwor das Schicksal seines Volkes, das ungerecht behandelt würde.

Auch seine Note entspräche dem. Das ließ sich der Professor nicht sagen. Sachlich versuchte er, über den Inhalt der Klausur und die Benotung zu diskutieren. An solchen inhaltlichen Diskussionen lag dem Studenten aber nichts. Er wollte die Note geändert haben.

Nach längerem vergeblichen Bemühen platzte dem Kollegen der Kragen: "Wir sind hier nicht auf dem Basar. Über Noten wird nicht verhandelt!" (Und meinte: Darum wird nicht gefeilscht). Das äußerte er ganz spontan, ärgerte sich aber sofort darüber. Auf Ähnliches hatte der Student offenbar gewartet, denn nun drohte er, er habe einen Recorder in der Tasche und das Gespräch sei aufgezeichnet worden. Das würde ihm (dem Professor) noch schwer zu stehen kommen!

Unser Professor zählt nicht zu den Helden, aber er ist ein aufrechter Mann und läßt sich nicht erpressen. Außerdem ging es hier nicht um Sein oder Nichtsein, sondern nur um eine Verbesserung der Prüfungsnote. Er teilte dem Studenten mit, das Gespräch sei beendet. Er könne sich an die nächst höhere Instanz, den Prüfungsausschuß des Fachbereiches, wenden. Wegen der Aufzeichnung des Gespräches war er empört, aber auch verstört.

Der Student wandte sich tatsächlich an den Prüfungsausschuß des Fachbereichs. Dort trug er sein Anliegen vor und beklagte sich, daß die Klausuraufgaben nicht ordentlich in der Vorlesung des Professors vorbereitet worden wären. Der Prüfungsausschußvorsitzende nahm das zur Kenntnis, aber er kannte den verklagten Professor und wußte, daß dieser seiner Arbeit verantwortungsbewußt nachging. Er versprach dem Studenten, die Angelegenheit zu klären. Der Stellvertreter des Prüfungsausschußvorsitzenden führte ein Gespräch mit dem Professor und legte ihm nahe, Milde walten zu lassen, da die Hochschule Wert auf ein gutes Verhältnis zu den ausländischen Studenten lege und der Fachbereich gerade dabei sei, neue internationale Studiengänge aufzubauen. Ein unbefriedigendes Ergebnis könne vielleicht den Eindruck erwecken, ausländische Studenten würden nicht gut genug behandelt.

Der Professor aber blieb standhaft, obwohl ihm die Sache unangenehm war, besonders das Wort "Basar" machte ihm zu schaffen. Aber er fühlte sich zu Unrecht angeklagt und war nicht gewillt, die Note abzuändern.

Der Student ließ nicht locker und ging nun zur nächsten Instanz, das war die Justiziarin der Hochschule in der Präsidialverwaltung. Dort trug er sein Anliegen vor. Nebenher schrieb er einen anonymen

Brief an den Präsidenten der Hochschule: Der besagte Professor habe zur Klausur Übungsaufgaben aus dem Jahre 1990 verwendet, was wohl stimmte, wenn auch nicht ganz. Alles in allem befand die Justiziarin, daß kein Verstoß gegen die Hochschulverordnungen vorläge. Es sei dem Studenten freigestellt, sich an die nächst höhere Instanz zu wenden. Die war das Bundesverfassungsgericht.

Was keiner glaubte, das machte dieser Student. Er sprach beim Bundesverfassungsgericht vor. Das war vor dem 11. September 2001, und die große Angst an den Hochschulen bestand darin, es könne die Meinung entstehen, ausländische Studenten würden an deutschen Hochschulen schlecht behandelt und als zweitklassig betrachtet. Das Verfassungsgericht entschied, der Student dürfe die Prüfung wiederholen.

Inzwischen war der Professor aus eigenem Wunsch aus dem Hochschulsenat ausgeschieden, er hatte dort lange Jahre aufopferungsvoll mitgearbeitet, insbesondere als Chef einer eigenständigen Kommission, was mit sehr viel Arbeit verbunden gewesen war. Der Präsident der Hochschule schrieb dem Professor einen Dankesbrief, worin er die geleistete Arbeit würdigte und besonders sein gutes Verhältnis zu den Studenten und seine hervorragende Arbeit als Hochschullehrer betonte, was eigentlich nicht Gegenstand dieses Dankesbriefes hätte sein müssen. Der Präsident dachte wohl, daß der Kollege in eventuellen Fällen etwas zum "Vorweisen" haben sollte. Denn noch immer drohte der Student mit der Tonbandkassette und dem "Basar".

Der Professor beraumte nach der Entscheidung des Bundesverfassungsgerichtes einen neuen Prüfungstermin an, zu dem der Student aber nicht erschien. Statt dessen teilte er der Justiziarin der Hochschule mit, der Professor habe das Niveau der Prüfungsaufgaben erhöht, das Niveau sei zu hoch. Der Professor hatte es sich nämlich nicht zweimal sagen lassen wollen, er verwende alte Klausuraufgaben bei der Erstellung neuer und stellte nun völlig neue Aufgaben, sehr zum Ärger aller Studenten in der folgenden Prüfung.

Da der Student zur angesetzten Prüfung nicht erschienen war, überlegte sich der Prüfungsausschußvorsitzende, ob er ihm nun die Prüfungsleistung aberkennen müsse. Er ließ Gnade vor Recht ergehen. Zur festgesetzten Zeit bekam der Student feierlich sein Diplom überreicht, allerdings nicht mit der Note "gut", sondern mit 2,7 und "befriedigend", was korrekt war.

Dem Professor der Hochschule hat diese Affäre sehr mitgespielt, er sucht nach eigenen Fehlern und fühlt sich "mitschuldig". Dabei wäre es so einfach für ihn gewesen, die Angelegenheit unter den Tisch zu kehren. "Über Zensuren wird nicht verhandelt", dabei blieb er.

Extremfälle

Unter den Professoren gibt es eine Reihe von Extremfällen. Vielleicht liegt das an der Art der Beschäftigung. Wissenschaftsbegeisterte, die bis in die Tiefe der Materie vordringen wollen und genügend Zeit und Energie dafür verwenden, landen oft an einer Universität. So haben die Universitäten sowohl Spezialisten als auch menschliche Extremfälle zu bieten.

Unter den Mathematikprofessoren gibt es sehr viele eigenwillige Persönlichkeiten, um es milde auszudrücken. Natürlich gibt es die harmlosen Alpha-, Beta-, Gamma- und Epsilon-Jäger, die ganz fleißig und unentwegt den Buchstaben der Mathematik folgen und neue Nischen entdecken wollen. Es gibt auch einige, die ein ungeheures mathematisches Wissen angesammelt haben und durch Verwendung dessen in neue Gefilde vorstoßen, zumindest aber in der Anwendung der Mathematik erfolgreiche Entdeckungen machen.

Völker stört die Signale - der Herrscher von Laputa

Ein Mathematikprofessor, der versuchte, während der Zeit des Kommunismus "die Signale" zu stören, soll mit den Aufzeichnungen seines Wirkens hier gewürdigt werden. Er war mehrfach an unserer Hochschule und hielt Vorlesungen über Kombinatorik. Er kam gern nach Hamburg, denn er hat hier seine Studienzeit verbracht, er hat an der Universität Hamburg Mathematik studiert.

Das Dienstzimmer dieses Professors finden wir an der Münchener Technischen Universität. Es ist sein Büro und auch gleichzeitig ein Stück von seinem Zuhause. Er lebt dort, arbeitet dort, auch am Sonnabend und Sonntag. Nur schläft er meistens nicht dort, da fährt er schon einmal nach Hause. Seine zwei Kinder sind ebenfalls aktive Wissenschaftler (innen), eine seiner Töchter machte den besten Studienabschluß ihres Jahrganges an der TU München. Sein Bruder ist Physikprofessor, sein Vater war ein Erfinder, der die schnellste Dosenschließmaschine der Welt baute und anderes mehr.

In seinem Zimmer an der Universität hängen Bilder von Stalin und Honecker - verkehrt herum - an der Wand. So sieht er diese Leute. Wer zuerst Leute mit dem Kopf nach unten zeigte, er oder der Künstler Baselitz, das kann ich nicht entscheiden. Als Künstler wurde unser Freund nicht berühmt, wohl aber Baselitz. Auch weiterer sozialistischer und anderer Kitsch hat sich in seinem Büro angesammelt. Damit lebt er, und mit viel Kaffee und vielen Zigaretten.

Er reist zu Tagungen, bekommt viele Einladungen, hält häufig Vorträge. Obwohl er seine besondere Liebe Italien gehört, fährt er oft zu Tagungen in den Osten, damals und heute, auch in die ehemalige Sowjetunion oder Staaten, die sich nun davon abgespalten haben. Er lädt viele Kollegen aus diesen Ländern ein, besorgt Stipendien und Gelder für kurze Aufenthalte. Auf seinem Telefonbeantworter ist jeweils ein Text eines seiner Gäste in Originalsprache zu hören, den der Anrufer nicht versteht, was auch nicht nötig ist, wie sich herausstellt.

Unser Mathematiker war einst der jüngste Mathematikprofessor der Bundesrepublik und ist auf alle Fälle ein unbequemer Mann, denn er denkt und äußert sich ungehemmt. Das kann unangenehm sein. Er ist ein "Freigeist", konfessionslos und als Zufallsbayer nur der ortsüblichen Partei verbunden.

Als der Kommunismus noch existierte, hat er sich alle Mühe gegeben, ihn zu unterminieren, natürlich nicht mit echten Waffen, sondern mit einer speziellen Waffe, die der Geist sein kann, wenn er zugespitzt in Aktion tritt. Unser Mathematiker war kein Drückeberger. Eher ein Prediger in der Wüste des Geistes, ein Eremit an der Universität, der keinen Wert auf materielle Güter legt, die er mit seinen mathematischen Ideen hätte erwerben können, sondern ein bescheidener T-Shirt- und Sandalenträger, auch im Winter. Extrem ohne Zweifel.

Seine Arbeiten über fehlerkorrigierende Codes fanden auch in der Industrie große Anerkennung, unter anderem bei der Firma Siemens, da sie nämlich bei der Produktion von CDs große Bedeutung besitzen, korrigieren sich doch die Fehler, die bei der Produktion der CDs entstehen, mit Hilfe seiner Methoden von selbst. Sein Wissen über Codierung, wichtig bei der Nachrichtenübermittlung, war nahezu allumfassend. Sein Buch über Codierungstheorie war sogar in der Welt der Naturwissenschaften und Mathematik ein Renner, was wirklich etwas zu bedeuten hat, sind doch wissenschaftliche Werke im allgemeinen schlecht absetzbar.

Bevor er sich mit Codierungstheorie beschäftigte, hatte er ein Jahrzehnt lang über Kombinatorik nachgedacht, wo er seine mathematische Intelligenz spielen lassen konnte. Sein Buch über Kombinatorik hat ihn zuerst bekannt gemacht. Es galt allgemein als das umfassendste Werk auf diesem Gebiet, als Standardwerk von bewunderswürdiger Klarheit. So wurde es auch in der ehemaligen DDR verlegt. Er machte sich den Spaß, einige Buchstaben in den Übungsaufgaben seines Werkes fetter drucken zu lassen als andere. Hintereinander gelesen, ergaben diese Buchstaben: *Nieder mit dem Sowjetimperialismus.*

Das freute viele Mathematiker in der DDR. Es dauerte lange, bis die Sache von offizieller Seite entdeckt wurde, fortan gab es das Buch in der DDR nur noch mit einer Seite weniger und im Antiquariat zu kaufen, - das *corpus delicti* war staatlicherseits entfernt worden - und der Meister der Kombinatorik bekam Einreiseverbot in die DDR, wo er seine Mathematikerfreunde bislang geistig, ideologisch und materiell gern unterstützt hatte.

Nach der Wiedervereinigung, als sich alles vereinigte, auch das, was nicht zusammengehörte, trat er aus der Deutschen Mathematikervereinigung aus, da sich diese mit der Mathematischen Gesellschaft der DDR vereinigte und auch ungeprüft DDR-Professoren, die politischen Dreck am Stecken hatten, den Zutritt zu der Mathematikervereinigung der Bundesrepublik erlaubte. Speziell eines ostdeutschen Professors wegen trat er aus. Dieser hatte an der damaligen Technischen Hochschule in Karl-Marx-Stadt (Chemnitz) sein politisches Unwesen getrieben, Studenten aus nichtigen politischen Gründen exmatrikuliert und die Fahne der Partei hoch gehalten.

"Da solche Leute nun in die Mathematische Gesellschaft eintreten, trete ich aus", sagte er und blieb auch draußen, bis heute. Aber ein Geist wie er braucht keine Vereinigung, er kommt auch ohne sie klar.

Neben mathematischen Büchern verfaßte er auch politische Schriften. Eine hatte den Titel: *Völker stört die Signale* frei nach der Internationalen: *Völker hört die Signale.* Das Büchlein wird von Kennern der politischen Szene der Sowjetunion als gelungene Parodie betrachtet, wird doch anhand der fiktiven Firma KPSS das politische Leben der Sowjetkommunisten gegeißelt und ad absurdum geführt.

Nach der Wiedervereinigung und nachdem der Kommunismus in der Sowjetunion abgedankt hatte, gingen dem Professor die Feindbilder aus, sollte man denken. Zunächst schien das auch so.

Er bewarb sich in an der Universität Halle um eine Professorenstelle als Chef der Mathematik, wozu er zweifellos die fachlichen Kompetenzen besaß. Er wollte seine Anstellung an der Universität München opfern, um beim Aufbau Ost mitzuwirken. Im Bewerbungsverfahren stand er auch auf Nummer Eins der Kandidatenliste. Nur leider wurde er nicht berufen. Umstrukturierungen der zuständigen Gremien verhinderten das, schließlich wurde sogar die Stelle noch einmal besetzt, allerdings nicht mit ihm. Er war, kurz gesagt, zu unbequem für die noch regierenden Kreise an der Universität, offensichtlich alte Kader, die einen so konsequent Aufrechten nicht in ihrer Mitte wissen wollten.

Dieses Erlebnis ließ sein politisches Engagement erlahmen. Er sprach von Hawaii und einer Hängematte, aber die ist weit entfernt von seinem Büro und somit war das keine ernst zu nehmende Alternative für ihn. Er überlegte, was er noch Nützliches tun könnte.

"Am liebsten würde ich nach Königsberg ziehen", sagte er, "um die Stadt wieder aufzubauen". Seine Vorfahren stammen nämlich von dort. Aber das wurde ihm nicht erlaubt. Er machte erste Besuche und Versuche. Von den Reisen war er schockiert.

So blieb ihm noch die Flucht ins Internet. Als Mathematiker kannte er sich damit auch aus. Resigniert baute er sich dort eine eigene Welt auf, *die Welt von Laputa* (www.laputa.de).

Laputa ist die Insel, auf die Jonathan Swift in seinem Buch "Gullivers Reisen" die Mathematiker verbannt. Die "Projektemacher" auf dieser Insel hatten es unserem Mathematiker angetan. Er reanimierte die Insel Laputa im Internet und baute einen Staat dieses Namens auf, in dem er frei seine Phantasie walten lassen kann. Das Werk hat schon gewaltigen Umfang angenommen. Der Staat besitzt eine Verfassung, ist Mitglied der "Union der Sozialistischen Sowjetrepubliken" und hat ein Ministerium für Staatssicherheit - alles eine Parodie auf den Kommunismus. Die Internationale kann man anklicken, auch andere Sprüche. Honecker sagt bei jedem Klick in seiner unnachahmlichen Sprache: "Vorwärts immer, rückwärts nimmer". Das kann man so oft wiederholen, bis man genug davon hat.

Als uns unser Mathematikerfreund einmal besuchte und größere Pappmachéwerke meiner Tochter entdeckte, die er so schön absurd fand, machte er sogleich digitale Fotos, und kurz darauf bekam sie das Kultusressort in Laputa zugewiesen.

Immer noch ist unser Genie im Internet tätig, sogar die Presse wurde aufmerksam, brachte Berichte und machte Interviews. Er kommentierte spöttisch: Mit Laputa hätte er größere Berühmtheit erworben als mit der Mathematik.

Der Weg ins Internet ist eine Sackgasse und gleichzeitig eine Zuflucht für ihn und seine Resignation, daß er zum Aufbau einer neuen Universität im Osten nicht "gebraucht" wurde, genauer gesagt, daß seine Mitarbeit vermutlich von alten Kadern im Osten verhindert worden ist.

Eine amerikanische "Karriere"

Ich traf Mister **Jack** an unserer Hochschule, wo er ein Jahr lang als Gastprofessor tätig war. Er war ein studierter Politologe aus Washington. Aber die Washingtoner Zeit lag schon weit zurück. Seine Eltern waren Flüchtlinge aus Litauen. Sie hatten ihr Land verlassen und waren nach Amerika ausgewandert. Erst kürzlich hatten sie ihren Landbesitz von der litauischen Regierung zurückbekommen, viel zu spät, um ihn wieder wirklich in Besitz zu nehmen.

Jack hat eine Schwester, die in Washington Design studierte und später freiberuflich in Kalifornien arbeitete. Er war an Politik interessiert, die Auswanderung seiner Eltern hatte dazu beigetragen. Das Studium war für ihn nicht einfach, oft kämpfte er mit Finanzproblemen. Als er das Diplom als Politologe gemacht hatte, arbeitete er an der Washingtoner Universität als Assistenzprofessor und hatte einen befristeten Vertrag. Jack war ängstlich, ängstlich erzogen, ängstlich aufgewachsen, das Leben hatte ihm Angst eingeflößt. Außerdem kränkelte er oft. Er hatte angeborene Herzprobleme, die durch seine Ängstlichkeit noch verstärkt wurden. Ängstlichkeit und Krankheit schaukelten sich gegenseitig hoch. Er wagte es nicht, Auto fahren zu lernen. Er hatte Angst vor Autos, schon beim Mitfahren. Er hatte Angst vor Tieren, alles, was groß war, flößte ihm Unbehagen ein. In Washington gab es genügend, was groß genug war. Selbst in den Zoo mochte er nicht gehen, weil er sich vor Tieren ängstigte und weil sie ihm leid taten. Er studierte statt dessen homöopathische Methoden und Rezepte. Seine Vorliebe galt Gesundheitstees. Er glaubte gern an die Allmacht des Kamillentees und der Homöopathie.

Daß er zum Lebenskampf nicht sehr geeignet war, lag auf der Hand. Er war jedoch ein gebildeter Mensch, freundlich und hilfsbereit, ein interessierter Politologe und fleißiger Forscher, der Verschiedenes veröffentlichte und an der Universität Washington promovierte. Er versuchte, ein guter Lehrer zu sein, bemühte sich um die Studenten, vorausgesetzt, sie kamen ihm freundlich entgegen. Vor allzu schroffer Jugend hatte er Angst.

Er verbrachte seine Tage im Institut und seine freie Zeit am liebsten in der Bibliothek. Seine Behausung war bescheiden, er besaß nicht viel, außer Büchern. In seiner Jugend träumte er auch von einer Heirat, aber außer einer verheirateten Freundin lief ihm keine Frau über den Weg.

Als sein befristeter Vertrag in Washington ablief, packte er seine Bücherkiste (einen hölzernen Überseekoffer, den er fortan zeitlebens mit sich führen sollte) und ging er an eine Universität nach Kanada, die in einer kleinen Stadt, nicht weit von der Grenze, angesiedelt war.

Die Provinzialität dieser Stadt und ihre geistige Bedürftigkeit waren ihm bald zuwider. Die Kollegen aus Washington, die mit ihm an diese Universität gegangen waren, waren alle verheiratet, aber nicht mehr lange. Ihre Ehen scheiterten an den mißlichen kanadischen Umständen, die Frauen verließen die Kleinstadt, so schnell sie konnten. Streit und Zerwürfnisse breiteten sich aus, Jack fühlte sich unwohl. Er war froh, nicht verheiratet zu sein. Aber auch dieser Vertrag war befristet, diesmal wollte Jack ihn nicht verlängern.

Das amerikanische System ist für Wissenschaftler, die an Universitäten arbeiten, nicht einfach, um es positiv auszudrücken. Die Verträge für Assistenzprofessoren werden nur über einen Zeitraum von ein, zwei Jahren abgeschlossen. Es gibt für den Universitätsmitarbeiter ohne feste Anstellung keine Sicherheit, da die Verträge jeweils nur über einige Semester laufen. Hat er eine Stelle ergattert, müßte er auch schon an die Bewerbungen für die nächste Stelle denken. Er kommt nicht dazu, sich in Ruhe an einer Universität niederzulassen und seiner Arbeit nachzugehen. Er ist immer auf dem Sprung. Dabei sollte er gute Arbeit leisten, denn es ist nicht ausgeschlossen, daß die eigene Universität den Vertrag verlängern wird. Falls sie ihn aber nicht verlängert, sollte er sich schon anderswo umgeschaut haben.

Auch erhält der Assistenzprofessor nur die Arbeit während der Semester bezahlt, nicht den vorlesungsfreien Sommer. Er muß das Geld, das er in zehn Monaten erhält, auf zwölf Monate aufteilen, will er nicht in den Sommerferien Taxi fahren, was durchaus vorkommt.

Jack stand also wieder einmal auf der Straße, diesmal in Kanada. Er packte wieder seinen hölzernen Überseekoffer. Er enthielt alles, was er besaß. Seine Barmittel reichten auch immer gerade für die Reise zur nächsten Universität aus, an der er wieder ein befristetes Arbeitsverhältnis antrat. Zugegeben, seine Bezahlung war nicht üppig, aber er verplemperte auch viel Geld mit Pseudoheilmitteln und für Heilspender im Schafspelz. Sport und Treppensteigen empfand er als zu anstrengend. Er trainierte in der Bibliothek seine Muskeln ab.

Seine Anstellungen führten ihn kreuz und quer durch die Vereinigten Staaten. Schließlich war er schon an die Vierzig und immer noch unterwegs mit seiner Überseekiste. Wer in den USA an der Universität bleiben will, dem mußte es gelingen, einmal eine Dauerstelle zu bekommen. Wenn eine Universität den Vertrag mehrfach verlängert hatte, bestanden gute Chancen, einen Dauervertrag zu bekommen. Für Wissenschaftler, die das nicht erreichten, war das System der befristeten Verträge eine Tortur. Nicht wenige wechselten den Beruf und wurden Barkeeper oder Taxifahrer. Die Industrie nahm nur junge dynamische Leute, ein hin- und hergereister Universitätsassistenzprofessor ist schon zu alt für eine Stelle in der Industrie.

Katastrophal war auch, daß Jack, wie viele Millionen andere Amerikaner, keine Krankenversicherung besaß. Als er die Vierzig weit überschritten hatte, besorgte er sich ein Stipendium für einen einjährigen Aufenthalt in Südafrika. Er fuhr von Universität zu Universität und wurde gut aufgenommen. Überall wurden er und seine Kiste abgeholt. Er war willkommen als Exot aus Amerika. Auch das schönste Jahr seines Lebens ging zu Ende, eine Dauernanstellung hatte sich nicht ergeben. Aber er hatte Südafrika genossen: die Landschaft, die Universität Stellenbosch und den Rooibos-Tee, den er fortan ganz oben auf seine Gesundheitsliste setzte. Ja sogar den südafrikanischen Rotwein hatte er im Anbaugebiet nahe Kapstadt probiert. Er war mit Regierungsvertretern bekannt geworden und hatte der südafrikanischen Befreiungspartei unter Mandela nahegestanden.

Eine seiner nächsten Anstellungen erhielt er in Polen, zwei Jahre war er in Reichenau am Fuße des Riesengebirges. Er fand dort viele Deutsche, mit denen er sprechen konnte. Jack sprach nämlich ausgezeichnet Deutsch, das hatte er noch von seinen Eltern gelernt. Er konnte auch etwas Litauisch und war überall als Englischmuttersprachler willkommen. Englisch war ja tatsächlich die Sprache, die er in der Schule gelernt hatte. Er unterrichtete Länderkunde in englischer

Sprache. Viele Länder kannte er ja nun schon aus eigenem Erleben. Er forderte aber von den Studenten, die meist nicht sehr gut Englisch konnten, zu viel. Er erwartete, daß sie ihre freie Zeit in der Bibliothek verbrachten und Texte in englischer Sprache recherchierten. Das wollten die Studenten aber nicht. Länderkunde war ein vergleichsweise unwichtiges Fach für sie. Wenn auch die englische Sprache von Wichtigkeit für die Studenten war, wollten sie doch mit möglichst wenig Arbeit davonkommen und ihren Abschluß erreichen. Das ärgerte Jack. Er war nun schon von der "alten Schule", in das Leben der jungen Leute konnte er sich nicht mehr hineindenken. Es kam zu Unstimmigkeiten. Kurz gesagt: Obwohl er Amerikaner war und die Polen ihm große Vorschußlorbeeren gegeben hatten, konnten doch die Studenten und er sich nicht einigen. Jack fehlte auch jedes Gespür für den Umgang mit Menschen, pflegte er doch außerdienstlich so gut wie keinen Umgang mit ihnen. Immer noch war die Bibliothek sein liebster Aufenthaltsort.

Als diese Anstellung auslief, packte Jack wieder seine Kiste. Nun ging es an eine Universität an der russisch-polnische Grenze. Natürlich war sein Gehalt sehr niedrig, ebenso niedrig wie das Gehalt jedes anderen polnischen Universitätsprofessors. Jack konnte nichts sparen. Hier wiederholte sich dasselbe wie in Reichenau, nur mußte er privat jetzt russisch sprechen, es war Grenzgebiet. Nach zwei Jahren endete seine Anstellung, und Jack hatte keine Lust mehr auf den Osten.

Er bewarb sich in Hamburg als Professor für Politik an der Hochschule, die eine Übergangslehrkraft für den neugebildeten Fachbereich Internationale Wirtschaft suchte. Beim Einstellungsgespräch konnte Jack erreichen, daß er nicht nur für ein Semester angestellt wurde, wie vorgesehen, sondern für ein ganzes Jahr.

Jack zog mit seiner Kiste nun in das Gästehaus der Universität auf der Rothenbaumchaussee. Das Zimmer war klein, möbliert mit Schrank, Bett, Schreibtisch und Stuhl, hatte Vorraum, Miniküche und Badezimmer, und war teuer. Er bezahlte 1300 DM pro Monat und hätte schon für die Hälfte wohnen können, wenn er gewillt gewesen wäre, sich mit der Möblierung einer Kleinstwohnung zu beschäftigen. Er konnte sich schon nicht mehr vorstellen, Tisch und Bett selbst zu besitzen. Diesen Besitz sah er als unerschwinglich an, was rein rechnerisch nicht den Tatsachen entsprach. Außerdem hatte er nur eine Anstellung für ein Jahr, danach waren Tisch und Bett schon wieder überflüssig. Außerdem gefiel es ihm, auf der Rothenbaumchaussee zu wohnen und zu Fuß in die Innenstadt gehen zu können. Das war sein Vergnügen, durch die Stadt zu spazieren. Geld gab er dabei kaum aus, und wenn, natürlich zu viel und an der falschen Stelle. Auch gefiel es ihm, daß er sich nicht mit der Reinigung seines Zimmers beschäftigen mußte.

Leider hatte Jack im Fachbereich Wirtschaft dieselben Probleme mit den Studenten wie in Polen. Diese sahen seine Fächer nur als Nebenfächer an, in die sie keine Zeit investieren wollten. Jack verstand die jungen Leute nicht. Er bestand auf seinen Forderungen, mit denen er die Studenten zum Arbeiten anspornen wollte, - und so kam es zu Ärgernissen und natürlich nicht zu einer Verlängerung seiner Tätigkeit. Außerdem sagte Jack, er hätte noch nie so viel gearbeitet wie an der Hochschule in Hamburg. Noch nie mußte er 16 Stunden Vorlesung (18 Stunden waren es in seinem zweiten Semester) pro Woche halten. Er konnte sich auf so viele Vorlesungen nicht so schnell vorbereiten, wie es hätte sein sollen. Die Vorlesungen nur für eine einmalige Vorlesung vorzubereiten, war auch unökonomisch. Der Professor an der Hochschule lebt von den Wiederholungen. Anders könnte er die 18 Stunden pro Woche nicht überstehen. Insofern war Jack froh, daß sein Vertrag auslaufen sollte.

Jack genoß es, in Hamburg zu sein, im Zentrum auf der Rothenbaumchaussee zu wohnen, die Bibliothek in der Nähe zu haben. Besonders liebte er das Afrikainstitut an der Binnenalster. Dort verbrachte er lange Tage in der Bibliothek. Wenn er ausging, trank er Kamillentee in einem kleinen Café auf der Rothenbaumchausse zum stolzen Preis von 4,50 DM pro Tasse.

Er war gutwillig und freute sich über jede Einladung eines Kollegen von der Hochschule. Gern hätte er bessere Kontakte aufgebaut.

Er suchte, als sein Job ausgelaufen war, nach neuen Arbeitsmöglichkeiten in Hamburg. Er wurde zu Vorstellungsgesprächen bei Banken und Versicherungen eingeladen, die Berater suchten, die sich in Ost und West auskannten. Sein *Handikap* war nun sein Alter. Er war inzwischen über 60 Jahre und hätte in Deutschland schon bald in Pension gehen können. Weil er aber keine Pension in unmittelbarer Aussicht hatte, - durch die vielen Stellenwechsel und Jahre außerhalb Amerikas waren ihm viele Versicherungsjahre verloren gegangen -, mußte er weiterarbeiten. Außerdem *wollte* er das auch. Er fühlte sich noch jung genug dazu. Sein Geburtsdatum paßte nicht zu seinem Gefühl. Seine einfache Lebensweise ohne große Vergnügungen hatte seinen Lebenshunger noch nicht gestillt. Er konnte nicht glauben, daß seine Arbeit und sein Leben schon dem Ende entgegen gehen sollten.

Er probierte es mit Sprachstunden, aber er ging nicht geschickt genug mit seinen Kursteilnehmern um. Kurse mit Jugendlichen nahm er nicht an, er hatte Angst vor Jugendlichen wegen ihrer angeblich ungezügelten Umgangsformen. Er vertraute nicht auf seine Fähigkeiten, und tatsächlich hatte er zu wenige Kontakte zu Menschen gepflegt. So sah er schließlich nur eine Möglichkeit, nämlich sich weiter zu bewerben und Hamburg zu verlassen, obwohl er so gern geblieben wäre. "Das westliche System braucht mich nicht", sagte er resignierend in Hamburg, und fühlte sich und sein Alter diskriminiert.

Das elende Leben mit Bewerbungen, nun in aller Welt, ging weiter. Inzwischen lebte Jack von der Substanz, das war das Geld, das er in einem Jahr an der Hochschule in Hamburg hatte ersparen können. Er fuhr zu Vorstellungen an die Universität nach Halle, er fuhr nach Dresden, hielt sogar einen Vortrag über das amerikanische Schulsystem in Hannover, das er, nebenbei bemerkt, nicht gut fand. Die Kinder lernen nur für *Multiple-choice*-Tests, lernen nur das Kreuzemachen an der richtigen Stelle zur Beantwortung von Fragen, sagte er, lernen aber nicht die Zusammenhänge des Stoffgebietes kennen. Ein Testsieger ist kein umfassend gebildeter Mensch.

Jacks Geld schrumpfte immer mehr zusammen, wozu auch seine homöopathischen Ambitionen beitrugen, seine Besuche bei Heilpraktikern und nicht zuletzt seine offizielle Krankenversicherung, die er nun aus eigener Tasche weiterbezahlte, und die er für unverzichtbar hielt. Nach einem halben Jahr war sein gespartes Geld aufgebraucht. Zur großen Überraschung erhielt er genau zu diesem Zeitpunkt eine Anstellung an einer Universität in Schanghai, wo er sich auch beworben hatte. Dank der Bibliotheken standen ihm alle Annoncenblätter weltweit zur Verfügung. Sein Porto für Briefe in alle Welt war beträchtlich. Bewerben kostet Geld. Das Gästehaus der Universität hatte ihm außerdem ein Telefon mit Fax (gegen Bezahlung) zur Verfügung gestellt, mit dessen Bedienung er allerdings alle dort verfügbaren Kräfte an den Rand der Verzweiflung getrieben hatte. Er war noch von der alten Schule und unpraktisch. Früher gab es zudem keine Faxgeräte. Als seine alte elektrische Schreibmaschine dem Tode entgegen ging, kaufte er sich eine neue und dachte, er sei ein moderner Mensch. Mit Computern konnte er nicht umgehen und fand die Zeit zu schade, die er dafür hätte investieren müssen, es zu erlernen. Außerdem konnte er die Fähigkeiten eines Computers nicht einschätzen, er fand seine elektrische Schreibmaschine mit kleinem Speicher und Löschfunktion ebenso gut.

Zu einem Vorstellungsgespräch nach China konnte er natürlich nicht fliegen, so nahm er die Anstellung an der Universität in Schanghai per Fax an. Er war tief betrübt darüber, daß er keine Anstellung in der westlichen Welt erhalten hatte. Die Chinesen bestätigten seine Anstellung ebenso, ohne ihn gesehen und gesprochen zu haben. Nur die Flugkarte war noch ein Problem. Die konnte er nicht bezahlen. Er rief seine Schwester in Kalifornien an und ließ sich das Geld für die Flugkarte und den Transport seiner Überseekiste überweisen, was seiner Schwester nicht sonderlich gefiel. Leider war die chinesische Anstellung auf ein halbes Jahr begrenzt. Ich frage mich, ob er bei den chinesischen Gehältern innerhalb eines halben Jahres eine Rückflugkarte ersparen kann und wohin der Flug danach gehen soll.

Wir hörten nichts wieder von Jack, dem Weltarbeitsnehmer. Vielleicht fehlt ihm das Geld für die Briefmarke.

Der Universitätsprofessor aus Ungarn

Auf die mit russischen Panzern niedergewalzte ungarische Revolution von 1956 folgte der große Exodus. Aber auch später, als es die politischen Umstände wieder erlaubten, erlitt Ungarn einen großen Aderlaß. So finden wir Ungarn in aller Welt.

Von einem soll hier berichtet werden, der in Deutschland zwar Fuß faßte, dessen Leben aber von den politischen Gegebenheiten des sozialistischen Ungarn zerstört wurde, auch wenn es als die "fröhlichste Baracke" im Ostblock bekannt war. Es war eben bloß eine Baracke.

Die Geschichte, die ich erzählen will, handelt von dem Wissenschaftler **János**, den seine Lebensumstände, gegründet auf die damals in Ungarn herrschenden politischen Bedingungen, nach Hamburg verschlagen haben und der sich gern als Hamburger bezeichnen würde. Wer ist ein Hamburger? Einer, der sich als solcher fühlt, soll Siegfried Lenz einmal geschrieben haben. Nehmen wir das als Definition.

Seine Vorfahren waren Deutsche, die vor Jahrhunderten nach Ungarn ausgewandert waren, und Österreicher und Ungarn, ganz im Sinne der Österreich-Ungarischen Donaumonarchie.

Unbestritten war er ein angenehmer Mann, sehr höflich, allzu höflich, genauer gesagt. Er stammte aus Pecs und hatte Biochemie studiert. Er beschäftigte sich mit Gehirnforschung. Das war sein Lieblingsthema, Arbeit war überhaupt sein Hobby. Am wohlsten fühlte er sich in seinem Institutslabor an der Universität in Pecs, in dem er arbeitete, nachdem er das Diplom gemacht hatte.

Pecs ist eine sehr schöne Stadt, südlich des Balatons (Plattensees) gelegen. Am Wege vom Ostufer des Balatons nach Pecs liegen die Weinberge von Szekszard. Der *Szekszardi Vörösbór* kann sich mit französischen Rotweinen messen. In heißen Sommern speichern die Trauben die Energie der Sonne in ihrer Süße und entwickeln ein unverkennbares Aroma. Die Gegend um Pecs ist hügelig und geschichtsbeladen. Eine alte Stadtmauer umgibt die Stadt, und vollkommen unzerstört sind die vielen Kirchen und mittelalterlichen Häuser, die von Kaiser Sigismund und seiner Herrschaft über Ungarn erzählen.

Eines Tages lernte Janós auf einer Schwarzmeerreise eine Slowakin kennen, die ihm sehr gefiel. Sie war blond und groß – und genau sein Typ, obwohl er sich eigentlich noch keine Gedanken über seinen „Frauen-Typ" gemacht hatte. Sie war da – und vielleicht deshalb auch sein Typ. Als sie schwanger wurde, heirateten sie. Etwas anderes wäre für ihn sowieso nicht in Frage gekommen. Bis hierher ist die Geschichte nichts Besonderes, das Besondere, die Brisanz, bringt die Politik in die Geschichte.

Das Leben in Pecs war trotz aller Schönheit der Stadt schwer. Eine Wohnung zu finden, fast unmöglich. Unserem Freund gelang es nur, eine kleine Wohnung auf Zeit von einem im Ausland arbeitenden Kollegen zur Verfügung gestellt zu bekommen. Das ging solange auch ganz gut, inzwischen war das Kind - ein Mädchen - geboren worden, bis der Kollege seine Rückkehr ankündigte. Da war guter Rat teuer. Seine junge Frau hatte keine Lust, wieder in das Zimmer (7 qm) ihres Mannes in der Wohnung seiner Eltern zu ziehen. Allzu beengt wären sie zu dritt gewesen, selbst mit Doppelstockbett und Wandschrank.

Unseren Freund kümmerte das alles nicht zu sehr. Er war sehr bescheiden und voll mit seiner Arbeit im Institut beschäftigt und mit einem Vortrag, den er einige Monate später auf einer Tagung in Deutschland halten sollte. Umso mehr beschäftigte sich aber seine Frau mit ihren häuslichen Problemen. Sie litt darunter, überlegte hin und her, erwog alle Möglichkeiten. Schließlich rief sie ihre Mutter in Hamburg an, die – wie alle ihre Familienmitglieder aus der Slowakei – dorthin emigriert war. Sie war eine gebürtige Österreicherin und hatte auch deutsche Vorfahren. So war es nicht besonders schwierig gewesen, ihre deutsche Abstammung von den deutschen Behörden anerkennen zu lassen.

Ihre Mutter sagte, sie solle erst einmal nach Hamburg kommen, dort könnten sie alles besprechen. Die junge Frau beantragte für sich und ihre Tochter ein Besuchsvisum. Damals – es dreht sich um die 60iger Jahre – war es auch den Ungarn noch nicht möglich, ein Visum für die gesamte Familie für eine Reise ins westliche Ausland zu bekommen. Obwohl die Ungarn das toleranteste sozialistische System hatten, gab es damals doch schwere Restriktionen für die Bewegungsfreiheit. Es wäre also nicht möglich gewesen, daß ein Ehepaar mit seinem Kind gemeinsam nach Westen reist, – und Hamburg lag nun mal im Westen, eigentlich mehr im Nordwesten, aber Norden spielte bei politischen Betrachtungen keine Rolle. Außerdem hatte Janós seine Tagungsteilnahme zugesagt. Das fand er sowieso sehr wichtig. Er ließ also seine Frau allein nach Hamburg fahren – und zählte schon die Tage bis zu ihrer Rückkehr.

Da hätte er aber zählen können! Seine Frau hatte nämlich beschlossen, in Hamburg zu bleiben, und ließ sich und ihre Tochter als Flüchtlinge registrieren. Janós war völlig schockiert. Die Teilnahme an der Tagung in Deutschland wurde ihm sofort gestrichen, als sein Institut davon erfuhr, da er ja nun Verwandte im „Westen" hatte, und die Tagungsteilnahme außerdem einer Familienzusammenführung gleichgekommen wäre. Er saß allein in Pecs und wartete. Nur noch der telefonische Kontakt zu seinem Kind war ihm gestattet. Das Mädchen verlernte aber schnell alle ungarischen Wörter, die es kannte. Ihr Vater war unglücklich, als er bemerkte, daß sie ihn nicht mehr verstand. Er hatte nun auf deutsch mit ihr zu sprechen. Glücklicherweise konnte er es, seine Mutter war eine Wienerin und sein Vater schwäbischer Abstammung, dessen Vorfahren zu Zeiten Maria Theresias nach Ungarn eingewandert waren. Janós fühlte sich schlecht, er versuchte eine Besuchserlaubnis zu erhalten, er versuchte, nach Westen zu reisen. Alles wurde ihm nicht gestattet, da er eine Ehefrau in Hamburg hatte, und diese solle zurückkehren, – oder er solle sich scheiden lassen, beschieden die Behörden. An sein Kind wurde nicht gedacht, von dem konnte er sich nämlich nicht scheiden lassen. Janós saß und wartete darauf, daß sich etwas ändern würde. Er wartete auf eine Veränderung des politischen Systems. Nun verlaufen aber die geschichtlichen Prozesse in anderen und auch größeren Zeitdimensionen als das menschliche Leben.

Am Ende beschloß Janós, sich scheiden zu lassen, da er dann keine Ehefrau mehr in Hamburg haben würde und vielleicht sein Kind besuchen dürfte. Das wiederum kränkte seine Frau. Sie nahm die Scheidung persönlich und suchte nach einem neuen Freund. Der telefonische Kontakt war wohl nicht informativ genug gewesen.

Janós hatte Sehnsucht nach seinem Kind und nach seiner (geschiedenen) Frau. Spärlich waren die Fotos, die ihn erreichten, – und jedes zerriß sein Herz. Diese Qual dauerte acht Jahre lang.

Janós gestand seiner Frau zu, daß sie die schwierigen Lebensumstände aus Ungarn vertrieben hatten. Er fühlte sich schuldig, daß er nicht in der Lage gewesen war, besser für sie und das Kind zu sorgen. Janós gehörte zu den Leuten, die die Schuld immer zuerst bei sich selbst suchen, die versuchen, jedermann zu verstehen und alles zu akzeptieren. Ihm war ein Unglück widerfahren. Wie hätte er es verhindern können, fragte er sich?

Nach acht Jahren hatte sich die politische Situation so weit gelockert, daß Janós eine Erlaubnis erhielt, eine Tagung in Deutschland (West) zu besuchen. Wer nachfühlen kann, wie lang acht Jahre des Wartens sind, der weiß, was Janós gelitten hat. Er war ein gestörter und geschlagener Mensch, als er die österreichisch-ungarische Grenze passierte.

Seine geschiedene Frau erwartete ihn mit gemischten Gefühlen in Hamburg. Acht Jahre waren auch für sie eine lange Zeit gewesen, sie hatte sich ein neues Leben aufgebaut, hatte einen neuen Freund (mit Segelboot) – und war soweit zufrieden.

Janós konnte sich auch in Hamburg bald wieder in die Arbeit stürzen. Er hatte keine Probleme, eine Anstellung an der Universität zu finden, war er doch eine Kapazität auf seinem Gebiet. Er hätte noch bessere und vor allem dauerhaftere Stellen außerhalb Hamburgs finden können. Wegen seiner Familie lehnte er solche Angebote aber ab. Die Voraussetzung für seine Anstellung war allerdings die deutsche Staatsbürgerschaft. Janós hatte zwar unzweifelhaft deutsche Vorfahren, dies nachzuweisen, hätte aber sehr lange gedauert. Die Behörden meinten, es sei am einfachsten und schnellsten, wenn er seine geschiedene Frau wieder heiraten würde. So geschah es auch. Janós bekam eine zweite Chance von seiner Frau eingeräumt. Er wohnte bei seiner Familie und fühlte sich sehr wohl. Das Zusammenleben mit seinem Kind machte ihn, der sich das so viele Jahre gewünscht und ausgemalt hatte, besonders glücklich. Am Sonntag machte er Radtouren mit der Familie, oder sie fuhren gemeinsam zum Angeln oder an die Ostsee zum Baden.

Bald hatte sich Janós wieder in seiner Arbeit vergraben. Er habilitierte sich um, d.h. er mußte noch einmal einen Vortrag über sein Pecser Habilitationsthema halten und seine Lehrbefähigung nachweisen. Ab dann war er ein kostenloser Dozent an der Universität Hamburg, der etwa vier Vorlesungsstunden pro Semesterwoche halten mußte, um seine Lehrbefähigung nicht zu verlieren.

Auch seine befristete Anstellung erwies sich im Laufe der Zeit als ungewiß, Verträgen über zwei Jahre folgten Verträge über ein halbes Jahr und so fort. Der ständige Kampf um seine Anstellung, die ja Voraussetzung für seine Forschung war, zermürbte ihn. Nach zehnjährigem partiellen Angestelltendasein mit Habilitation wurde ihm auf seinen Antrag hin der Titel „Professor" verliehen, der ihm nach dieser Zeit zustand und sicher auch gebührte, war er doch einer der wenigen in seiner Abteilung, dessen Forschungsergebnisse regelmäßig von renommierten amerikanischen Fachzeitschriften publiziert wurden.

Janós gab den Kampf um eine Daueranstellung nicht auf, auch wenn er seinen Chef bereits inoffiziell fragte, ob er auch als Arbeitsloser noch im Institut werde forschen dürfen. Einen solchen Fall hatte es in der Chemie schon gegeben. Der Mann arbeitete zwei Jahre ohne Bezahlung an der Universität. Das hatte für ihn immerhin den Vorteil, seine Qualifikation nicht zu verlieren. Und die Universität hatte einen kostenlosen Mitarbeiter mehr. Nach zwei Jahren fand er tatsächlich wieder eine Anstellung an einer anderen Institution.

Unser Freund Janós stellte sich also auf alle Eventualitäten ein und wäre mit jeder Lösung einverstanden gewesen, die ihm erlaubt hätte, weiterzuarbeiten. Er war ein begeisterter Forscher. Er konnte, wenn er einmal eine Stunde für einen Besuch bei Freunden opferte, so interessant von seiner Forschung erzählen, daß er seine Zuhörer mitriß, obwohl Sprechen nicht seine Stärke war. Eigentlich strengte es ihn an, besonders wenn er Vorlesungen halten mußte. So zog sich Janós nach jedem Ausflug in die Welt mit Freuden in sein schweigsames Labor zurück. Er vertiefte sich mehr und mehr in seine Arbeit. Als man ihm seine Assistentin strich, übernahm er deren Arbeiten freiwillig und zusätzlich und saß nun sieben Tage in der Woche im Labor, von früh bis nachts. In späteren Jahren sprach er sich dankbar dafür aus, daß er die

Möglichkeit erhalten hatte, in Hamburg arbeiten zu dürfen. Er veröffentlichte, wie gesagt, in renommierten amerikanischen Fachzeitschriften und wurde sehr bekannt, aber nur in den USA.

Das ewige Hin und Her der ersten Jahre war seiner Frau bald zu viel geworden. Sie wollte in Ruhe leben, und einen Mann, der ständig arbeitete (12 Stunden am Tag) und der auch sonntags ins Labor ging, den konnte sie nicht gebrauchen. Außerdem war ihr der Existenzkampf ihres deshalb zeitweise schlecht gelaunten Mannes zu anstrengend. Sie ließ sich wieder scheiden und stellte ihm nun endgültig die Koffer vor die Wohnungstür. Nach einiger Zeit zog seine Tochter zu ihm. Ihre Mutter sagte, sie habe sich am Anfang um ihr Kind gekümmert, nun sei Janós an der Reihe.

Nun hatte Janós sein Kind zu betreuen und zu ernähren (worüber er ganz glücklich war), er hatte aber auch seine Sorgen und das endgültige Scheitern seiner Ehe zu verwinden. Mit viel Arbeit gelang es ihm. Das Kindergeld, das Janós allein zugestanden hätte, teilte er mit seiner Frau. Er fragte sie auch desöfteren, ob er ihr helfen könne, und als sie einmal kurzzeitig arbeitslos war, bot er ihr finanzielle Unterstützung an. Er war sozusagen der "ideale Ehemann", nur leider ein erfolgloser.

Wenn Janós tatsächlich einmal auf Urlaub fahren wollte und sich für kurze Zeit vom Labor befreite, dann fuhr er am liebsten allein in den hohen Norden, ließ das Auto stehen und wanderte mit Zelt auf dem Rücken durch unwegsames Gelände. Das entsprach seinem Charakter. Am liebsten trabte er durch Lappland, an allen Ansiedelungen ging er aber vorbei. Nur wenn die Lappländer ihm ihre bunt gefärbten Holzsachen anboten, kaufte er sie natürlich. Er empfand seine Touren durch unwegsames Gelände als Herausforderung, die es zu bestehen galt. Auch sein Urlaub war so eine Anstrengung. Es ist nicht zu verwundern, daß er meistens allein wandern mußte. Er wurde immer mehr zum Einzelgänger.

Als er lange genug an der Universität angestellt war, übernahm ihn diese in ein dauerhaftes Angestelltenverhältnis. Denn das mußte sie nach gesetzlicher Vorschrift. In das Beamtenverhältnis wurde Janós nicht übernommen, da er zu diesem Zeitpunkt gerade 52 Jahre alt geworden war. Fortan widmete er sich nur noch der Forschung, darin begrub er sein ganzes Leben und darin fand er, wie er glaubte, seine Erfüllung.

Europas Hochschulen wachsen zusammen

Europas Hochschulen wachsen zusammen. Im Rahmen der Europäischen Union wurden vielfältige Kontakte zum Kennenlernen und zur Vereinheitlichung der Lehrprogramme zwischen den europäischen Hochschulen und Universitäten geknüpft. Persönliche Kontakte entstanden durch den Austausch von Dozenten. Das Erasmus- und das Sokrates-Programm lieferten dafür die finanziellen Möglichkeiten. Im Rahmen dieser Programme konnte ich an Hochschulen und Universitäten in Huddersfield und Portsmouth (England) und Turku (Finnland) arbeiten. Viele Gastprofessuren wurden durch den DAAD (Deutscher Akademischer Austauschdienst) finanziert, so auch die Gastprofessur des ersten russischen Gastprofessors an unserer Hochschule und die einer polnischen Kollegin.

Im Rahmen eines Kooperationsvertrages zwischen der Hochschule Hamburg und der Technischen Universität St. Petersburg waren mehrere russische Gastdozenten an unserer Hochschule tätig. Auch ein Studentenaustausch fand statt. Ich lehrte im September 1993 als Gastdozent an der TU St. Petersburg.

Der erste russische Gastprofessor in Hamburg

Michail Samsonowitsch Tsalenko lehrte als erster russischer Gastprofessor an der Hochschule in Hamburg. Es war schon immer sein Traum gewesen, als Professor an einer deutschen Hochschule zu arbeiten.

Tsalenko war Dekan des Fachbereiches Informatik an der Hochschule für Geschichte und Dokumentation in Moskau. Für ihn war diese Gastprofessur - ebenso wie für die Hochschule - eine Premiere: seine erste Professur im westlichen Ausland. Er hielt Vorlesungen über Algebra vor Informatikern, betreute Diplomanden und schrieb in Hamburg ein Fachbuch über die Anwendungen der Algebra in der Informatik. Tsalenko hatte an der Moskauer Lomonossow-Universität (namens Lenin) bei dem international berühmten Algebraiker Kurosch studiert, dessen Lehrbücher auch ins Deutsche übersetzt worden sind, und die insbesondere an ostdeutschen Hochschulen sehr bekannt waren. Am Anfang seiner Laufbahn war er Dozent an einer Militärhochschule, weshalb er nicht ins Ausland reisen durfte. Später wechselte er zu einer anderen Hochschule über.

Tsalenko entstammt einer jüdischen Familie, die ursprünglich in Odessa lebte, später aber in eine kleine Stadt bei Kiew übersiedelte, in deren Nähe sich im Zweiten Weltkrieg eine der deutschen Kommandozentralen befand. Während des Krieges wurden etwa zwanzig Mitglieder seiner Familie umgebracht, durch Pogrome oder Deportation.

Seine Großmutter sei eine kluge Frau gewesen, sagt Tsalenko. Als die Deutschen nahten, versuchte sie über eine Hängebrücke über den Dnepr zu entkommen. Alle normalen Brücken seien damals schon zerstört gewesen. Jedoch traute sich der Ehemann der Großmutter nicht, den schwankenden Pfad über den Fluß zu passieren. So kam die Großmutter vom anderen Ufer zurück, passierte die Hängebrücke noch einmal und saß nun in der Falle, gemeinsam mit ihrem Mann. Zusammen mit ihrer Familie wurde sie deportiert und kam uns Leben.

Daß Michail Tsalenko am Leben blieb, verdankt er seiner Mutter. Sein Vater wurde zum Kriegsdienst eingezogen. Seine Mutter zog gleich zu Kriegsbeginn mit ihm zu ihren Verwandten nach Moskau. So überlebten sie das Massaker vom Dnepr.

Nach dem Ende des Krieges hatten sie sich in Moskau eingelebt. Sein Vater blieb auch nach Kriegsende bei der Armee, das schützte die Familie vor russischen Übergriffen. Kriegsveteranen genossen zudem ein hohes Ansehen. So konnte Michail Samsonowitsch schließlich an der Lomonossow-Universität studierten. Auf einer Tagung in Leningrad lernte er seine spätere Frau kennen. Sehr früh, gleich nach Studienabschluß, heirateten sie. Sie haben zwei Kinder. Damals galt in Moskau als "Held", wer mehr als ein Kind hatte, denn die Betreuung der Kinder, ohne je mit dem Arbeiten aussetzen zu können, war äußerst schwierig.

Seit 150 Jahren gingen aus der Familie von Frau Tsalenko Mathematiker hervor. Ihr Vater war Professor an der Lomonossow-Universität. Auch ihre Familie stammt aus Odessa, war aber schon seit Jahrzehnten in Moskau. Selbstverständlich ist sie auch Mathematikerin, sie war Dozentin für Geometrie an einer Pädagogischen Hochschule in Moskau. Auch ihre zwei Töchter haben mit viel Erfolg Mathematik an der Lomonossow-Universität studiert.

Michail Samsonowitsch Tsalenko und seine Familie hatten es in Moskau späterhin nicht leicht, waren sie doch durch Eintragung in ihre Pässe als Jude gekennzeichnet. Der berühmte Pianist Swjatoslaw Richter war als "Deutscher" im Paß gekennzeichnet.

Eine schwere Diskriminierung hatte Tsalenko in Moskau zu überstehen, als er sich habilitieren wollte. Als er seine Habilitation (Doktor B) an der Lomonossow-Universität erfolgreich verteidigt hatte, wurden die internen Richtlinien an allen Universitäten geändert. Es wurde festgelegt, daß bis auf weiteres Juden nicht mehr zu Professoren berufen werden durften. Da aber in der Sowjetunion einem Habilitierten automatisch nach fünf Jahren eine Professur zustand, mußte die Anzahl der habilitierenden Juden verringert werden, ja die Habilitation für sie unmöglich gemacht werden. In Tsalenkos Fall geschah das so: Die Prüfungskommission wurde nachträglich aufgelöst und durch eine neue ersetzt, die dann - wie gewünscht - das Urteil "Nicht bestanden" fällte. Seine Karriere wurde auf diese Weise erst einmal auf Eis gelegt. Über seinen Fall schrieb sogar die „Literaturnaja Gazeta".

1959 gab es in der Sowjetunion 2,2 Millionen Juden, 1978 1,8 Millionen, in der GUS waren es noch etwa eine Million. Der in Rußland vorherrschende Nationalismus mit antsemitischen Tendenzen führte zum weiteren Rückgang dieser Zahlen.

Als Tsalenko in Hamburg war, hoffte er noch, die sowjetischen Geschicke würden sich zum Guten wenden, so daß er und seine Familie in Moskau wohnen bleiben könnten. Er fuhr sogar vorfristig zurück, um den Präsidenten seiner Universität beim Umstrukturieren der Universität helfen zu können. Das war 1991. Wie sich später herausstellte, war das ein Fehler.

Den Wirren am Ende der Sowjetära versuchten zuerst Tsalenkos Töchter zu entkommen. Sie besorgten sich Aufbaustudienplätze in den USA. Beide gingen nach Kalifornien. Die ältere der Töchter ging nach Berkely, ihre Greencard erhielt sie als Mitarbeiterin einer Softwarefirma. Die jüngere Tochter ging an die Stanford Universität nach Palo Alto. Später wechselte auch sie zu einem großen Computerunternehmen über. Ihre Firma beantragte auch für sie die Greencard. Die Eltern ihres Mannes waren unterdessen von Moskau nach Israel ausgewandert. Ihr Schwiegervater war ein berühmter "Akademik" und unter Fachkollegen in Tel Aviv sehr willkommen. Während die jüngere Tochter mit ihrem Mann von Moskau eingereist war, heiratete die ältere Tochter einen russischen Juden in Palo Alto, der bereits amerikanischer Staatsbürger war. Da die älteste Tochter und ihr Mann von ihren Firmen mit Aktien bezahlt wurden, gehörten sie schon bald zur amerikanischen Mittelklasse und konnten sich ein Haus leisten.

Die größten jüdischen Gemeinden - außerhalb Israels - existieren in den USA und auf dem Gebiet der früheren Sowjetunion. In den USA lebt mit etwa 6 Millionen Juden die stärkste und am meisten gegliederte jüdische Gemeinschaft der Welt.

Getreu dem Motto "Leben und Leben lassen" können sich die jüdischen Gemeinden in den USA ungehindert entfalten. Ihre Bedeutung für die USA wird auch in Zukunft noch zunehmen. Viele mir bekannte russische Mathematikprofessoren haben nun Lehrstühle in den USA. Ganz besonders erinnere ich mich an einen Mathematiker von Saratow, der so viel Post aus dem In-und Ausland bekam, daß sechs Personen des KGB damit beschäftigt waren, seine Post zu lesen. Er ist jetzt ein bekannter Wissenschaftler in den USA. Seine Tochter wurde vom Präsidenten der Vereinigten Staaten als eine der besten Abiturientinnen ausgezeichnet. Dieselbe Auszeichnung erhielt 2002 auch die älteste Enkelin Tsalenkos. Sie war noch in Moskau geboren worden.

Ich erinnere mich daran, daß - noch in sowjetischer Zeit - einer der bekanntesten russischen Wahrscheinlichkeitstheoretiker (auch jüdischer Abstammung) Lehrverbot an der Lomonossow-Universität erhielt. Er hielt sich fünf Jahre mit Gelegenheitsarbeiten, auch Buchprojekten für das Ausland, über Wasser. Dann bekam er die Ausreisegenehmigung in die USA. Dort zählt er zu den besten amerikanischen Wissenschaftlern auf dem Gebiet der Wahrscheinlichkeitstheorie.

Konnte sich die Sowjetunion diesen Exodus ihrer Wissenschaftler leisten? Die Deutschen können hier mit einer Parallele aufwarten (Einstein, ...), an die ich lieber nicht erinnern möchte. *Aus der Geschichte lernen, heißt siegen lernen*, das war eine der Parolen der Sowjets. Offensichtlich nur eine Parole.

Auswanderung

Als die Töchter Tsalenkos ausgewandert waren, fing auch das in Moskau zurückgebliebene Ehepaar an, über Auswanderung nachzudenken. Das Wichtigste sei ihr, so sagte die Mutter, mit ihren Kindern in ein und demselben Land zu leben. Die Tsalenkos hatten in Moskau etwas zu verlieren: eine Wohnung, mit der sie nach jahrzehntelangen Bemühungen endlich zufrieden waren, die dort war, wo sie sein sollte, also im Zentrum der Stadt, die auch so groß war, wie sie sein sollte. Ich erinnere mich an den größten Wunsch der jahrelang bei ihnen lebenden Großmutter: Es war der, einen eigenen Kleiderschrank zu besitzen. So beschränkt waren die Wohnverhältnisse früher.

Als Tsalenko die Position eines Dekans einer Universität in Moskau erreicht hatte, dachte er an Abschied. Die Reihen seines ausgedehnten Freundeskreises lichteten sich. Früher bildeten die intellektuellen Juden einen großen Kreis Gleichgesinnter, der in engem Zusammenspiel lebte. Nach und nach verflüchtigte sich aber die russisch-jüdische Intelligenz, bekam Positionen im Ausland oder zog ihren Kindern hinterher.

An eine Malerin erinnere ich mich. Sie wurde zum Porträtmalen nach England eingeladen, ihr Mann war ein berühmter Musiker. Als ihr Sohn nach Wien ging, weil dort seine erste Rockoper aufgeführt wurde, läuteten auch für sie die Abschiedsglocken. Viele Akademiks gingen nach Israel. Nicht alle Professoren erhielten angemessene Stellen, manche mußten sich mit einfachen Arbeiten begnügen.

Die Tsalenkos fragten bei der jüdischen Gemeinde von San Francisco nach. Sie wollten in einer Stadt mit öffentlichem Verkehrsnetz leben, weil sie sich zu alt fühlten, um das Autofahren noch erlernen zu können, und andererseits wollten sie nicht weit entfernt von ihren Töchtern wohnen. Als sie eine Einladung der jüdischen Gemeinde aus San Francisco erhielten, die das Aufenthaltsrecht in den USA beinhaltete, verließen sie Moskau für immer.

Tsalenko konnte aus Alters- und Gesundheitsgründen in den USA keine Professur mehr finden. Er hatte schon seit dem Krieg ein Augenleiden, das sich laufend verschlechterte. In den USA wurde der fast blinde Mann als arbeitsunfähig eingestuft und erhielt staatliche Unterstützung. Dank der anfänglichen Hilfe der jüdischen Gemeinde, der des amerikanischen Staates und der seiner Töchter konnte er in San Francisco Fuß fassen. Natürlich wird er den Vergleich gezogen haben zwischen seinem früheren Leben, in dem er ein angesehener Wissenschaftler war, und seinem jetzigen, in dem er keine gesellschaftliche Position mehr einnimmt. Aber ich kann mich erinnern, welch kindliches Vergnügen es ihm damals, als er bei uns an der Hochschule in Hamburg war, bereitet hatte, all "die frischen Gemüse" einkaufen zu können, die in Rußland nicht zu haben waren. Daran mangelt es in San Francisco auf jeden Fall auch nicht.

Ob es richtig war, in die USA zu emigrieren, fragte ich Tsalenko einmal. In Moskau war er ein bekannter Wissenschaftler, in San Francisco kennen ihn nur seine Freunde. Er ist kein Hochschullehrer mehr, sondern gibt Mathematikunterricht für Privatschüler auf einem niedrigeren Niveau. Ganz einfach ist seine Antwort: Er und seine Frau leben nun in *einem* Land mit ihren Kindern. Ihre Kinder sind erfolgreich. Sie haben in der Freiheit ihren Weg gefunden. Sie leben nicht mehr unter einem kommunistischen Regime, müssen sich nicht vor Diskriminierung, Korruption und Bürgerkrieg fürchten wie früher. Und: *In Amerika dürfen wir Juden sein*, sagt er.

Sie feiern nun wieder das jüdische Neujahrsfest wie ihre Vorfahren. Sie achten darauf, daß die Kerzen vor Sonnenuntergang angezündet werden, sie leben mit Bräuchen, die in der Sowjetunion vergessen waren. Sie gehen wieder in die Synagoge und treffen Gleichgesinnte. Viele von ihnen sprechen Russisch.

Gastprofessorin aus Polen

Zwischen den Stühlen fanden sich manche wieder, die sowohl gern in Deutschland geblieben wären als auch gern in ihr Heimatland zurückgekehrt wären. Die Entscheidung - zurückzukehren oder zu bleiben - war mitunter schwierig, wenn ihnen beide Möglichkeiten offen standen.

Auch Isabella Luther war zeitweise Gastprofessorin an unserer Hochschule. Ich hatte sie zunächst sozusagen aus zweiter Hand an der Universität Kiel kennengelernt, als ich dort als befristete Mitarbeiterin am Institut für Informatik beschäftigt war. Aus zweiter Hand deshalb, weil Isabella vor meiner Zeit zwei Semester lang als DAAD- Stipendiatin an der Universität Kiel tätig gewesen war, ich folgte sozusagen ihren Spuren. Ich hörte nur von der überaus fleißigen Isabella, die dann auch ein Buch in ihrem Heimatland Polen veröffentlichte, das eine komplette Gebrauchsanleitung über ein Betriebssystem darstellte, das sie in Kiel kennengelernt und studiert hatte. Sie hatte also ganz im Geiste des DAAD gewirkt, buchstäblich. Weil sie so erfolgreich war, wurde sie später vom DAAD zu allen Veranstaltungen eingeladen, auf denen die Arbeit seiner Stipendiaten gewürdigt wurde. Und da sie nun einmal im Computer des DAAD abgespeichert war, erhielt sie auch weitere Stipendien.

Bevor sie Gastprofessorin in Hamburg wurde, kam sie also erst einmal als DAAD-Stipendiatin an unsere Hochschule, und das ergab sich so: Isabella hörte, so wie ich von ihr, auch von mir, als sie wieder einmal in Kiel war. Zu der Zeit war ich bereits an der Hochschule in

Hamburg tätig. Sie rief mich an und fragte, ob ich sie unterstützen könne, ein DAAD-Stipendium zu beantragen, am besten an der Hochschule, an der ich tätig sei. Ich hatte nichts dagegen, war ich doch von den Kieler Kollegen so positiv eingestimmt worden. Tatsächlich leistete sie auch bei uns eine sehr gute fachliche Arbeit.

Isabella hat einen deutschen Vater, wie schon den Name sagt. "Luther" - ein geradezu klassisches Beispiel. Ihr Vater war Sportlehrer und Wanderführer im Tatra-Gebirge, wo er lebte. Sie wuchs unter seiner Obhut mit sportlicher Erziehung auf und wurde frühzeitig gezwungen, auf Berghänge zu steigen und lange Bergtouren zu machen. Vielleicht hat sie deshalb eine robuste Gesundheit.

Ihr Vater, der im damals deutschen Schlesien lebte, hatte sich beim Einmarsch der deutschen Truppen zu Polen bekannt, war also ein Feind Hitlers gewesen, was ihm zur Ehre gereichen sollte. Nach dem Krieg aber wagte er nicht, sich als Deutscher zu bezeichnen, da er gegen Hitler und damit gegen die Deutschen gekämpft hatte, obwohl er nun lieber in die Bundesrepublik ausgereist wäre, als im nun schlesischen Polen zu leben. Viele Polen wünschten sich das, da die materiellen Bedingungen in Deutschland weit besser waren. Isabellas Vater aber scheute sich, einen entsprechenden Antrag zu stellen. Er sagte, er sei im Krieg gegen die Deutschen gewesen, das wäre sicher bekannt. Er könne somit keinen deutschen Paß anfordern, was theoretisch möglich gewesen wäre. Vielleicht spielte dabei eine Rolle, daß seine Frau eine Polin war und aus einem alten - wenn auch verarmten - Adelsgeschlecht stammte. Er blieb also in Polen und mit ihm seine Tochter Isabella. Deutsch hatte sie von ihrem Vater gelernt.

Die DDR und Polen waren beide russische Vasallenstaaten und hatten deshalb "brüderliche" Beziehungen zueinander, wenn auch zunächst die Oder-Neiße-Friedensgrenze zwischen ihnen mit Stacheldraht gesichert war. Isabella studierte und promovierte deshalb in Ostdeutschland. Als Polin war ihr aber Westdeutschland nicht versperrt, im Gegensatz zu allen Ostdeutschen. Sie bewarb sich um ein Stipendium in der Bundesrepublik Deutschland, was natürlich auch finanziell attraktiver für sie war. Deutschland war fortan das Land, in dem sie fast ebenso viel Zeit wie in Polen verbrachte, allerdings blieb sie Polin. Nicht nur wegen ihres Vaters, auch Isabellas Mann wünschte das. Er war nationalstolzer Pole, eine deutsche Frau hätte er nicht haben wollen. Isabella blieb also Polin, überlegte aber zeitweise, ob sie sich nicht von ihrem Mann trennen sollte. Sie hätte auch in Hamburg leben können. Vielleicht fürchtete sie sich vor dem Alleinsein, dem Verlust ihres Hauses nahe der deutsch-polnischen Grenze, das sie inzwischen mit ihrem Mann gebaut hatte, in das all die vielen Gelder geflossen waren, die Isabella und ihr Mann erwirtschaftet hatten.

Mit ihrem Haus war Isabella Deutschland sowieso ganz nahe, ja die Kleinstadt, in der sie wohnte, trug noch unverkennbar deutschen Charakter. Alle alten Bauwerke waren deutsch, die Häuser am Marktplatz, die Kirche und die unweit gelegenen Schlösser. Es gab in der Umgebung alte deutsche Bauernhöfe, die von Polen übernommen worden waren. Da die Polen dem Frieden zunächst nicht recht getraut hatten, hatten sie kein Geld in die Bauernhäuser investiert, was zum einen dazu führte, daß die Häuser verfielen, aber zum anderen auch dazu, daß sie ihren Charakter nicht veränderten. Paradoxerweise kann man deshalb alte deutsche Bauernhäuschen nun in Polen anschauen, dort, wo ehemals Deutsche gelebt haben. In den polnischen Städten waren nach dem Krieg öde Betonsilos gebaut worden. Die Menschen mußten unterkommen, es war der Baustil der damaligen Zeit, wenn er auch keine Zierde für die alten Städte darstellt.

Zu dem großen Schritt - Polen zu verlassen - konnte sich Isabella nicht entschließen, obwohl in Hamburg viele ehemalige Polen lebten, auch ohne deutsche Abstammung.

Ich erinnere mich, daß wir eine junge polnische Familie in einem Wohncontainer auf einem Schiff am Hamburger Hafen besuchten, das polnischen Aussiedlern als Unterkunft zur Verfügung gestellt worden war. Sie wohnten dort sehr beengt, das lange Warten auf ihre Papiere hatte sie schon zermürbt. Die Bewegungsfreiheit ihres Kindes war äußerst eingeschränkt. Es ging deshalb tagsüber in einen Kindergarten, dort lernte es auch Deutsch. Die Eltern besuchten einen Deutschkursus. Sie versuchten auch, etwas zu ihrer staatlichen Unterstützung hinzuzuverdienen. Bei diesen Versuchen lernte der junge Mann allerhand. Er arbeitete zeitweise als Verkäufer auf verschiedenen Märkten, studierte dabei Käufergewohnheiten und Absatzchancen, machte Bekanntschaft mit deutsch-polnischen Händlern und lernte auch etwas vom deutschen Geschäftswesen kennen.

Als dieser Familie das Warten zu lang und die Umstände zu unbequem geworden waren, ging sie nach Polen zurück, in die Stadt, aus der sie gekommen waren und in der auch Isabella lebte. Der junge Mann eröffnete nach seiner Rückkehr ein Geschäft und betrieb erfolgreich Handel mit Deutschland. Er war nun ein Geschäftsmann geworden, der Geld verdiente und sich deshalb auch wohl fühlte. Insofern war der Hamburger Aufenthalt für diese Familie doch letztlich von Nutzen, wenn er auch nicht zum gewünschten Erfolg geführt hatte.

Ich lernte auch eine polnische Familie kennen, die sich erfolgreich in Deutschland etabliert hatte. Die Polin war 40 Jahre alt und Ärztin, sie hatte in Polen eine Poliklinik geleitet. Ihr Mann war Physiker und Computerfachmann, ja sogar ein Erfinder technischer Geräte, und hatte keine Schwierigkeiten, eine Anstellung zu finden. Seine Frau hatte mehr Probleme, sie mußte, um ihre Approbation in Deutschland zu bekommen, zunächst ein Jahr lang in einem Krankenhaus arbeiten und alle Abteilungen durchlaufen. Diese Polin, die zunächst gar nicht Deutsch konnte, war ein Phänomen. Sie war nicht wirklich hübsch, aber überaus sympathisch. Sie lernte im Krankenhaus einen erkrankten Arzt kennen, der einen Partner für seine etablierte Praxis suchte. Dieser Arzt war ihr Patient und von ihrem Charme vollkommen betört. Er bot ihr an, nach Absolvierung ihres Krankenhausjahres, als Partner in seine Praxis einzutreten. Natürlich war die Polin von dieser gebotenen Chance begeistert. Deutsch hatte sie erst in Deutschland gelernt, und sie konnte es noch nicht sehr gut, als sie anfing, in der Praxis dieses Arztes zu arbeiten. Auch mit Computern konnte sie nicht umgehen, hatte sie doch in Polen keine zur Verfügung gehabt. Die Ärztin entschloß sich - der Not gehorchend - zunächst auf den Computer in ihrer Sprechstunde zu verzichten und sich auf diesem Gebiet erst einmal einzuarbeiten. Ihr Mann, der sich gut mit Computern auskannte, half ihr, nach Praxisschluß die Daten der Patienten zu erfassen und nachzutragen.

Es stellte sich heraus, daß die Patienten von der neuen "Frau Doktor" begeistert waren, weil sie - wie sie sagten - nicht immer nur auf den Bildschirm starrte, wie die anderen Ärzte, sondern sich mit ihnen ganz persönlich beschäftigte. Sie schaue ihnen in die Augen, nicht auf den Bildschirm. Sie höre ihnen besser zu, sie lasse sie zu Wort kommen, sie nehme sich Zeit für sie. Das Zeitnehmen hatte seine Ursache vor allem darin, daß die Polin ihre Patienten schwer verstand. Sie ließ sie reden, hörte geduldig zu und sagte selbst so wenig wie möglich. Sie nahm die Gespräche auf Band auf und studierte am Abend alle Fälle mit Wörterbuch. Sie war äußerst fleißig und engagiert und lernte auf diese Weise auch schnell Deutsch. Erst beim zweiten Besuch bekamen die Patienten einen ernsthaften medizinischen Rat. Die vielen

Bemühungen der Ärztin beindruckten die Patienten, weil sie sich wirklich um sie kümmere. Eine Geschichte, wie sie das Leben schrieb.

Nach ihrem zweiten Aufenthalt an unserer Hochschule wurde Isabella für ein Jahr als Gastprofessorin eingestellt. Zu tun gab es viel, und sie war dafür qualifiziert. Tüchtige Mitarbeiter - im allgemeinen als Lehrbeauftragte stundenweise eingestellt - waren gesucht.

Dabei betrachtete sie ihren Aufenthalt in Hamburg nicht nur als Arbeits-, sondern auch als Kulturtrip. Sie wollte sich rundherum bilden und - wie viele Ausländer in Hamburg - auch alle Gelegenheiten nützen. So kam es, daß wir ein Jahr lang jeden Mittwoch oder Donnerstag in die Oper gingen, alles anschauten, was gespielt wurde. Karten ohne Sicht gab es schon für zwanzig Mark. Diese Karten waren besser als ihr Ruf, mehr Geld wollten wir nicht opfern. Wir gingen auch in alle Museen und deren Sonderausstellungen. Einmal verirrten wir uns sogar in ein Rockkonzert in der "Fabrik", wo wir uns etwas alt, aber doch nicht völlig fehl am Platze vorkamen. Für Isabella war das ein nostalgischer Trip, war sie doch in ihrer Jugend sehr von der Musik dieser Rockgruppe begeistert gewesen. Der Chef der Gruppe war nicht jünger als sie. Ihr war kein Weg zu weit, kein Berg zu hoch, wenn es galt, etwas Neues zu entdecken. Es war ein ereignisreiches Jahr, das wir in Hamburg gemeinsam verbrachten.

Isabellas Mann war inzwischen - dank seines früheren Studiums in Deutschland (Ost) und seiner ausgezeichneten Sprachkenntnisse - zum Vorstand einer deutsch-polnischen Wirtschaftsvereinigung aufgestiegen. Er verdiente später so viel wie seine deutschen Kollegen, was in Polen sehr viel Geld bedeutete. Isabella hätte sich nun zur Ruhe setzen können, daran hat sie aber bestimmt keinen Moment gedacht. Im Gegenteil: Sie stieg noch einmal ganz in die Forschung auf dem Gebiet der Informatik ein und begann, an ihrer Habilitation zu arbeiten, die Voraussetzung für eine Professur an einer Universität in Polen ist. Die Hochschule, an der sie dort angestellt war, hatte inzwischen den Status einer Universität erhalten. In Deutschland überlegte man zu diesem Zeitpunkt gerade, die Habilitation als Qualifizierungsmöglichkeit abzuschaffen.

Aufbaustudium: Herr Doktor Pelinsky aus St. Petersburg

Für Petersburger Wissenschaftler gibt es ein spezielles Abkommen mit der Hamburger Behörde, da St. Petersburg eine Partnerstadt Hamburgs ist. Wissenschaftler und Studenten kommen nach Hamburg und arbeiten einige Zeit an der Hochschule. Für viele wurde hier der Grundstein für eine Karriere in ihrer Heimat gelegt, so auch für Herrn Dr. Pelinsky.

Herrn Dr. Pelinsky war der stellvertretende Direktor eines Instituts der TU St. Petersburg und verantwortlich für meine Betreuung, als ich dort eine Kurzzeitdozentur absolvierte, die einem Austauschprogramm entsprang, das vom Hamburger Wissenschaftssenator gefördert wurde. Später luden wir im Rahmen desselben Programms Herrn Pelinsky auch nach Hamburg ein. Er sammelte hier viele Erfahrungen, allerdings weniger auf wissenschaftlichem Gebiet als im allgemeinen. Auf wissenschaftlichem Gebiet kannte er sich selbst gut aus, sein Institut war höchstens eine Computergeneration hinterher, aber da er die Hardware verwaltete, hatte er genügend Möglichkeiten, seine Kenntnisse auf den neuesten Stand zu bringen. Außerdem waren Computertechnik und Progammieren seine Hobbies.

Außer diesen hatte er noch seinen Uralt-Moskvitsch als Hobby, der schon gehobene Fähigkeiten verlangte, um ihn am Laufen zu halten, und seinen Kleinstschrebergarten unweit von St. Petersburg. Viele Petersburger hatten Gemüsegärten und arbeiteten in ihrer Freizeit auf dem Lande. Das trug zur Absicherung der Ernährung bei. Manche fuhren auch mit der Elektritschka, der S-Bahn, aufs Land. Aber das war sehr beschwerlich. Der Schrebergarten lieferte für Herrn Pelinsky und seine Mutter Obst, Gemüse und Kartoffeln. Verheiratet war Herr Pelinsky nicht. Er hatte eine anspruchsvolle Mutter, die nach dem frühen Tod ihres Mannes ihren Sohn als Begleiter und Stütze ansah.

Im letzten Herbst fand er es besonders betrüblich, daß die von ihm angebauten Kartoffeln aus seinem Schrebergarten gestohlen worden waren. Solange seine Mutter lebt, bleibt der Schrebergarten sein Hobby. Und wer weiß schon, was danach kommt.

Herr Pelinsky schaute sich also in Hamburg das Leben im Kapitalismus an, das ein rotes Tuch in der Sowjetunion für ihn gewesen war. Er lernte auf der Straße, auf den Märkten, in den Geschäften. Bankautomaten waren ihm unbekannt, ebenso Kreditkarten. Er lernte auch am Arbeitsstil der Leute, hielt die Kollegen für sehr fleißig und erkundigte sich, wie sie ihre kleinen Firmen betrieben, die manche noch nebenbei hatten. Besonders interessierte ihn die Softwareerstellung. Er las Zeitungen, um sich Annoncen einzuprägen, versuchte, alle westlichen Gewohnheiten zu studieren. Vorgänge, die für uns selbstverständlich waren, waren für ihn Meilensteien in seiner Entwicklung. Er kam ein paar Mal nach Hamburg. Bleiben wollte er nicht, denn er war ein heimatverbundener Russe. Ein solcher kann nur in Rußland glücklich sein. Aber er lernte. Nach seinem letzten Aufenthalt, als sich auch die Bedingungen in St. Petersburg verändert hatten, eröffnete er dort eine Firma. Im Auftrag einer Schweizer Firma entwickelt er mit Studenten und freiberuflichen Mitarbeitern Software. Seine Arbeiten sind korrekt und preisgünstig. Daß allzu billig nicht gut ist, hat er in Hamburg gelernt. So wurde Herr Pelinsky ein russischer Kapitalist.

Nach dem Tode seiner Mutter wird er auch die große Wohnung unweit der Isaak-Kathedrale ganz sein eigen nennen können, dorthin kann er dann sein Büro verlegen. Die letzten Meldungen sagen, daß er den Moskvitsch durch ein neues Auto ersetzt hat. Auch seinen Schrebergarten hat er vergrößert und Land hinzugekauft. Nun läßt er ein kleines Holzhaus in den Garten bauen. Viel freie Zeit hat er als "Kapitalist" allerdings nicht mehr.

Der Student aus St. Petersburg

Der Student aus St. Petersburg hatte schon zwei Jahre lang Informatik an der TU St. Petersburg studiert. Die ersten beiden Jahre waren sehr theoretisch ausgerichtet. Über das Abkommen unserer Hochschule mit der TU St. Petersburg wurde er für ein Jahr als Gast an die Hochschule nach Hamburg eingeladen. Er besucht zunächst Vorlesungen in den ersten Semestern und lernt programmieren, zum Beispiel objektorientierte Sprachen, was er bisher noch kannte. Er bekommt ein Stipendium von der Carl-Duisberg-Gesellschaft.

Eines Tages kam er in mein Dienstzimmer, weil er einen Gesprächspartner suchte. Von unserem ehemaligen Gast, Herrn Dr. Pelinsky, hatte er meine Telefonnummer erhalten. Er spricht ausgezeichnet Deutsch, was mich sehr erstaunte. Mit seinem Chef haben wir russisch oder englisch gesprochen. Er sagte, er besuche Vorlesungen in verschiedenen Anfangssemestern, so habe er keinen Kontakt zu einer speziellen Gruppe, was er offensichtlich bedauerte.

Als ich ihn in die Mensa einlud, war er hoch erfreut. Es war sein zweiter Mensabesuch. Er wohnt in einer Studenten-WG und kocht selbst. Das sei billiger, sagt er. Er veranschlagt zum Leben pro Tag 2,50 Euro, damit kommt er aus. Er will sich auf diese Weise einen

225

Computer zusammensparen. Im zweiten Semester will er in Hamburg ein Praktikumssemester in der Industrie absolvieren. So kann er maximalen Einblick in das deutsche Arbeitsleben gewinne. Als Informatiker hat er auch in St. Petersburg gute Chancen. In dieser Berufssparte werden zur Zeit die besten Löhne gezahlt.

Dienstreisen nach Portsmouth, Turku und St. Petersburg

Dienstreise nach Portsmouth

Bei einem meiner früheren Aufenthalte in Großbritannien war ich an der Universität Portsmouth zu Gast. Portsmouth ist der größte Kriegshafen in England und bezieht seine Bedeutung daher. Die Universität ist eine Partnerhochschule unserer Hochschule. Ich hielt dort ebenfalls Unterricht, mußte aber feststellen, daß sich das Schulsystem sehr von unserem unterscheidet, da die Studenten vorwiegend nach Fragebüchern für Prüfungen lernen, wie das auch in den USA üblich ist. Diese Art der Wissensaufnahme hielt ich für sehr fragwürdig.

Die Leute von Südengland betrachten die vom Kontinent mit Abstand. Sie servieren ihnen *continental breakfast*, essen aber selber Stockfisch zum Frühstück.

Ich wohnte zeitweise im Hotel mit der üblichen Ausrüstung von Teekocher bis zur Rüschenbettdecke. Bescheiden, aber freundlich. Später zog ich aus finanziellen Gründen in ein Haus, das an Studenten vermietet wurde, was sich aber als großer Fehler herausstellte, da diese nie zu schlafen schienen und ewig im Gemeinschaftsraum lärmten.

Ich hatte dort ein großes Zimmer mit Kamin, der nur noch wie einer aussah. Das Feuer war schon längst durch Gasflammen ersetzt worden. Das Zimmer war der Salon des Hauses und hatte das typisch nach außen gebaute Fenster, eine Art Veranda, die man an fast allen englischen Reihenhäusern finden kann. Es gab auch hier nur die üblichen einfachen Glasschiebefenster, über Wärmedämmung hatte offensichtlich noch nie jemand nachgedacht. Das Schönste war der kleine Garten, der an den Reihenhäuschen in England überall zu finden ist. So ein Gärtchen ist äußerst schmal und nicht sehr lang, umgeben von einer Mauer, so daß der Garten eine Art Oase darstellt. My home, my castle, wie es im Bilderbuch steht.

Wie kann man Engländer in England kennenlernen? Eine schwierige Frage, da alle Kollegen in Portsmouth mit Lehre, ihren Clubs, ihrer Familie oder ihrem Garten beschäftigt waren und wenig Neigung zeigten, sich außerhalb der Universität mit deren Gästen zu beschäftigen. Nur einmal gelang es mir, in einen Club eingeladen zu werden, der strikt nach Mitgliedern und Gästen sortierte. Einer der Kollegen spielte Hallentennis. Einige Kollegen hatten auch Reitpferde, manche Segelboote, alle zeigten große Neigung zum Sport. Manchmal sah ich einen Kollegen mit dem Schläger mittags zum Tennisspielen gehen.

"Am besten, Sie gehen in einen *Pub,* da können Sie sich unterhalten", sagte mein Englischlehrer. Auf *Pub* hatte ich keine Lust, das englische *Ale* ist nicht jedermanns Sache.

Eine bessere Gesprächsrunde bot sich in der Universität, da gab es eine Sesselrunde im Aufenthaltsraum für Dozenten, mit Teekocher und Kaffemaschinen ausgerüstet, jeden Tag neue Zeitungen. Hier saßen die Kollegen in den Pausen zusammen und unterhielten sich. Very british, sehr distanziert, aber sehr interessant. Es wurde vorwiegend über Politik gesprochen.

Jeder Kollege hatte außerdem noch ein eigenes, meist winziges Büro, in dem er arbeitete.

Im Aufenthaltsraum stand ein Billardtisch, manche Runde wurde gespielt. An der Hochschule in Hamburg undenkbar, aber es gibt dort auch keinen Aufenthaltsraum für Dozenten. Die Professoren, Angestellten und Gäste haben an der Uni Portsmouth die Möglichkeit, mittags in einer Gaststätte zu essen. Diese ist in einer Villa untergebracht, sie hat auch eine Terrasse für den Fall, daß einmal die Sonne scheint. An der Hochschule in Hamburg gab es in meiner Arbeitsstelle weder eine Extramensa noch einen Extraraum, ja nicht einmal einen Extratisch für Professoren, obwohl die Mensa eine gute Möglichkeit bietet, Kollegen aus anderen Lehrgebieten zu treffen.

Auch die Abschlußfeiern sind in Portsmouth von besonderer Art. Die Professoren erscheinen in Talaren, die Studenten verkleiden sich ebenfalls. Jeder Professor hat ein solches Gewand in der Uni hängen. Nach den offiziellen Feierlichkeiten und der Übergabe der Diplomzeugnisse wird in Zelten weitergefeiert, die zu diesem Zweck an der Uni aufgestellt werden.

Aber wie kann man die Engländer nun kennenlernen? Bei unserem Abschiedsfest gelang es mir!

In den Zelten fanden sich nach der großen Zeremonie Studenten, Absolventen und Mitarbeiter ein. Hier erst, am Abschluß meiner Tätigkeit in Portsmouth, kam ich den Kollegen näher. Es wurde reichlich Bier und Alkohol ausgeschenkt, - und dabei wurden auch die Mitarbeiter gesprächig. Die sonst verschlossenen Schleusen öffneten sich, plötzlich wurden die Kollegen persönlich und sehr freundlich, zugänglich und nett. Ich wurde zu ihnen und ihren Familie eingeladen, worauf ich monatelang vorher gehofft hatte. Nun am Ende meines Aufenthaltes öffneten sich plötzlich die Türen. Ich bedauerte, diesen Zugang nicht eher gefunden zu haben. Ein Kollege und seine Frau luden mich auf ihr Anwesen ein, ein riesiges Gelände, auf dem sie eigene Reitpferde züchteten. Wir tauschten Adressen aus, leider zu spät.

Dienstreise nach Turku

Das **Erasmus-Programm** führte mich auch an das Polytechnic nach Turku in Finnland. Unterrichten konnte ich im internationalen Studiengang, der inzwischen an allen europäischen Hochschulen eingeführt worden war.

Früher haben die Finnen in der Schule Deutsch gelernt, nun verdrängt Englisch alle anderen Fremdsprachen. Das ist wohl auch ein Ergebnis der Computerisierung. Auch hier wird Europa vereinigt: durch die englische Sprache.

Da in Turku viele Schweden wohnen, sind hier alle Beschriftungen zweisprachig: eine, die ich nicht lesen kann (auf finnisch) und eine auf schwedisch, die ich einigermaßen erraten kann.

In **Turku** wurde die erste Universität Finnlands gegründet. Die Stadt liegt am Meer, genauer im Gebiet der Schären. Das Meer kann man weder von Turku noch von Helsinki aus sehen. Das Gebiet an der Ostsee gleicht eher einem Seengebiet. Überall Wasser und Inseln. Finnland ist das Land der tausend Seen und der abertausend Inseln. Eine Fahrt durch das Schärengebiet, Archipelago genannt, ist eine Entdeckungsreise. Inseln, soweit das Auge blickt, und auch noch auf dem kleinsten Felsen steht ein Holzhaus, meistens rot angestrichen!

Die finnischen Hochschulen und Universitäten, insbesondere **Espoo bei Helsinki**, haben einen guten Ruf. Forscher verbringen gern einige Zeit in Finnland, denn die Arbeitsatmosphäre ist entspannt und ruhig, ganz für Forschungsprojekte geeignet. Espoo bei Helsinki ist eine Stadt der Denker und der Studenten.

Meine finnischen Kollegen waren sehr angenehme, ruhige und korrekte Leute. Finnen mögen Deutsche, was mit der finnischen Geschichte zusammenhängt. Jahrhunderte lang stand Finnland unter schwedischer Herrschaft, danach unter russischer. Erst mit der großen sozialistischen Oktoberrevolution kam die Freiheit nach Finnland.

Freiheitsbestrebungen hatte es schon vor 1917 gegeben, aber keine Möglichkeiten der Befreiung. Erst als Rußland im revolutionären Chaos versank, gelang es den Finnen, sich zu befreien. Während des Zweiten Weltkriegs unternahmen die Russen (im sogenannten Winterkrieg) einen vergeblichen Versuch, Finnland zurückzuerobern.

Ein bedeutender finnischer Staatsmann war Graf Carl Gustav Mannerheim, der noch zu Beginn dieses Jahrhunderts in St. Petersburg eine militärische Ausbildung erhielt. Im Park des Schlosses seiner Vorfahren in Askainen steht ein Denkmal mit einem Spruch von ihm: "Ein kleines Volk gewinnt seine Stärke durch Einigkeit". Mannerheim spielte eine entscheidende Rolle im finnischen Freiheitskampf. Nach dem Zweiten Weltkrieg wurde er finnischer Staatspräsident.

Finnland ist stolz auf seine gebildeten Menschen. Am Vorabend des 1. Mai ziehen die Finnen zum Marktplatz ihres Ortes und setzen Punkt 18 Uhr ihre weißen Studentenmützen auf. Die Mütze erhält jeder Gymnasiast nach bestandenem Abitur. In Turku waren alle Straßen am 1. Mai 2001 um den Marktplatz herum mit Menschen gefüllt, schwarz sah die gesamte Umgebung aus, es standen Mann an Mann (Frau an Frau). Um 18 Uhr wechselte die Farbe nach weiß, als alle ihre Mützen aufgesetzt hatten.

Nachträglich wurde mir von meiner Kollegin per E-Mail bescheinigt, daß ich ein guter Dozent in Turku war. Die Studenten der Fachrichtung A240 ließen mir ausrichten, daß sie mir für die Vorlesungen danken. Die Finnen sind, wie man sieht, sehr höfliche Leute.

Dienst-Reise nach St. Petersburg (September 1993)

Die Abfertigung auf dem Internationalen Flughafen in St. Petersburg war nicht zügig, obwohl nur vereinzelte An- und Abflüge im Laufe eines Tages zu verzeichnen waren. Das Schlangestehen vor den Kontrollboxen war auch nichts Außergewöhnliches, sondern etwas Gewöhnliches, wie man an der am Flughafengebäude angebauten primitiven Überdachung erkennen konnte. Die Fluggäste hatten bei der Ankunft im Freien Schlange zu stehen, bis sie sich in Gruppen aufsplitten und in die Holzbuden zur Paßkontrolle eintreten durften.

Ich war Gast des Lehrstuhles für CAD der Technischen Universität St. Petersburg und wurde schon von Vertretern des Lehrstuhls und einem Vertreter für Auslandsbeziehungen erwartet. Wir fuhren zu meiner Unterkunft in der Nähe der Universität, - ganz nobel in einem VW-Bus, den ja unsere Hochschule für entsprechende Zwecke gar nicht zur Verfügung stellen könnte. Die dortigen Kollegen meinten aber, es sei doch besser Privatautos zu besitzen, und damit könnten sie ja nicht dienen.

Es ging hinein in die Stadt durch das große *Moskauer Tor*, das noch immer vom Sieg über Napoleon kündet und von Alexander I. erbaut wurde. Das zunächst hölzerne Tor wurde später erneuert. Nun ragen mächtige Eisensäulen gen Himmel.

Namenwechsel scheint eine Leidenschaft der Petersburger zu sein. Alle Straßen, Plätze und Gebäude aus der Vorrevolutionszeit erhielten ihre alten Namen wieder. Die meisten Straßen von St. Petersburg wurden nach dem Zerfall der Sowjetunion umbenannt. Die Uliza Gerzena beispielsweise heißt nun wieder Bolschaja Morskaja (Große Meeresstraße), in Erinnerung an die Schiffshandwerker, die dort früher wohnten. Vielfach wurden die Straßen aus politischen Gründen umbenannt, bei Gerzen (Herzen), einem Philosoph aus dem 19. Jahrhunderts, war das nicht der Fall.

Der Lehrstuhl, an dem ich arbeitete, hieß eigentlich auch nicht Lehrstuhl für CAD, sondern hatte den Namen gerade in einen für Studienbewerber verständlicheren und attraktiveren Namen gewechselt. Allerdings benützte niemand diese Bezeichnung.

Die TU St.Petersburg hat ihren Namen auch erst 1991 bekommen, vorher hieß sie Leningrader Technische Universität. Ihr ursprünglicher Name ist Polytechnisches Institut namens Peter I., gegründet 1899. Nach der Revolution wurde das Institut umbenannt in Polytechnisches Institut namens Kalinin (Kalinin war der 1. Vorsitzende des Staatssowjets zur Zeit Stalins).

Die Stadt selbst entwickelte sich aus einer Festung auf der Haseninsel, die Peter der Große 1703 gegründet und nach dem heiligen Apostel Peter, dem Wächter des Schlüssels für das Tor zum Paradies, Petersburg genannt hatte. Er soll selbst die Stadt an der Newa-Mündung als sein Paradies bezeichnet haben. In der Nähe der Haseninsel steht das erste Haus der Stadt, das aus Baumstämmen erbaute Holzhaus Peters I.

Von der Festung auf der Haseninsel ausgehend, entwickelte sich die Stadt St. Petersburg; die Festung selbst erhielt den Namen Peter- und Pauls-Festung. Sie hat noch ihre ursprüngliche Brücke aus Holz behalten. Brücken seien früher deshalb aus Holz erbaut worden, erklärten mir die Kollegen, weil man die Verbindung bei Bedarf leicht kappen konnte. Die Brücken wurden angezündet, sobald der Feind nahte.

Eine Zeitlang beherbergte die Peter-Pauls-Festung auch ein Gefängnis. Berühmt sind die Dekabristen, die hier eingesessen haben. Die damaligen Zellen kann man noch besichtigen. Im Gegensatz zu Stalins späteren Gulag-Gefängnissen finden wir hier Heizung (von außen), Klosetts und Spülung vor.

Dostojewski, der auch ein berühmter Insasse des Festungsgefängnisses gewesen ist, legte seine Erinnerungen in "Briefe aus einem Totenhaus" nieder. Das Steigen des Newa-Wassers bei Sturmflut, das zeitweise zu Überschwemmung in den Zellen führte, ist mir daraus noch in furchterregender Erinnerung.

In der Kirche der Peter-und-Pauls Festung mit dem charakteristischen spitzen, vergoldeten Turm sind alle Mitglieder der Familie Romanow beigesetzt. Nicht wenige waren deutscher Abstammung, wie etwa Katharina die Große, die Rußland zu großer Blüte verhalf.

Die Technische Universität ist malerisch am Rand von St. Petersburg gelegen, sehr grün, inmitten wildwuchernder Bäume und Sträucher.

Ich wurde von dem amtierenden Lehrstuhlleiter, Herrn Dr. Pelinsky, begrüßt. Im Laufe des Aufenthaltes gab es noch viele Besprechungen mit ihm und anderen Kollegen. Dr. Lekarev und Dr. Bogolepov, die auch bereits im Rahmen unseres Kooperationsvertrages an unserer Hochschule in Hamburg arbeiteten, waren besonders bemüht, mir behilflich zu sein.

Für meine Arbeit wurde zunächst ein Plan aufgestellt. Studentengruppen wurden je nach ihrem Wissensstand den einzelnen Vorlesungen zugeteilt. So ergab sich ein Vorlesungsplan über zwei Wochen für meine Kurzzeitdozentur.

Nicht alle Studenten waren anwesend, die Erstsemester waren zur Kartoffelernte aufs Land abkommandiert worden.

Bei unseren vielen Diskussionen gewann ich den Eindruck, daß die Studenten gut ausgebildet werden. Was sie an computertechnischem Wissen nicht haben, was sie aufgrund fehlender Computer nicht vermittelt bekommen können, haben sie in erhöhtem Maße an mathematisch-technischer Ausbildung erhalten. Die Absolventen der TU St. Petersburg wären gut einsetzbar, fehlten nicht die Mittel für einen wirksamen Einsatz in der Industrie und an der Universität.

Ich hatte Software aus Hamburg mitgebracht, die von der Städtepartnerschaft Hamburg - St. Petersburg bezahlt worden war. Die Mathematiksoftware fand bei den Studenten großen Anklang. Sie schoben mir Zettel zu, um die Software zu testen und möglichst zum Aufgeben zu zwingen. So konnte ich feststellen, daß diese Studentengruppe über eine sehr gute Mathematikausbildung verfügte.

Auf Wunsch des CAD-Lehrstuhlleiters wurde eine Veranstaltung mit Studenten, an der auch einige Mitglieder des Rektorates teilnahmen, durchgeführt, wo über das Konzept der deutschen "Fachhochschule" gesprochen wurde, das den Studenten dort völlig fremd ist. Es wurden viele weitere Fragen gestellt, so zum Beispiel: Wer kümmert sich um die Hochschulabsolventen? Wie kommen sie zu einer Anstellung? Welche Fremdsprachen lernen die Studenten?

Die Studenten der TU St. Petersburg lernen alle Englisch wegen der Computerbedienung. Nur wenige sprechen Deutsch, was für unsere Partnerschaftsbeziehungen nicht von Vorteil ist. Sie waren sehr interessiert und zugänglich, bedankten sich nach jeder Vorlesung. Besonders die deutsch sprechenden Studenten waren um Kontakte bemüht.

Petersburg im September 1993 war eine frierende Stadt, und so froren die Kollegen in ihren Diensträumen und die Mitarbeiter an den Computern. Die Lehrstuhlleiter liefen im Mantel auf und ab. Die Studenten saßen in Mänteln in der Vorlesung oder standen in Mänteln um die Computer herum, an denen Unterricht gehalten wurde.

Die Sekretärin des CAD-Lehrstuhls hatte ein Heizöfchen an, das das Sekretariat kaum um einige Grad erwärmte. Die Sekretärin fror beim Romanlesen, wichtige Arbeit hatte sie offensichtlich nicht zu erledigen. Putzen stand ihr nicht zu, auch nicht das Aufheben der Teeglasscherben, über die man sich auf der Treppe zu ihrem Lehrstuhl hinwegsetzen mußte. Die Studenten veranstalteten auf den Treppen ihr Mittagessen, das wohl aus Tee und mitgebrachten Broten bestand. Manchmal ging ein Glas kaputt, aber daran war man schon gewöhnt.

"Nu ladno", sagen die Russen bei jeder Gelegenheit. Das heißt "Nun, ja" oder "Nehmen wir's nicht so ernst" oder "Es wird schon werden". Das Land war im "Nu-Ladno-Zustand".

Das bezeugten auch die vielfältigen Maschinenteile, die im Uni-Gelände herumlagen, nicht nur auf kleinen Halden und neben den Wegen. Auch mitten auf den Straßen, in den Pfützen lagen Teile eines Stromerzeugers und Motoren. Kästen und Maschinenteile rosteten auf Plätzen und im Gebüsch nebenan.

Meine russischen Kollegen haben sich bei meiner Betreuung viel Mühe gegeben, angefangen bei der Erstellung des Vorlesungsplanes bis hin zu Fahrten zur Besichtigung der Zarenschlösser in der Umgebung von St. Petersburg. Vergleiche mit der Betreuung bei unserer Partneruniversität in Portsmouth bieten sich an und fallen sehr zu Gunsten der Petersburger aus. Vielleicht erfordern auch schwierige Lebensumstände einen höheren Betreuungsgrad.

Ich hatte den Eindruck, daß die Kollegen der TU St. Petersburg die Verbindungen zur Hochschule in Hamburg sehr begrüßen, für sehr wichtig halten und auch ein bißchen als Tor zur Welt betrachten, was ja dem Geiste Hamburgs entspricht.

Das internationale Studentenhotel, in dem ich wohnte, ist nicht weit von der TU entfernt. Es war als Festung mit Metroschranken am Eingang konzipiert, aber diese waren immer geöffnet, und der Wachdienst kontrollierte im allgemeinen nicht. Die Diensthabenden waren meistens ganz und gar damit beschäftigt, ihre Zeit totzuschlagen, so daß sie keine Zeit hatten, ihre Funktionen auszuüben.

Auf den Etagen sitzen "Deschurnajas" (Diensthabende), die die Quartierschlüssel verwalten. Sie gestatten aber auch den Ankommenden, selbst in den allgemeinen Schlüsselkasten zu greifen und sich herauszuangeln, was gewünscht wird.

Das Schlimmste von allem war die Kälte, es gab schon Außenfröste, aber die Räume waren unbeheizt. Die Heizung von ganz Petersburg wurde zentral geregelt. Der Beginn der Heizperiode wurde ebenso zentral festgelegt und war nicht vor Oktober zu erwarten. Beim Heizungsbeginn stellten sich meistens auch Rohrleitungsmängel heraus, und in den Neubauwohnungen waren Überschwemmungen keine Seltenheit.

Die Nächte waren besonders kalt in St. Petersburg, denn das Wohnheim billigte jedem Bewohner nur eine einfache dünne Sommerdecke zu. Ich hatte drei Minimaldecken von den drei Betten, die es in meinem Zimmer gab. So blieb mir nichts weiter übrig, als meinen Wintermantel, den ich glücklicherweise mitgenommen hatte, Tag und Nacht zu tragen. Wenn es ums Überleben geht, darf man nicht kleinlich sein. Die Innentemperatur war nicht viel höher als die Außentemperatur, und die betrug am Morgen minus 2 Grad Celsius. Das warme Wasser war bestenfalls lauwarm. Schließlich brachte mir ein Kollege ein kleines Ölheizöfchen, das nun Tag und Nacht arbeitete.

Gleich am ersten Abend machten meine Kollegen mit mir einen **Abendspaziergang an der Newa,** der berühmten, die schon viele Dichter und Musiker inspirierte. Unser Weg führte vorbei an vielen weltbekannten Häusern, am Haus, in dem Puschkin gewohnt hatte, und an dem Haus, in dem Puschkin zwei Tage nach einem Duell gestorben war. An Krieg und Frieden, an einen vergeblichen Feldzug, erinnert das Palais von Kutusow, der Napoleon besiegte. Bis in die Zeit Peters des Großen gehen die Wohnbauten an der Newa zurück. So finden wir das Anwesen von Meschnikow, seinem Freund, der auch sein erster Minister war. Es wird behauptet, daß dieser bis zum Lebensende weder schreiben noch lesen konnte.

Große Paläste erinnern an Mitglieder der Zarenfamilie Romanow. In manchen Palästen sind Museen untergebracht, so finden sich zum Beispiel auf der Vasilyevsky-Insel zoologische und geschichtliche Museen und die Kunstkammer von Peter I. Auf mehrere Häuser ist die Eremitage verteilt, die zu den größten und bedeutendsten Gemäldesammlungen der Welt zählt; sie ist teilweise im Winterpalast, der ehemaligen Zarenresidenz, untergebracht. Diese Gemäldesammlung zeugt vom Kunstinteresse der russischen Oberschicht früherer Zeiten, die Gemälde aus Paris und anderen Städten Europas mitbrachten.

Petersburg war früher ein Zentrum der russischen Kultur. Wir finden hier auch das Haus, in dem Peter Tschaikowski gelebt hat. Ihm gegenüber wohnte eine alte Gräfin, sie soll die Vorlage für *Pik Dame* geliefert haben. Im Palast der Jussupows wurde Rasputin, der berüchtigte Berater der letzten Zarin, 1916 ermordet.

Die Brücken über die Newa öffnen sich nachts um 1 Uhr 30, sie lassen die Schiffe passieren, die vom Finnischen Meerbusen kommen. Die Newa mündet in den Ladogasee. Mit den Brückenteilen werden Pflaster, Masten und Geländer gehoben, unglaublich, wenn man sich die Straßen über die Brücken genauer ansieht.

St. Petersburg hat etwa 300 Kanäle und entsprechend viele Brükken. Eine der schönsten ist die von Eiffel erbaute, eine Stahlkonstruktion, die an den Eiffelturm erinnert. Leider war sie etwas zu kurz geraten, man kannte wohl die Breite der Newa in Paris nicht so genau, so daß an den Seiten Teile aus Stein angesetzt werden mußten. Über die Fontanka führt eine ägyptische Brücke, die früher an Ketten hing, die aber von einem Kavallerieregiment zerstört wurden. Nur die zwei Sphinxfiguren sind noch erhalten. An der Fontanka wohnten früher die Gestalten, die Dostojewskis Romane bevölkern. Es war eine bedürftige, arme Gegend, voll des Elends und der Kriminalität, voller Gestalten, die in ihrer Verzweiflung absonderlich wurden.

Auch die Palastbrücke neben dem Winterpalast öffnet sich nachts. Das Schauspiel findet besonders in den **Weißen Nächten von St. Petersburg** Beachtung, die Dostojewski in einer langen Erzählung gleichen Namens beschrieb.

Das Wahrzeichen von St. Petersburg sind die zwei Rostralsäulen auf der Vasilyevski-Insel, die bei besonderen Anlässen Gasfeuer tragen. Dort steht auch die Petersburger Börse. Am Admiralitätskai gab es früher eine Schiffswerft.

Ein besonderes Denkmal ließ sich der ehemalige **Parteisekretär Romanow** errichten. (Es dreht sich hierbei nicht um einen Verwandten der Zarenfamilie, sondern einen ehemaligen Konkurrenten von Gorbatschow, der sich ebenfalls um das Amt des Generalsekretärs in Moskau beworben hatte).

Romanow wollte im Finnischen Meerbusen einen Damm errichten lassen, der Petersburg vor Flut und Hochwasser schützen sollte. Dieses Mammutprojekt konnte glücklicherweise aus Geldmangel nicht zu Ende geführt werden. Umweltschützer befürchteten zudem, daß dieser Damm die Stadt in Abfällen ersticken lassen würde. Nun ragt der Damm weit in den Finnischen Meerbusen hinein und beeinträchtigt die Ansicht. An Abbau war aber ebenso nicht zu denken, und das wiederum aus Geldmangel.

Am Newski-Prospekt, der berühmtesten Straße von St. Petersburg, gab es eine **Klagemauer**, eine einfache Bretterwand, an die auch schon früher jeder seine Meinung hängen konnte. Zu Zeiten des Kommunismus waren diese Aushänge von großem Interesse. Es hingen dort viel beachtete "Gegenreden". Jetzt waren die Aushänge spärlicher und wurden kaum noch beachtet.

Die täglichen Kartoffeln, die die Petersburger aßen, kamen nicht von den Märkten, wo sie teuer angeboten wurden. Sie kamen von den Kleingärten bei St. Petersburg. Der Begriff "bei St. Petersburg" ist dabei sehr dehnbar. Manche Leute haben Datschen im Umkreis von St. Petersburg, manche aber nur einfache Gartenäcker, auf denen sie Kartoffen und Gemüse anbauen. Auch der amtierende Lehrstuhlchef von CAD zog am Sonntag mit dem Spaten auf seinen 600 m² großen Gemüseacker. Er besitzt den Garten erst seit vier Jahren, vorher hatte er diese Art von Ernährungssicherung nicht nötig. Er hat keine Datscha und muß am Abend wieder nach Hause fahren, immerhin hat er einen alten Moskvitsch dafür zur Verfügung. Die meisten Leute fuhren aber mit dem Zug zu ihren Datschen und Gärten. Die Kartoffeln wurden in riesigen Rucksäcken nach Hause getragen oder in Kleinstkarren auf Rädern transportiert, die alle Fahrgäste beim Ein-, Aus- und Umsteigen störten. Die Stadt war somit zu einem großen Prozentsatz zur Selbstversorgung übergegangen.

Die "Deschurnaja" auf meiner Etage habe ich gefragt, ob sie zufrieden sei. Sie meinte, es sei besser als bei Gorbatschow, nun gäbe es wenigstens etwas zu kaufen, auch wenn alles sehr teuer sei. Man müsse eben tüchtig arbeiten, sie zum Beispiel würde noch auf einer anderen Etage des Wohnheims putzen, so hätte sie zwei Gehälter.

Wer eine Wohnung besitzt, hat Glück gehabt. Der Staat verkaufte die Wohnungen an die Mieter, zu bezahlen war im wesentlichen nur die Umschreibungsgebühr bei Gericht. Eine solche Umschreibung war jedoch nur höchstens einmal möglich für einen Petersburger.

In Rußland gab es **zwei Finanzsysteme**: das für Einheimische und das für Ausländer. Für die Einheimischen gab es andere Preise als für die westlichen Ausländer. Ein Petersburger zahlte 40 Rubel Eintritt in der Eremitage, ein Ausländer 7000 Rubel (etwa 11,50 DM).

Bei einer Straßenbahnfahrt konnte man die Stadt gut kennenlernen. Außerdem war die Metro zeitweise so extrem überfüllt, daß sich die Benutzung eines anderen Verkehrsmittels anbot. Allerdings war auch das Straßenbahnfahren in St. Petersburg ein Abenteuer. Die Welligkeit der Straßenbahnschienen übertrug sich auf die Mitfahrer, die sowohl im Sitzen wie im Stehen unaufhörlich auf und ab sprangen.

Auf- und niederhüpfend bestaunte man also von der Straßenbahn aus die Newa und ihr Delta, fuhr über viele Brücken, vorbei an den prächtigen Bauten der Zarenzeit, die Petersburgs Ruhm begründeten. Sogar eine Leninstraße gibt es noch. Es ist die Straße, auf der Lenin vor der Revolution gewohnt hat. Eine große Straße durch die Neubaugebiete habe nachträglich noch seinen Namen bekommen, weil er nun einmal mit der Geschichte der Stadt verbunden sei, erzählten die Kollegen. Die Geschichte könne man nicht ändern. Lenindenkmäler sind jedoch rar geworden, nur vor dem Finnischen Bahnhof steht **Lenin** noch, von dort kam er aus der Emigration zurück, um seine Ideen in die Praxis umzusetzen.

St. Petersburg beeindruckt durch seine wunderschönen, zum großen Teil von Italienern konzipierten Bauwerke und durch die Geschichte, die sich mit diesen Bauwerken verbindet. Man restauriert nun verschiedene Gebäude. Ein besonders schönes Beispiel ist die **Kirche auf dem Blut**, die die Zarenfamilie auf dem Blut Alexander II. errichten ließ, der an dieser Stelle einem Attentat erlag.

Das alte **Marientheater** ist nach der Kaiserin Marie, der Gattin von Nikolaus I. benannt. Unweit der Oper wohnte Strawinski, sein Vater war Opernsänger am Marientheater. In dieses Theater werden vorwiegend Touristen geführt. Die Kartenpreise entsprechen den zwei Welten von St. Petersburg. Das Theater spielt für die Finanzwelt.

Meine Kollegen zeigten mir auch **Zarskoje Selo**, die Sommerresidenz Katharinas der Großen, die wie so viele andere Petersburger Bauten von dem Italiener Rastelli erbaut wurde und sehenswert ist. Im Zug begegnete ich wieder dem Elend der heutigen Petersburger, nämlich ihren Kartoffelsäcken. Die Züge sind überfüllt, ganz besonders am Sonntagabend, wenn die Leute mit ihrer Ernte aus ihren Gärten kommen. Die Ein- und Ausgänge sind völlig blockiert.

Besser hatte es einst die Zarenfamilie, die auch mit dem Zug nach Zarskoje Selo fuhr. Sie hatte einen eigenen **Prigorodnij Pavilion** auf dem Bahnhof, in dem sie sich auf die Zugabfahrt vorbereiten konnte. Es ist nicht verwunderlich, daß die erste russische Eisenbahnlinie von St. Petersburg nach Zarkoje Selo führte.

In Zarskoje Selo gibt aber aber noch eine weitere Sehenwürdigkeit, das ist die Privatschule für bessere Kreise, die wegen seines Schülers **Puschkin** heute ein Museum ist. Der Großvater Puschkins war ein Freund Peters des Großen, und seine Familie ermöglichte ihm den Besuch dieser Schule, die nur mit Geld und Können (Aufnahmeprüfung im Kreise der Schulvorsteher und Eltern) besucht werden konnte. Es gibt ein Auditorium in Form eines Hörsaals, der zum Unterrichten diente, ein physikalisches Kabinett, einen Musiksaal mit Flügel und auch einen Fechtraum. Die Schlafräume waren in einem großen Saal untergebracht; aufgestellte niedrige Wände unterteilten den Raum in einzelne Schlafkojen. Insgesamt gab es nur dreißig Schüler. Fast alle wurden später berühmte russische Würdenträger oder auch politische

Gegner und versuchte Systemerneuerer. Puschkin war ein ganz besonderer Glücksfall für die Schule. An die Orte, wo er seine Gedichte schrieb, im Park von Zarskoje Selo, zieht es seine Bewunderer noch heute.

Peter III. war ein Verehrer Friedrichs des Großen und hatte sich Soldatenregimenter angeschafft, die er in **Oranienbaum**, einer weiteren Residenz der Zaren, schleifte. Er war als "Soldatenkönig" verschrien und wurde belächelt. Die Residenz Oranienbaum ist von Antonio Rinaldi (Kennzeichen seiner Bauwerke: Stern von Rinaldi) gestaltet worden. Das Hauptschloß gehört zu den sehenswerten russischen Kulturschätzen mit seinen Parkettintarsien, dem "Steckljani Kabinett" (Glasperlentapete), den Stuckdecken und Chinazimmern. Einmalig ist jedoch die ebenfalls von Rinaldi erbaute Schlittenburg in Oranienbaum, die eine Vergnügungsbahn für Schlitten auf Rädern beherbergte.

Wenn man die Brücken der Stadt und das Narva-Triumphtor stadtauswärts passiert hat, trifft man auf alte Postsäulen und auch auf die **Kirovwerke**, die im Industriegürtel liegen, der sich um die Stadt zieht. Um den Industriegürtel wurde später ein weiterer Gürtel errichtet, ein Wohngürtel aus Betonplatten. Dieser Wohngürtel ist dafür verantwortlich, daß die Petersburger zwischen *Leningrad* (Betongürtel) und *St. Petersburg* (alte Innenstadt) unterscheiden.

Die Kirovwerke ziehen sich einige Kilometer hin. Sie sind der größte Petersburger Industriekomplex, der früher vor allem von Militäraufträgen lebte, Triebwerke für Panzer und U-Boote herstellte. Das Werk ist nach Kirov benannt, der Vorsitzender der Parteiorganisation in Leningrad bis 1934 gewesen ist, solange, bis er ermordet wurde, wahrscheinlich von einem Attentäter, der von Stalin gedungen war, um etwaige Konkurrenz auszuschalten. An manchen Gebäuden leuchten noch Hammer und Sichel. Das liege an dem neuen Symbol, sagten meine Begleiter: Der zweiköpfige Adler lasse sich so schlecht mit Hilfe von Glühbirnen darstellen.

Etwas weiter entfernt als Zarskoja Selo liegt **Pavlovsk,** das von Paul I. als Hauptresidenz erbaut wurde. Er hatte das Land für seine Residenz von seiner Mutter, Katharina II., zur Geburt seines Sohnes geschenkt bekommen. Paul I. wurde später ermordet, und zwar im Michailowski-Schloß in St. Petersburg, das er sich bauen ließ, weil er den Winterpalast nicht für sicher genug hielt. Im Michailowski-Schloß wohnte er nach dessen Fertigstellung nur wenige Wochen.

Der Park von Pavlovsk ist noch erwähnenswert. Er wurde von der deutschen Armee bei der Belagerung von Leningrad während des Zweiten Weltkrieges fast völlig zerstört. 120.000 Bäume wurden gefällt, die alten Eichen wurden als Bauholz nach Deutschland abtransportiert. Nach dem Krieg gab es einen großen Aufruf an die Bevölkerung, den Park neu erstehen zu lassen. Von den Leningradern wurden in freiwilligen Einsätzen 112.000 Bäume neu gepflanzt.

Tief sind auch die Wunden, die der Kommunismus geschlagen hat. Nicht einmal der Witz, der Kommunismus sei nur der Übergang vom Kapitalismus zum Kapitalismus, kann hier erheitern. Der Kommunismus hat die Würde der Menschen verletzt. Es ist schwer, sie wieder herzustellen.

IV. Fazit

Die Parallelwelt

Die Moschee mit den grünen Bändern konnte ich von meinem Schreibtisch an der Hochschule gut sehen, bevor der Blick von den neuen Gebäuden der Hochschule versperrt wurde. Zwei Minarette ragen in den Himmel und zeigen, daß Hamburg eine multikulturelle Stadt ist. Meine Studenten erklärten mir, daß diese Moschee eine türkische Moschee sei. Die grünen Bänder weisen darauf hin, daß die Erbauer der Moschee aus der Familie des Propheten stammen. Den Nachkommen des Propheten ist die grüne Farbe vorbehalten. Nur sie tragen grüne Gewänder.

Ich ging mit Studenten zu Fuß von unserer Hochschule zu dieser Moschee, die etwa 300 Meter entfernt liegt, um sie zu fotografieren. Direkt an der Moschee ist ein türkischer Supermarkt, wo jeder Hamburger gut und billig einkaufen kann, wo aber fast nur türkische und ausländische Mitbürger einkaufen. Unweit dieser Moschee befindet sich das afghanische Kulturzentrum mit einer afghanischen Moschee, ebenfalls mit Laden anbei. Zwischen beiden Moscheen biegt eine kleine Gasse nach Osten ab, dort findet man nach einigen Metern das Islamic Center mit einer weiteren Moschee. Während mich meine Studenten die anderen Moscheen fotografieren ließen, rieten sie mir dringend ab, das Islamic Center zu fotografieren. Überall standen Wärter vor der Moschee, auch an der Abfahrt in die Tiefgarage und den Seitenstraßen zur Moschee.

In der nahen Umgebung der Hochschule, rund um den Steindamm, gibt es mehr als zehn Moscheen. Auf die Al Kuds Moschee am Steindamm, in der einst der Terrorist Atta betete, verzichtete ich von vornherein. Fotografieren ist hier auch nicht erlaubt, Leute mit Fotoapparaten sind längst in Verruf geraten.

Meine Begleiter schlugen vor, in das kurdische Kulturzentrum am Steindamm zu gehen und die kurdische Moschee anzuschauen. Es ging eine Treppe hinauf in die *Parallelwelt der türkischen Kurden von Hamburg*. Die Treppenstufen waren naß, ich dachte, es hätte gerade einen Wasserrohrbruch gegeben. Die Studenten erklärten mir aber, die Treppen würden stündlich und mit viel Wasser gesäubert, damit kein

Schmutz in die Moschee getragen werde und der Teppich vor und im Gebetsraum sauber bleibe.

Wir gingen zuerst in die kurdische Gaststätte im ersten Stock. Ich stieß auf eine *Männerwelt*. An den langen Tischen saßen vorwiegend ältere dunkelhaarige Männer mit gegerbten, unrasierten Gesichtern. Keine Frau war anwesend. Mein Eintreten glich deshalb einem "Auftritt". Ich war nicht nur die einzige Frau in der Gaststätte, sondern auch die einzige deutsche Person. Alle schauten vom Essen auf, und mir war unbehaglich zumute. Ich fühlte mich fehl am Platz. Das sollte sich allerdings ändern.

Es roch ziemlich gut nach dem Essen, das an einer Theke ausgegeben wurde, daneben stand der Kassierer. Es gab Hammelfleisch in großen Stücken mit Kartoffeln und einer lecker duftenden Soße, dazu Reis oder Nudeln als Beilage, frisch gebackenes Fladenbrot war obligatorisch. Außerdem war noch ein Hammelfleischgericht mit viel Gemüse und Auberginen im Angebot. Ich bekam Appetit auf die schmackhaften Gerichte, die alle sehr preisgünstig waren.

Ich machte deshalb den Vorschlag, daß wir erst einmal Platz nehmen und essen sollten. Die Gerichte wurden in Blechnäpfen ausgegeben, nur Nudeln wurden auf Porzellantellern serviert. Als Getränk wählten wir eine Joghurtmilch, die von Kurden üblicherweise getrunken wird. Alkohol gab es natürlich nicht. Muslime trinken keinen. Jedenfalls nicht in dieser Gaststätte.

Die Leute saßen nicht allein am Tisch, denn die Tische waren groß. So konnte man ins Gespräch kommen. Fast alle Kurden kamen aus der Türkei. Sie waren freundlich und gesprächsbereit. Ich wunderte mich darüber, daß nur Männer anwesend waren. Man erklärte mir, die jungen Kurden würden meist ohne ihre Frauen in Deutschland leben, die älteren Männer kämen ohne ihre Familien ins kurdische Kulturzentrum, wo vorwiegend über Politik gesprochen werde. Es gibt auch Zeitungen und Fernsehen in der Heimatsprache.

Angeblich bringen die Kurden ihre Frauen nicht mit, weil diese sich nicht für Politik interessieren. Die Mehrzahl der Kurden in Deutschland stammt aus der Türkei. Als Gastarbeiter sind sie nach Deutschland gekommen und hier geblieben. Die Gesichter der meisten Kurden sahen ziemlich verwittert aus, von der Arbeit vermutlich, und vom Schicksal. Es gebe nur einen Deutschen, sagten sie, der ab und zu in das kurdische Zentrum komme, das sei ein Rechtsanwalt, der für sie arbeite.

Daß die "Waisenkinder des Universums" (Ghazi) nicht von selbst auf uns Deutsche zukommen, ist verständlich. Sie sind vom Schicksal geschlagene Leute. Sie lehnen uns aber nicht ab, sie begegnen uns freundlich. Ich hatte das Gefühl, als ich sie so sitzen sah, daß *wir* auf sie zugehen müssen, damit sie unsere Mitbürger werden. Wir leben in einem Staat und sollten voreinander keine Angst haben. *Unser gemeinsamer Nenner ist Deutschland.*

Tatsache ist, daß diese Ausländer mit deutscher Daueraufenthaltserlaubnis oder deutschem Paß - aus welchen Gründen auch immer - in Deutschland leben. Wir haben sie aufgenommen, aber nicht angenommen. Überlassen wir sie nicht weiterhin ihren Parallelwelten.

Ich fragte den Wirt, der uns den Tee als Aufmerksamkeit servierte (im Angebot mit 20 Cent pro Tasse), ob ich fotografieren dürfte. Wir mußten den Besitzer des kleinen an die Gaststätte angrenzenden Ladens fragen. Er war der Chef des Zentrums und ebenfalls sehr freundlich. Er erlaubte mir, *die Männerwelt* im Bild festzuhalten, vorausgesetzt, ich wäre nicht von der Zeitung. Leute von der Presse sind nicht willkommen. Der 11. September hat auch hier Beziehungen zerstört.

Auf dem obigen Foto ist Scheich Said (Bild rechts) zu erkennen, der als Kurdenführer in der Türkei eine Kurdenrepublik errichten wollte. Im sogenannten „Unabhängigkeitsprozeß" wurden er und seine Getreuen zum Tode verurteilt und später hingerichtet.

Während die meisten Männer auf mein Fotografieren gelassen reagierten, war ein junger Mann irritiert. Wahrscheinlich lebt er illegal in Deutschland. Ich beruhigte ihn. Er würde nicht in einer Zeitung erscheinen.

Ich ging in den kleinen Laden, um kurdischen Honig in Waben zu kaufen, den ich schon bei meinen Studenten gegessen hatte. Wegen meines Interesses an der kurdischen Gesellschaft wollte mir der Ladenbesitzer den Honig sogar schenken. Schließlich überließ er es mir, den Preis selbst festzusetzen.

Danach stiegen wir ein Stockwerk höher. Dort befindet sich die Moschee der Kurden aus der Türkei. Schuhregale und Plastiksandalen standen bereit. Ich schlüpfte also in rosa Plastiksandalen und betrat die Moschee.

Es erwartete mich ein mit blauen und weißen Kacheln ausgestatteter Raum, der sofort den Kunstliebhaber in mir erwachen ließ. Die blauen Schriften auf weißem Untergrund waren wunderschön. Alle sind natürlich Auszüge aus dem Koran in einer mir unbekannten Schrift, deren Schönheit ich nur bewundern konnte. Es gab die verschiedensten Mosaike und Bildkombinationen aus farbigen Kacheln.

Im Vordergrund der Moschee steht eine torförmige Nische mit Baldachin, geschmückt mit verschiedenen Kacheln in blau-weiß. Dort steht der Vorbeter, der Imam, während der Andachten. Ähnlich wie in christlichen Kirchen gibt es auch ein Podest für den Prediger. Blau-weiß ausgelegte Stufen führen hinauf.

Ein Mann betete. Er führte das vorgeschriebene Ritual aus und ließ sich nicht stören. Würde er sich stören lassen, müßte er mit den Gebeten von vorn anfangen, da der Kontakt zu seinem Gott unterbrochen worden wäre, sagten die Studenten.

Diese Moschee ist sehr einfach, aber gerade darin liegt die Wirkung. Von der Decke abgesehen (sie ist aus Holz geschnitzt und stammt von einem chinesischen Restaurant, das Vormieter war) erinnerte mich die Moschee mit ihren blau-weißen Mosaikkacheln an die Moscheen, die ich in Samarkand und Buchara besucht habe. Da der Islam keine menschlichen Darstellungen zuläßt, hat sich die Arbeit der Künstler ganz in den Mosaiken aus glasierten Ziegeln entfalten können. Sie sind wahre Meisterwerke. Viele der Muster wurden sogar von Mathematikern untersucht und gruppentheoretisch klassifiziert.

Von der kurdischen Moschee gingen wir auf dem Steindamm entlang zur Hochschule am Berliner Tor zurück. Der Steindamm in Richtung Hauptbahnhof ist der Eroswelt gewidmet, die die Reeperbahn bei Tag und auch bei Nacht ersetzt. Wir gingen an dem ehemaligen Gebäude von *Scientology* vorbei, sie hat wohl einen besseren Standort gefunden. Diesmal müssen wir uns ihrer Werber nicht erwehren, die früher immer vor dem Gebäude standen und fragten: "Haben Sie einen Moment Zeit?"

Am Steindamm reihen sich türkische, afghanische, kurdische, arabische Gemüseläden an türkische, afghanische, kurdische Supermärkte. Alles, was die fremden Länder bieten, gibt es hier zu kaufen. Einer der Ladenbesitzer ist ein Journalist aus Kabul. Ein kleines Restaurant reiht sich am anderen. Afghanische, türkische, kurdische Minigaststätten haben sich niedergelassen. Sexkinos und Moscheen stehen unweit voneinander.

Wir betraten eine kurdische Gaststätte, weil uns die romantischen Wandgemälde interessierten. Der Besitzer war sehr freundlich. Er erlaubte uns, die Gemälde zu fotografieren und versprach, mir Fotos von seinem Heimatland zu geben.

Viele Chinesen haben sich auf einer Parallelstraße zum Steindamm etabliert. Es gibt Basmatireis und beste Teesorten, ebenso chinesisches Porzellan, Blumenübertöpfe und Porzellanfiguren.

Zuletzt besuchten wir die schon vor vielen Jahrzehnten in Hamburg errichtete persische Moschee an der "Schönen Aussicht", an der Außenalster. Die Aussicht auf die Alster ist wirklich schön, aber die Moschee auch. Im Sommer fließt Wasser aus Fontänen in ein langes blaues Mosaikbecken vor der Moschee. Wiederum stechen die verschiedensten Mosaikarbeiten ins Auge. Vor dem Eingang ist ein Hinweis, man dürfe sich nur in angemessener Kleidung in die Moschee begeben. Mir wurde geraten, die wenigen unter der Mütze hervorschauenden Haare zu verstecken. Dann betraten wir die Moschee.

In der Moschee betrachtete ich fasziniert die kunstvollen Schriftzüge, Meisterwerke der Kalligraphie. Der Hüter der Moschee verwechselte meine Begeisterung für Kunst mit der für den Islam und schenkte mir ein Buch über das Leben von Muhammad, hier mit "u" geschrieben. Ich durfte fotografieren.

Unter der großen Kuppel befindet sich ein riesiger kreisrunder Teppich, der extra aus Persien hierher gebracht worden ist. Selbstverständlich zogen wir die Schuhe aus, bevor wir ihn betraten. Diesmal liefen wir auf Strümpfen. Auch hier gab es wieder ein Tor mit Mosaikarbeiten und Schrifttafeln aus Kacheln, in dem der Vorbeter steht. Rings um die Kuppel läuft in lesbarer Höhe ein Schriftband in drei Sprachen, in Kuffi, Arabisch und Deutsch.

Der Wächter der Moschee zeigte mir Tontafeln, die man zum Beten verwendet. Früher hat der Betende seinen Kopf auf die Erde geneigt. Mit der Erde käme der Betende mit Gott in Berührung. Da die Moscheen heute aber mit Teppichen ausgelegt sind, muß sich der

Gläubige eine kleine Tontafel unter die Stirn legen, um beim Verneigen mit der Erde in Berührung zu kommen.

Ich fotografierte noch viele kalligraphische Werke und den Eingang zur Islamischen Bibliothek, die sich hinter der Moschee befindet. Auch hier schmücken Meisterwerke des Mosaiks den Eingang.

Dank meiner Studenten habe ich neue Welten entdeckt. Die Ausländer sind unter uns, man muß sie und ihr Leben entdecken. Ignorieren wir sie nicht, gehen wir zu ihnen, um sie kennenzulernen.

Wir müssen klarstellen, daß wir die islamische Religion akzeptieren als eine Religion unter anderen Religionen, daß aber die Religion Privatsache eines jeden sein muß und Religion und Politik zu trennen sind.

Die Studenten verabschiedeten sich. Sie gingen zu einem Konzert eines Kurden, der in Köln lebt und viel auf Tournee ist. Sie sagten, er habe mit seinen Liedern mehr für ein unabhängiges Kurdistan getan als mancher Politiker. Das Konzert fand in einem Lagerschuppen auf der Billstraße statt, inmitten des Industriegeländes im Südosten Hamburgs.

Abschlußfeier

Vor nicht allzu langer Zeit wurden den Studenten die Diplomzeugnisse der Hochschule formlos übergeben oder per Post zugestellt. Die an englischen Universitäten üblichen Abschlußzeremonien, bei denen die Graduierten Hüte tragen und die Professoren Talare, galten in Deutschland als überholt und waren verpönt. Das Diplom per Post zu erhalten, galt aber auch dem Hartgesottensten unter den Modernen als zu prosaisch oder zu formlos. So wurde zunächst ein Schritt getan.

In einer gemeinsamen Veranstaltung werden den Absolventen nun zweimal im Jahr ihre Diplomzeugnisse übergeben. Die Veranstaltung wird mit Musik umrahmt, Reden hinzugefügt, die Studenten laden ihre Eltern und Freunde ein, bringen ihre Frauen, Freundinnen, ja sogar - soweit vorhanden - ihre Kleinkinder mit, und langsam entsteht eine neue Tradition. Nach der Zeremonie der Zeugnisvergabe lädt der Dekan sogar zu Sekt und Brötchen ein. Dabei läßt es sich gut reden, und die Studenten können sich von ihren Professoren verabschieden, die ihnen während des Studiums und bei ihrer Diplomarbeit zur Seite gestanden haben. Inzwischen wurden Gelder aufgetan, so daß die besten

Studenten ausgezeichnet werden können. Nächstens wird es auch Blumen geben zur Verabschiedung, aber nie mehr Hüte und Talare!

Neu ist auch, daß die Diplomanden ihre Professoren und ihre Freunde zu einer Diplomfeier einladen. Abdallah machte den Anfang. Er kochte Heimatgerichte aus dem Gazastreifen.

Als wir zu ihm kamen, stand er in der Küche des Studentenwohnheimes in Bergedorf. Er war gerade dabei, vegetarische Klöße aus Kichererbsen zu frittieren, die aus getrockneten Kichererbsen und Bohnen zubereitet werden, die vorher tagelang eingeweicht werden müssen und dann püriert werden. Außerdem gab es gebratene Auberginen, Zucchini und Kartoffeln, dazu selbstgebackene Brotfladen und Salat. Die Hauptspeise bildete das Gericht, das für den Gazastreifen typisch ist: Reis mit Hammelfleisch, Auberginen, Gemüse, garniert mit gebrannten Mandeln. Auch Rosinen dürfen dabei sein. Die Soße dafür pürierte Abdallah selbst aus Petersilie und allerlei scharfen Sachen, wie Peperoni und rotem Paprika. Zu trinken gab es Saft und Tee, natürlich keinen Alkohol, denn Muslime dürfen keinen trinken. Der Tee war eine Mischung aus grünem Tee und frische aufgebrühter Pfefferminze, letztere eine Anleihe von Marokko und Mauretanien.

Das Fest begann nach 17 Uhr, da war die Sonne in Hamburg schon untergegangen. Es war November und *Ramadan* auch in Hamburg, zumindest bei Abdallah. Ein Muslim darf bekanntlich zwischen Sonnenaufgang und Sonnenuntergang weder essen noch trinken. "Damit wir merken, wie es den Armen geht", sagte ein Freund Abdallahs.

Viel wurde diskutiert über den 11. September 2001, der die Welt veränderte und auch den Muslimen sehr geschadet hat. Viele der arabischen Absolventen der Hochschule haben Probleme, eine Anstellung zu finden. "Was soll ich tun?", fragt Abdallah. Auch er sucht nun eine. Wir raten ihm, Geduld zu haben und Verständnis.

Trotz allem: Wir sind eine frohe Runde, die sein Diplom feiern. Aber niemand ist stolzer auf Abdallah als sein Vater im Gazastreifen. Das Diplom hat Abdallah seinem Vater per Fax nach Hause geschickt, womit er einen der größten Wünsche des alten Herrn erfüllt hat.

Bei den Diplomfeiern kann ein Professor der Hochschule arabische, iranische, kurdische, russische, georgische, kirgisische, usbekische, mauretanische Spezialitäten kennenlernen, er kann auch die marokkanische, die türkische, äthiopische, jordanische, chinesische, spanische, afghanische, afrikanische, rumänische und ungarische Küche studieren. Aus all diesen Ländern und Erdteilen kommen Studenten an die Hochschule nach Hamburg. Das friedliche Kennenlernen der Nationen findet im Hörsaal statt - und auch bei Diplom- und anderen Feiern.

Auf das friedliche Miteinander der Vertreter dieser unterschiedlichen Nationen wollen wir stolz sein. Und was in kleinem Rahmen möglich ist, muß auch im großen Rahmen möglich werden. Auf etwas anderes dürfen wir uns nicht einlassen.

Herfried Münkler schreibt in seinem Buch *Die neuen Kriege*: "Die Strategie der Europäer im Kampf gegen den internationalen Terrorismus besteht darin, durch die Wiederherstellung von Staatlichkeit, die in innergesellschaftlichen wie transnationalen Kriegen zerfallen ist, die Verwurzelungsmöglichkeiten für terroristische Netzwerke systematisch zu minimieren und auf diese Weise die Existenz- und Operationsbedigungen von Terroristen einzuschränken."

Zur Überwindung des Terrorismus müssen wir *den* Ausländern, *den* Studenten unsere Unterstützung anbieten, die *guten Willens* sind. Bieten wir ihnen unsere Hilfe an, damit diese Studenten Brücken bauen können zwischen den verschiedenen Welten, die sie nun kennen, und die doch nur Teil einer einzigen Welt sind.

Durch die Ausbildung und Erziehung dieser Studenten leisten *wir an der Hochschule* unseren Beitrag. Mit ihrem Wissen und ihrem Demokratieverständnis können unsere Hochschulabsolventen in ihren Ländern zum Auf- und Ausbau eines demokratischen und stabilen Staatsgefüges beitragen. Das scheint auch die einzig gangbare Möglichkeit zu sein.

Von der Art, wie wir auf die vom 11. September ausgehende Herausforderung antworten, wird es abhängen, welche Art von Veränderung der 11. September wirklich ausgelöst haben wird, sagte der Student Samir aus Marokko.

Anmerkung: Nach siebenmonatigem intensiven Bewerbens und Suchens fand Abdallah eine seiner Ausbildung entsprechende Anstellung bei Siemens in Süddeutschland. Das läßt hoffen.

Gedicht des Kurden Nader Ghazi

Nader Ghazi wurde 1966 in Mahabad/Iran geboren. Seit 1999 lebt er in Vancouver/Kanada im Exil. Im Alter von 14 Jahren wurde Nader im Iran zum Tode verurteilt. Das folgende Gedicht wurde aus seinem "Konferenzraum" im Internet übernommen und ins Deutsche übertragen.

Anmerkung: Die Schwalbe gilt als heiliger Vogel in Kurdistan, weil sie für einen Propheten, der durch Feuer umkommen sollte, Wasser tröpfchenweise in ihrem Schnabel vom Fluß holte, um das Feuer zu löschen.

Zwiesprache

Du, Schwalbe, bist seit langem nicht mehr zu sehen,
ich denke, du hast im Sinne weiterzufliegen und nicht wiederzukommen,
du bist nirgendwo, du rastest nirgendwo.
Wohin fliegst du?
Wieso willst du nicht zu dem Nest zurückkommen, das du bei mir gebaut hast?
Ich weiß, was in deinem Herzen vorgeht,
ich kenne deine Reisen über die Hochgebirge und über die Täler voller Blumen mit den vielen Schmetterlingen und anderen Gottesgeschöpfen.
Mein Liebling, komm' wieder nach Hause,
daß du siehst, dein Nest wurde voller Liebe aufbewahrt.
Schwalbe komm' wieder, ich habe viele Fragen an dich, beantworte sie mir.
Komm und sei mein Gast, wenigstens für ein paar Tage,
vielleicht kannst du die Tränen auf meinen Wangen wegwischen.
Schwalbe, du bist durch die ganze Welt gereist und hast überall Menschen getroffen,
du kannst mir am besten sagen:
Gibt es überhaupt noch jemanden, der froh ist?
Kannst du mir sagen, wo es auf der Welt noch Treue und Frieden gibt,
damit ich auch dorthin ziehe.
Sag mir: Gibt es noch die Leidenschaft von Romeo und Julia oder von Schirin und Farhad?
Wo kann ich einen Eimer voller Frohsinn auf meinen Körper schütten?

Du weißt, wie ich denke und welche Mentalität ich habe.
Wo kann ich einen finden, der so denkt wie ich und mich versteht?
Was denkst du, gibt es jemanden auf der Welt, der deinen und meinen Namen noch ausspricht und der sich an uns erinnern wird?
Denkst du, daß es noch jemanden gibt, der sich eine Stunde Zeit nehmen wird, um mit uns zu diskutieren?
Gibt es unter der Asche noch ein bißchen Glut, daß wir uns an ihr erwärmen können?
Hat die Luft noch genug Zug, um die Glut in der Asche zu entfachen?
Gibt es überhaupt noch eine geöffnete Tür, die uns herzlich willkommen heißt, und durch die wir gehen können?
Werden wir herzlich empfangen werden oder doch abgewiesen, wenn wir "Guten Tag" sagen?
Glaubst du, daß ich die Zeit habe, noch einmal auf die Berge zu steigen und die Lungen voller frischer Luft zu tanken?
Gibt es noch einen Schmetterling, der um ein Kerzenlicht tanzt, bis er sich aus Liebe zum Licht verbrennt?
Gibt es noch eine Kerze, die ihren Körper opfert, um uns mit ihrem Licht zu leuchten?
Es sieht danach aus, daß auch du dich von mir verabschiedet hast, daß auch du keine Zeit mehr hast für die romantischen Worte eines Dichters.
Du sagst mir damit auch, daß ich alle Hoffnung begraben muß.
Kannst du dich erinnern, daß es damals ein Wort wie *Respekt* gab, Respekt vor den Eltern, Respekt vor Groß und Klein.
Jeder erhielt nach seiner Größe Respekt.
Damals gab es ein Fest, wo wir die Hände der Großväter und Urgroßväter geküßt haben und sie unsere Augen geküßt haben.
Das waren die schönsten Zeiten, die wir hatten.
Es gibt manche Nächte, wo ich traurig bin und im Traum meinen Kopf unter meine Flügel verstecke und denke, daß es kein Zurück gibt und ich im Exil sterben werde.
Komm und zeige mir, wie ich zum gebirgigen Kurdistan gehen kann, begleite mich bis dahin.

Erziehung für die Zukunft

Edgar Morin

Die sieben Fundamente des Wissens für eine Erziehung der Zukunft

Aus dem Französischen von Ina Brümann
145 Seiten, EUR 14,40, ISBN 3-89622-043-8

Die UNESCO hat Edgar Morin, einen der bedeutendsten französischen Denker der Gegenwart gebeten, seine Vorstellungen über eine Erziehung der Zukunft zum Ausdruck zu bringen: Wie kann die Erziehung als wesentliche Kraft der Zukunft angesichts der großen globalen Probleme, mit denen sich die Menschheit zu Beginn des 3. Jahrtausends konfrontiert sieht, agieren und auf das angestrebte Ziel einer nachhaltigen Entwicklung hin neu orientiert werden?

Um dieses Ziel zu erreichen schlägt Morin sieben fundamentale Kenntnisse vor:

- Die Blindheiten der Erkenntnis: Irrtum und Illusion
- Die Prinzipien einer umfassenden Erkenntnis
- Die Grundbedingungen des Menschen lehren
- Die irdische Identität lehren
- Sich den Ungewißheiten stellen
- Verständnis lehren
- Die Ethik der menschlichen Gattung

Dieser wichtige, ungemein anregende Text ist nicht nur allen, die in der Erziehung und Bildung tätig sind, nachdrücklich zu empfehlen, sondern stellt auch für jeden, der sich über die Zukunft der Menschheit Gedanken macht, eine große Bereicherung dar.

Reinhold Krämer Verlag

Postfach 13 05 84, 20105 Hamburg
E-Mail: info@kraemer-verlag.de - www.kraemer-verlag.de

Geschichten aus der DDR

Barbara Heinecke

Gestutzte Flügel

Geschichten aus der DDR
Mit einem Vorwort von Arnold Vaatz
2. Auflage 2003
240 Seiten, mit 8 Fotos
EUR 12,70
ISBN 3-89622-038-1

Barbara Heinecke will mit diesem Buch zehn Jahre nach der deutschen Wiedervereinigung an die DDR-Vergangenheit erinnern. Mit ihren Geschichten aus der DDR erzählt sie vom oft absurden Alltagsleben der Menschen im Sozialismus. Sie erzählt davon, wie es z.B. schon genügte, Lieder von Wolf Biermann auf Tonband zu übertragen, um als Student von der Hochschule zu fliegen. Barbara Heinecke berichtet von Menschen und Institutionen in der DDR, vom Eingesperrtsein, Ausreis(ß)enwollen, von lustigen und traurigen Geschichten, vom „gestutzten Leben".
Es sind wahre Geschichten aus dem Alltag der DDR. Das Buch ist deshalb ein wichtiges Dokument für die Menschen in den alten und neuen Bundesländern im vereinigten Deutschland.

„So war der surreale Sozialismus – Die Lebensgeschichte der Barbara Heinecke ist ein Sittenbild der DDR."
Wolf Biermann in der WELT

„Ein sehr lesenswertes Buch"
Volker Nollau, Universitätsjournal

Reinhold Krämer Verlag
Postfach 13 05 84, 20105 Hamburg
E-Mail: info@kraemer-verlag.de - www.kraemer-verlag.de

Barbara Heinecke
Couscous und Ramadan
1000 und eine Hochschulgeschichte

Lieber Herr Dr. Münch,

mit herzlichem Dank und meinen herzlichsten Glückwünschen für Ihre Lebensleistung!

Ihr

Güttner Kammerthaler